왜 아직도 프로이트인가?

정신분석학을 관통하는 5가지 이론

왜 아직도 프로이트인가?

정신분석학을 관통하는 5가지 이론

초판 1쇄 인쇄 2011년 10월 10일

초판 1쇄 발행 2011년 10월 15일

지은이 김태형

펴낸이 이방원

편집 김명희 · 안효희 · 김민수 · 강윤경

디자인 박선옥

마케팅 최성수

펴낸곳 세창미디어

출판신고 1998년 1월 12일 제300-1998-3호

주소 120-050 서울시 서대문구 냉천동 182 냉천빌딩 4층

전화 723-8660

팩스 720-4579

이메일 sc1992@empal.com

홈페이지 http://www.scpc.co.kr

ISBN 978-89-5586-136-5 03180

이 도서의 국립중앙도서관 출판시도서목록(CIP)은

e-CIP 홈페이지(http://www.nl.go.kr/ecip)에서

이용하실 수 있습니다. (CIP 제어번호 : CIP2011004222)

sigismund schlomo freud

왜 아직도 프로이트인가?

정신분석학을 관통하는 5가지 이론

김태형 지음

세창미디어

CONTENTS

Chapter 3

갈등 이론 : 개인역사는 동기투쟁의 역사이다

Chapter 4

정신 구조론 : 프로이트의 정신 삼국지

Chapter 5

사회론 : 사회는 사람에게 적대적이다

들어가는 말

왜 아직도 프로이트인가?

"왜 아직도 프로이트인가?"

아직까지도 많은 사람들이 심리학이라는 말을 들으면, 곧바로 프로이트라는 이름부터 떠올리곤 한다. 먼 과거 속의 인물임에도 불구하고 프로이트는 이렇게 오늘날의 사람들한테까지 심리학의 대명사 혹은 가장 유명한 심리학자로 대우받고 있다. 하지만 좀 심하게 말하면, 대체로 정신분석학에 무지한 미국의 주류심리학계는 프로이트를 동네 강아지처럼 하찮게 취급하는 경향이 있다. 한국의 한 국립대학교 심리학과에 재학 중인 한 학생이 교수에게 프로이트를 어떻게 생각하느냐고 물어보자, 그는 이렇게 대답했다고 한다.

"비과학적인 프로이트 얘기는 꺼내지도 마라."

극단적이고 천박한 과학주의에 매몰된 주류 심리학자들에게 프로이트는 어쩌면 가볍게 무시되어도 그만인, 신화시대를 대표하는 구시대적 인물로 여겨질지도 모른다. 하지만 정신분석학에 오류가 있더라도, 아니 그 이론이 기본적으로 오류 덩어리라고 하더라도, 그는 그렇게 무시되어도 좋을 가벼운 위인이 아니다. 왜냐하면 "한 세대의 탐구자들이 작업할 소재가 여기 있다"[1]는 그의 말 그대로, 정신분석학에는 오늘의 심리학이 계승하거나 참고해야 할 진실과 참신한 내용들이 담겨 있기 때문이다. 즉, 프로이트에 대한 정확한 이해와 평가는 올바른 심리학을 정립하는 데 의미 있는 도움을 줄 수 있다는 것이다. 그러므로 "왜 아직도 프로이트인가?"라는 질문은 여전히 유효하다.

"왜 아직도 프로이트인가?"

주류 심리학계와는 달리, 일부 정신과 의사나 심리치료자 사이에서 프로이트는 여전히 절대적인 존경과 숭배의 대상이 되고 있다. 물론 프로이트의 가장 큰 공헌 중의 하나가 거의 불모지나 마찬가지였던 정신의학 혹은 임상심리학 분야를 선구적으로 개척했다는 데 있으므로, 그런 존경과 숭배를 이해하지 못할 바는 아니다. 하지만 여러 심리학자들에 의해 정신분석학의 오류가 백일하에 밝혀지고 있는 오늘날까지도 그것을 마치 십계명처럼 떠받들거나 토씨 그대로 신봉하는 것은 커다란 잘못이다.

일부 극단적 학자나 지식인은 '프로이트의 말은 곧 진리'라는 맹신에 가까운 듯한 태도를 가지고, 정신분석학을 대중 속에 무비판적으로 퍼뜨리고 있다. 또한 일부 정신과 의사들은 프로이트의 정신구조론으로 인물분석을 시도하거나, 본능이론에 근거해 폭력적인 사회현상의 원인을 사람의 공격본능 탓으로 돌리는 주장 등을 대중매체에 버젓이 기고하고 있다. 하지만 프로이트의 본능이론, 정신구조론, 사회론 등은 명백하게 잘못된 이론이다. 그렇기 때문에 설사 정신의학이나 심리

---

1 프로이트, 1914, 「정신분석 운동의 역사」, 『프로이트 전집 제14권』, 열린책들, 90.

치료 분야의 종사자라 하더라도, 정신분석학을 무비판적으로 수용해서는 안 될 뿐만 아니라 그 오류를 반드시 극복해야 한다. 이렇게 프로이트의 어두운 그늘에서 벗어나라는 의미에서, "왜 아직도 프로이트인가?"라는 질문은 여전히 유효한 것이다.

프로이트는 "10년 동안이나 아무도 나의 저작들에 주목하지 않았다"[2] 라고 탄식했던, 주류 심리학계로부터 철저히 외면당하고 배척당했던 비주류 심리학자였다. 그러나 그는 주류에 결코 타협하지 않았고, 자기의 학문적 소신을 굽히지도 않았기에 심리학계의 거성으로 우뚝 설 수 있었다. 나아가 그의 이름은 지금까지도 계속 대중들 속에서 널리 회자되고 있다. 그가 잊혀지지 않는 인물이 된 것은, 비록 정신분석학이 이론적으로는 타당하지 않지만 그 안에는 오늘날의 심리학에 재료와 영감을 주는 보물들이 숨어 있어서일 것이다.

나는 무엇보다 프로이트의 생생한 육성을 들려줌으로써, 독자들이 이 보물들을 직접 보게 하고 싶었다. 그렇기 때문에 그의 저작을 최대한 많이 인용하기 위해 노력했다. 그리고 이러한 노력은 대다수의 정신분석학 해설서들이 프로이트 이론의 정수를 정확하게 소개하지 못하고 있는 현실에서, 독자들에게 그의 이론을 어떠한 가감도 없이 그대로 전달하는 효과를 가질 수 있을 것이라 믿는다.

나는 또한 정신분석학을 단순히 해설하거나 소개하는 데 그치지 않고 그것의 옳음과 그릇됨을 명확하게 평가했는데, 이를 통해 독자들은 정신분석학에서 계승할 것이 무엇이고 혁신해야 할 것이 무엇인지를 알 수 있게 될 것이다. 그리고 이것은 정신분석학을 일방적으로 찬양하거나 아니면 그것을 지나치게 매도하는 해설서로 양분되어 있는 현

---

2 프로이트, 1924, 「정신분석학 소론」, 『프로이트 전집 제14권』, 열린책들, 185.

실에서, 독자들에게 프로이트를 보는 공정한 눈을 제공해줄 수 있을 것이다.

프로이트는 "오늘날에도 나는 정신의학, 심리학, 정신과학 일반에 대한 정신분석의 가치에 대해 후대가 최종적으로 어떤 판단을 내릴지 알 수 없다"[3]고 말한 적이 있다. 나는 이 책이 그가 품었던 이 의문에 대한 명쾌한 대답이라고 감히 자부한다.

처음에는 프로이트 이론 전반을 모두 그리고 상세하게 다룰 계획이었으나 그것이 너무 방대한 양의 원고와 시간을 요구했기 때문에 부득이하게 내용을 축소시켜 일부만 먼저 출간하게 되었다. 여기에서 제외된 나머지 내용들은 앞으로 계속 출간할 예정이다.

이 책은 정신분석학을 그 기저에서 관통하고 있는 혹은 그것을 지탱하는 뼈대라고 할 수 있는 다섯 가지 이론을 다루고 있는데, 독자들은 이를 살펴봄으로써 정신분석학을 한눈에 꿸 수 있는 안목을 갖게 될 것이다. 즉 '아하. 이게 바로 프로이트구나!' 그리고 '프로이트의 문제점은 바로 이것이었구나!'라는 통찰을 얻게 될 거라는 말이다.

나는 정신분석학을 재평가한 이 책이 정신분석학에 대한 논란에 중요한 종지부를 찍는 전환점이 되기를 바란다. 그래서 오늘의 심리학자들이 프로이트가 만든 뗏목을 분해하여 그것을 거대한 함선의 부속품으로 사용함으로써 더 넓은 진리의 바다로 힘차게 나아가게 되기를 희망한다.

2011년 9월 1일

심리학자 김태형

---

3 프로이트, 1925, 「나의 이력서」, 『프로이트 전집 제15권』, 열린책들, 251.

프롤로그

정신분석학을 관통하는 5가지 이론

—

정신분석학의 창시자 프로이트가 신봉했던 철학적 세계관이나 이론적 패러다임은 정신분석학에 절대적인 영향을 미치면서, 처음부터 끝까지 정신분석학을 관통하고 있다. 따라서 이 5가지의 이론적 패러다임을 살펴보는 것이야말로 정신분석학의 본질을 이해하기 위한 첩경이라고 할 수 있다.

—

프로이트는 자신이 평생 동안 연구하면서 체계화했던 심리학 이론을 '정신분석학'이라고 명명했다. 하지만 그가 처음부터 이런 거창한 명칭이 붙은 학문을 염두에 두고 이론활동을 시작했던 것은 아니었다. 정신분석이란 '신경증이 있는 환자들을 의학적으로 다루는 하나의 치료법'[1]이라는 말에서 알 수 있듯이, 애초에 정신분석학은 신경증 환자들을 치료하기 위한 새로운 치료기법일 뿐이었다.

> 정신분석학은 심리학적 기술에 의해 특정형태의 신경질환(신경증)을 치료하는 것을 목표로 하는 의료방법이다.[2]

여기에서 신경증이란 신체적 원인이 아닌 심리적 원인에서 유래하는 정신적, 신체적 장애를 의미한다. 즉 신경증이란 정상인들도 앓고 있는 비교적 가벼운 마음의 병으로서, 신체적인 발병원인이 없어 마음의 병이라고 판단할 수밖에 없는 각종 장애들을 일컫는 것이다. 아무튼 신경증의 치료에 관심을 기울이던 프로이트는 기존의 정신의학

---

1 프로이트, 1917, 「정신분석 강의」, 《프로이트 전집 제1권》(이하 "전집"이라 하고, 권수만 표시한다), 열린책들, 17쪽.

2 프로이트, 1913, 「과학과 정신분석학」, 전집 제14권, 11쪽.

이 정신장애의 증상들을 나열하거나 분류하기만 할 뿐 정신장애의 진정한 원인이나 병의 메커니즘, 증상들 사이의 관계를 올바로 규명하지 못하고 있는 데 대해 강한 불만을 가지게 되었다.

> 정신의학은 관찰된 정신장애들을 기술하고 임상적인 질병증상으로 종합하는 일을 하고 있지만 정신의학자 자신도 기술적인 나열 그 자체만을 가지고 과학이라는 이름을 가질 자격이 있는지 의심하기도 합니다. 질병증상들을 이루고 있는 징후들의 유래나 메커니즘, 상호관계 등에 관해서 아무 것도 알려진 것이 없습니다.[3]

이 때문에 프로이트는 '신경증론은 정신분석학 그 자체'[4]라고 외치며, 새로운 치료기법의 개발에 머무르지 않고 정신장애 그 자체에 대해 깊이 파고들었다. 그리고 그 결과 그는 정신장애의 원인과 기제 나아가 인간심리에 대한 일련의 통찰을 얻게 된다.

> 정신분석학은 신경증과 정신병의 기원과 기제에 대한 약간의 통찰을 가능케 했다.[5]

비록 정신병리에 관련된 일련의 통찰을 얻음으로써 자기 이론을 단순한 신경증 치료기법을 넘어서는 정신병에 관한 학설로까지 발전시키기는 했어도, 이때까지의 정신분석학은 정신병 혹은 신경증에 관한 이론일 뿐이지 보편적인 심리학 이론은 아니었다. 그러나 다양

---

3 프로이트, 1917, 「정신분석 강의」, 전집 제1권, 25쪽.

4 프로이트, 1917, 「정신분석 강의」, 전집 제1권, 511쪽.

5 프로이트, 1913, 「과학과 정신분석학」, 전집 제14권, 12쪽.

한 주제들로 관심을 넓혀가던 프로이트는 어느 날 마침내 이런 깨달음을 얻게 된다. "아! 정상인의 마음도 정신병 환자의 마음과 별반 다르지 않구나." 이런 깨달음을 얻을 수 있었던 데에는 '정신활동 일반을 설명하는 데 유용'했던 다음의 두 가지 주제에 대한 연구가 결정적인 도움을 주었다.

> 하나는 망각, 실언, 물건을 잘못 놓는 것 등의 매우 잦은 일상적 실수들이고 다른 하나는 건강하고 심리적으로 정상적인 사람들의 꿈이다.[6]

프로이트는 점차 정상인들의 실수 행위나 꿈을 지배하는 심리법칙이 정신병을 지배하는 심리법칙과 본질적으로 같다는 확신을 갖게 되었다. 따라서 그는 이 확신에 근거해 자신이 주장했던 정신병에 관한 새로운 학설, 즉 정신분석학을 정신병자만이 아닌 정상적인 사람까지 포괄하는 보편적인 심리학 이론이라고 선언한다.

> 정신분석학은 《꿈의 해석》을 기점으로 해서 두 가지 의미를 갖게 되었다. 정신분석학은 새로운 신경증 치료법일 뿐만 아니라 새로운 심리학이기도 했다.[7]

처음에는 그저 새로운 치료기법 정도로 소박하게 출발했던 정신분석학은 점차 그 영역을 확대해나가 나중에는 심리학의 전 영역을 포

---

6 프로이트, 1924, 「정신분석학 소론」, 전집 제14권, 183쪽.

7 프로이트, 1924, 「정신분석학 소론」, 전집 제14권, 185쪽.

괄하는 광범위하고 보편적인 이론으로 자리매김하게 되었다. 그렇기 때문에 오늘날 프로이트주의(Freudism)라는 용어는 정신분석학이 포함하고 있는 사상, 이론, 방법론을 총칭하는 의미로 사용된다.

프로이트는 정신분석 이론을 이해하고 발전시키기 위해서는 임상 경험이나 관찰만이 아니라 자기관찰 혹은 자기분석이 필요하다고 강조했다. 즉 '처음에는 자기 자신, 즉 자신의 인격에 관한 연구를 통해서 정신분석을 배울 수 있'[8]다는 것이다.

> 자기 자신에 대한 분석을 통해서만 획득되는 특정한 경험을 갖지 못한 자는 어느 누구도 정신분석학에 대해 이러쿵저러쿵 말할 수 없다.[9]

다소 과격하다고 할 수도 있는 이런 주장에 따르자면, 자기의 정신을 관찰하거나 분석하는 데 거의 관심이 없었던 스키너 같은 행동주의자들은 죽었다 깨어나도 정신분석학을 이해할 수 없을 것이다. 이를 지나친 주장이라고 타박할 수도 있겠으나, 자기의 정신이나 마음부터 용감하고 치열하게 들여다볼 수 있는 용기와 능력이 심리법칙을 올바로 밝히기 위한 중요한 조건 중의 하나라는 주장에는 기꺼이 동의할 수 있다.

비록 대단한 학문적 자부심을 가지고 있기는 했지만, 말년까지도 프로이트는 정신분석학을 완결된 이론 혹은 무오류의 이론이라고 확

---

8 프로이트, 1917, 「정신분석 강의」, 전집 제1권, 23쪽.

9 프로이트, 1932, 「심리적 인격의 해부」, 전집 제2권: 새로운 정신분석 강의, 95쪽.

신했던 적이 없고 또 그렇게 주장했던 적도 없다. 즉 그는 정신분석학이 미래에 계속 수정되고 보완되어야 할 미완의 이론임을 명백히 한 것이다.

> 정신분석학은 인간 정신 일반에 대한 완전한 이론을 제공한다고 결코 주장한 적이 없다.[10]

정신분석학의 주요 내용을 프로이트는 '무의식적인 정신과정이 있다는 가정, 저항과 억압의 이론에 대한 인정, 성욕과 오이디푸스 콤플렉스의 중요성에 대한 평가 등'이라고 규정했다.[11] 그러나 좀 더 정확히 말하자면, 정신분석학을 관통하는 주요한 패러다임 혹은 이론은 다음의 5가지이다.

① **심적 결정론** : 모든 심리현상에는 법칙성이 있다. 즉, 정신적인 원인과 결과 사이에는 필연적인 연관이 있다.
② **동기이론** : 사람의 마음과 인생에 가장 중요한 영향을 미치는 것은 성욕을 핵심으로 하는 동기들이다.
③ **갈등 이론** : 마음속에서는 적대적인 힘들 사이에 끊임없는 갈등이 벌어지며, 그 과정에서 다양한 심리현상들이 발생 · 발전한다. 충동 대 억압, 이성 대 감정(본능), 자아 대 이드, 자아 대 초자아 사이의 갈등을 예로 들 수 있다.
④ **정신 구조론** : 정신에는 특정한 내용과 기능을 담당하는 정신적 장

---

10 프로이트, 1914, 「정신분석 운동의 역사」, 전집 제14권, 107쪽

11 프로이트, 1923, 「〈정신분석학〉과 〈리비도 이론〉—두 개의 백과사전 항목」, 전집 제14권, 151쪽.

치나 기관이 있다. 프로이트는 초기에는 의식-전의식-무의식, 후기에는 자아-초자아-이드라는 정신구조를 주장했다.

⑤ **사회론** : 개인과 사회는 적대적인 관계에 놓여 있기 때문에 인류는 신경증을 피할 수 없으며 인생은 고통스러울 수밖에 없다. 문명, 종교, 도덕 등은 사람의 동물적인 본능과 사회역사(문명) 사이의 갈등과 타협에 의해 생성 · 발전한다.

정신분석학의 창시자 프로이트가 신봉했던 철학적 세계관이나 이론적 패러다임은 정신분석학에 절대적인 영향을 미치면서, 처음부터 끝까지 정신분석학을 관통하고 있다. 따라서 이 5가지의 이론적 패러다임을 살펴보는 것이야말로 정신분석학의 본질을 이해하기 위한 첩경이라고 할 수 있다. 프로이트는 다음과 같이 자신이 활동하던 시기에 유행했던 일부 세계관과 이론을 받아들였고 그것에 기초해 정신분석학을 구축했음을 분명히 밝히고 있다.

> 심층 심리학, 혹은 무의식의 심리학으로서의 정신분석이 자신만의 세계관을 구축하는 것은 불가능합니다. 정신분석은 과학의 일반적인 세계관을 받아들여야 합니다.[12]

---

12 프로이트, 1932, 「세계관에 대하여」, 전집 제2권: 새로운 정신분석 강의, 214쪽.

Chapter 1

심적 결정론

정신현상에 우연이란 없다

–

내면의 동기가 항상 사람의 사고와 행위를 지배한다는 주장만큼은 정당하므로 '심리적 결정론'은 타당하다고 할 수 있다. 즉 오늘의 시점에서 보더라도, 심리현상에는 법칙성(필연성)이 있다는 심리적 필연론, (의식적, 무의식적) 동기가 심리현상을 지배한다는 심리적 결정론은 기본적으로 타당하다.

–

아니 땐 굴뚝에 연기 나랴?

어떤 이가 들고 오던 접시를 떨어뜨려 그 접시가 깨졌다고 해보자. 아마 그는 '이런! 실수했네. 피곤해서 그런가?'라고 하며, 자신의 행위를 대수롭지 않게 넘겨버릴 것이다. 그런 설명에 대해, 그 일을 목격했거나 전해들은 대부분의 사람들도 별스럽게 문제를 제기하지 않고 너그럽게 수긍할 것이다. 하지만 프로이트에게는 그런 설명이 통하지 않을 게 분명하다. 그는 여하한 실수들에도 반드시 그런 행위를 하게끔 만든 심리적인 원인, 이유가 있다고 믿는 사람이기 때문이다. 그는 누군가가 물건을 두고 가면 이렇게 말할 것이다.

> 이렇게 물건을 놓고 간 것을 다시 돌아오겠다는 약속으로 보아도 될 것이다. 왜냐하면 어떤 숨겨진 의도나 비밀스런 이유 없이 사람들이 물건을 잊어버리지는 않는다는 것을 우리는 알고 있기 때문이다.[13]

그는 또한 누군가가 물건을 잃어버리면 다음과 같이 말할 것이다.

> 그 물건을 준 사람과 적대적이 되어서 그를 더 이상 기억하고 싶지

---

13 프로이트, 1907, 「빌헬름 옌젠의 《그라디바》에 나타난 망상과 꿈」, 전집 제14권, 29쪽.

> 않을 때, 혹은 단순히 그 물건이 더 이상 마음에 안 들 때, 다른 더 좋은 것으로 대체하기 위한 어떤 구실을 만들고 싶을 때, 우리는 그 물건을 잃어버리는 것입니다.[14]

프로이트는 '왜 그랬을까?'에 대한 해답을 찾을 때까지는, 궁금증이 풀리기 전에는 절대로 탐색을 멈추지 않는 냉철하고 지독한 수사관이다.

> 가족의 한 사람이 혀를 깨물었다거나 손가락을 찧었다는 등의 하소연을 한다면, 나는 그가 기대하는 동정심 대신에 〈그가 왜 그런 짓을 했을까?〉라고 묻는다.[15]

프로이트는 모든 심리현상에는 법칙성이 있다고 믿었던 아주 철저한 필연론자, 인과론자였다. 우리 식 속담으로 표현하자면 '아니 땐 굴뚝에 연기 나랴?'는 말을 입에 달고 살았던 심리학자였던 셈이다. 아무튼 프로이트는 어떠한 결과라 할지라도 그것을 야기한 심리적 원인이 반드시 있게 마련이므로, 원인과 결과 사이의 연관관계를 정확히 알건 모르건 간에 인과관계의 법칙성이 있을 거라는 사실만큼은 의심하지 말아야 한다고 강조했다. 그는 때로는 다소 소극적인 어조로 '정신현상에는 우리가 통상적으로 생각하는 것보다는 그렇게 많은 자유와 임의성이 있지 않다. 어쩌면 자유와 임의성이 전혀 없는지도 모른다. … 그것들은 늘 일정한 법칙들에 의존해 있다'[16]고 말

---

14 프로이트, 1917, 「정신분석 강의」, 전집 제1권, 72쪽.

15 프로이트, 1901, 「일상생활의 정신병리학」, 전집 제5권, 238쪽.

16 프로이트, 1907, 「빌헬름 옌젠의 《그라디바》에 나타난 망상과 꿈」, 전집 제14권, 14쪽.

했다. 하지만 기본적으로 프로이트는 매우 단정적이고 확신적인 어조로 '심리적인 것에서 자의적인 것은 하나도 없다'[17]고 과감하게 선언했던 필연론자였다.

> 나는 외부에서 일어나는 (실제의) 우연은 믿지만 내부의 (정신적인) 우연은 믿지 않는다. 내부에서 일어나는 일에는 우연이란 없는 것이다.[18]

우연적이고 자의적인 정신현상이란 없다고 믿었던 프로이트에게, 심리학자의 기본임무란 그 무엇보다도 밖으로 드러나지 않고 은폐되어 있는 심리적 법칙성을 규명하는 일이 될 수밖에 없었다. 그래서 남들이 아무리 손사래를 치며 그저 우연적 실수이며 무질서라고 변명을 해도, 명탐정 프로이트는 그들을 매서운 눈초리로 쏘아보면서 남다른 예리함과 집요함으로 그 안에 내재된 필연과 질서를 찾아내려고 했다. 이런 맥락에서 보면, 다음과 같은 그의 자신감은 너무나도 당연한 것인지도 모른다.

> 다른 사람에게는 무질서로 보이는 것이 나에게는 역사적으로 형성된 질서다.[19]

---

17 프로이트, 1900, 「꿈의 해석」, 전집 제4권: 꿈의 해석, 600쪽.
18 프로이트, 1901, 「일상생활의 정신병리학」, 전집 제5권, 343쪽.
19 프로이트, 1901, 「일상생활의 정신병리학」, 전집 제5권, 189쪽.

굴뚝에서 나는 연기의 원인

특정한 정신현상이라는 결과를 낳는 원인이란 무엇일까? '어떤 실수든 그 속에는 숨은 동기가 있다'[20]는 말에서 짐작할 수 있듯이, 프로이트는 그것을 '동기(motivation)'라고 생각했다. 그런데 정신분석학에서 동기는 때로는 다른 개념들을 포괄하는 넓은 의미로 사용되며, 때로는 다른 개념들과 혼용되어 사용된다는 점을 유의해야 한다.

✚ 프로이트는 통상적인 실수 행위들에도 숨겨진 동기가 있을 거라고 믿었다.

---

20 프로이트, 1901, 「일상생활의 정신병리학」, 전집 제5권, 362쪽.

모든 꿈에는 의미가 있다. 꿈의 낯설음은 꿈의 의미를 표현할 때 행해졌던 왜곡 때문이다.[21]

나중에 살펴보겠지만 프로이트는 꿈의 본질을 소원성취로 본다. 이를 고려해보면 위의 글에 나오는 '꿈에는 의미가 있다'는 문장은 '꿈은 소원성취다'는 말과 본질적으로 같다고 할 수 있다. 즉 여기에서 '의미'라는 개념은 소원, 즉 동기에 포함되거나 그것으로 대치될 수 있는 유사개념인 것이다. 이런 식으로 정신분석학에서 '의도', '의미', '이유', '경향'이라는 개념들은 모두 동기라는 범주에 수렴되거나 그것으로 대치될 수 있는 유사개념들이다. 그럼에도 프로이트는 그런 개념들을 하나의 단일개념으로 통일해 사용하기보다는 다소 혼란스럽게 사용했다. 예를 들면 다음 글은 동기를 각각 다른 측면에서 '이유', '의미', '의도'라는 세 가지 개념으로 반복적으로 표현하며 나열해, 스스로 혼란을 자초하는 듯한 인상을 준다.

실수 행위는 확실한 이유가 있는 신체적 현상이며 항상 의미와 의도를 갖고 있다.[22]

아무튼 프로이트는 그 스스로가 '〈의미〉라고 하는 단어를 우리는 뜻, 의도, 경향, 그리고 심적인 관련성 속에서 그 현상이 차지하는 어떤 위치 등으로 이해하고 있'[23]으므로, 그것을 '〈의도〉나 〈경향〉으

---

21 프로이트, 1913, 「과학과 정신분석학」, 전집 제14권, 18쪽.
22 프로이트, 1913, 「과학과 정신분석학」, 전집 제14권, 13쪽.
23 프로이트, 1917, 「정신분석 강의」, 전집 제1권, 81쪽.

로 바꾸어 써도 상관이 없'[24]다고 말하기도 했다. 따라서 적어도 정신분석학에서는 의미, 의도, 이유, 경향 등이 모두 넓은 의미에서의 '동기'에 포함되는 개념들이라고 이해해도 괜찮을 것이다. 예컨대 '나는 우리가 어떤 의도에 대한 고려 없이 무엇을 시도할 수 있다고 생각하지 않는다'[25]는 말을 다음과 같은 뜻으로 이해해도 된다는 것이다.

"사람은 동기 없이 행동하지 않는다."

프로이트는 정신장애의 배후에는 항상 숨겨진 동기가 존재한다고 믿었다.

> 숨겨진 동기를 일단 발견하여 그것을 신중하게 고려해 보면 히스테리성 사고 결합에도 의외로 수수께끼 같은 것이나 법칙에 반하는 것이 아무 것도 없음을, 즉 정상인의 사고 결합과 다를 바가 없다는 것을 깨닫게 된다.[26]

그렇다면 정상인의 심리현상에는? 당연히 동기가 존재한다.

> 나는 … 이름의 망각을 우연한 사건으로 간주할 수 없다. 나는 이 과정에서 동기의 영향을 인정하지 않을 수 없다.[27]

---

24 프로이트, 1917, 「정신분석 강의」, 전집 제1권, 52쪽.
25 프로이트, 1905, 「농담과 무의식의 관계」, 전집 제6권, 124쪽.
26 프로이트, 1908, 「히스테리의 심리치료」, 전집 제3권: 히스테리 연구, 381쪽.
27 프로이트, 1901, 「일상생활의 정신병리학」, 전집 제5권, 13쪽.

심리현상에 필연성, 법칙성이 있는 것은 '동기'의 힘에 의해 사고들이 결합되고 규제되기 때문이다. 다시 말해 특정한 동기라는 원인은 반드시 특정한 심리현상이라는 결과를 낳는 필연성, 규칙성이 있다는 것이다. 이러한 법칙성은 정상인과 정신병 환자 모두에게 동일하게 작용한다. 정신병 환자들의 경우에는 그 동기가 밖으로 잘 드러나지 않아서 비정상적으로 보일 뿐이지, 동기가 심리와 행동을 규정한다는 점에서 그들의 심리법칙은 정상인들과 완벽히 똑같은 것이다. 이 때문에 프로이트는 '정상적인 과정들과 병리적인 과정이라고 기술되는 것은 동일한 규칙을 따른다'[28]고 단언할 수 있었다.

심리현상은 동기에 의해 촉발되며, 일정한 규칙성을 띄게 되므로 심리법칙을 알기 위해서는 그 무엇보다 동기를 알아야 한다. 그러므로 '해석한다는 것은 숨겨진 의미를 찾아내는 것'[29]이라는 프로이트의 말은 곧 '해석이란 숨겨진 동기를 찾아내는 것'이라는 뜻이 된다. 그는 과거의 심리학이 실패를 면치 못했던 까닭이 동기를 규명하지 못한데 있다고 보았기에, 정신분석학은 동기를 규명하는 데 주력해야 한다고 믿었다.

> 어쩌면 지금까지의 연구가 동기를 규명하지 못하고 오로지 피상적인 표층을 조명하는 데 집중되어 왔기 때문인 듯하다. … 이 심층적 동기에의 접근은 지금까지의 검토가 그랬듯이 한곳에 집중되어야 할 듯하다.[30]

---

28 프로이트, 1913, 「과학과 정신분석학」, 전집 제14권, 13쪽.

29 프로이트, 1917, 「정신분석 강의」, 전집 제1권, 116쪽.

30 프로이트, 1939, 「인간 모세와 유일신교」, 전집 제13권, 411쪽.

자유연상법이 타당한 까닭

프로이트가 치료에 도입한 새로운 기법은 자유연상법이다. 그런데 '자유연상'이란 말 자체는 프로이트의 필연론과 그다지 어울리지 않는다. 정신에는 우연성이 없다고 주장하면서 어떻게 자유연상이 가능하다고 말할 수 있단 말인가. 그러니 이 문제를 잠깐 검토하고 넘어갈 필요가 있을 듯하다.

치료자는 자유연상을 위해서, '불쾌하거나, 의미가 없다고 느껴지거나, 중요하지 않다고 생각되거나, 또 아무 상관이 없다고 생각되더라도 머리에 떠오르는 것은 모두 말해야 한다'[31]고 환자에게 알려준다. 간단히 말해 마음을 비우고 머리에 떠오르는 생각을 있는 그대로, 솔직하게 다 얘기하라고 권하는 것이다. 그런데 만일 환자가 머릿속에 제멋대로 떠오르는 생각들을 치료자에게 두서없이 보고한다면, 그것이 과연 숨어있는 동기를 찾아내고 나아가 치료에 어떤 도움을 줄 수 있는 것일까? 그것은 아무 짝에도 쓸모없는 그야말로 잡생각들에 불과한 게 아닐까? 프로이트에 의하면 그렇지가 않다. 그는 자유연상이 치료기법으로서 유용한 까닭을 다음과 같이 설명했다. 환자는 치유에 대한 욕구, 즉 치유동기를 가지고 있으며 그것은 치료자를 만났을 때 극대화된다. 따라서 치료자가 '아무 생각이나 자유롭게 하세요'라고 말하더라도, 환자는 치유동기와 관련된 연상만을 하게 된다는 것이다.

깊이 생각해야 할 것은 자유연상이 사실은 자유로운 것이 아니라는

---

31 프로이트, 1909, 「쥐 인간—강박 신경증에 관하여」, 전집 제9권, 15쪽.

점이다. … 그는 분석상황의 영향 하에 놓여 있는 것이다. 따라서 이러한 상황과 관계 있는 것만이 환자에게 떠오른다고 가정할 수 있다.[32]

모든 '연상은 우리가 모르는, 그 순간 작동되는 정신의 중요한 내적 태도들에 의해 항상 엄격하게 통제되고 있다.'[33] 다시 말해 연상은 아무런 규칙도 없이 무질서하게 진행되는 게 아니라 항상 내적 동기에 의해 규제되므로 일정한 법칙성을 갖는다는 것이다. 그러므로 말이 자유연상이지 원칙적으로 자유로운 연상이란 불가능하며 존재할 수도 없다.

프로이트는 '유사와 근접'을 관념연합 형성의 2대 원칙[34]이라고 하며 매우 중시했는데, 관념연합 혹은 연상에는 그것만이 아니라 인과관계를 비롯한 사물현상들 사이의 모든 연관관계가 두루 영향을 미친다. 그렇다면 관념연합 혹은 연상이란 동기의 힘에 기초하고 '유사와 근접'의 원칙에 의해 여러 생각들이 연달아 이어지는 것이라고 볼 수 있을 것이다. 예를 들면 초등학교 동창생들을 만나고 싶다는 동기가 전면화되면 옛 초등학교 건물이나 초등학교 시절의 기억과 같은, 그것과 유사하거나 근접해있는 개념이나 장면들이 활성화되어 연이어 떠오를 수 있다는 것이다. 프로이트는 이렇게 사고란 '동기에 의해 연상과정 혹은 관념의 흐름이 규제된다'는 법칙을 가지고 있다고 생각했다. 자유연상 역시 이러한 법칙에서 예외가 될 수 없었다.

---

32 프로이트, 1925, 「나의 이력서」, 전집 제15권, 242쪽.
33 프로이트, 1917, 「정신분석 강의」, 전집 제1권, 146쪽.
34 프로이트, 1913, 「토템과 터부」, 전집 제13권, 140쪽.

자유로운 연상이라 할지라도 우리가 믿어왔던 것과 같이 자의적인 것이 아니고 미리 규정되어 있다.[35]

결론적으로 말해 자유연상이 새로운 그리고 의미 있는 치료법이 될 수 있었던 것은 그것이 전혀 자유로운 연상이 아니라 치유동기의 지배를 받는 규칙적이고 따라서 법칙적인 연상이기 때문이다.

심적 결정론에 대한 평가

프로이트에 의하면 목적 없는 사고란 존재할 수 없다. 설사 '나는 아무런 의도 없이 사고하고 있다' 혹은 '나는 아무 생각도 안 하고 있다'고 주장하더라도, 그런 류의 사고들 역시 무의식적으로는 어떤 목적을 지향하는 사고이다. 다만, 당사자가 그 목적을 의식하지 못할 뿐이다.

우리가 목적 없는 표상의 흐름에 자신을 내맡기고 있는 것이라는 주장은 명백히 부당한 것이다. 사실 언제나 우리는 이미 알고 있는 목적표상만을 포기할 수 있을 뿐이며, 이것을 포기하는 즉시 미지의—대략 표현하면 무의식적인—목적표상들이 주도권을 잡고 원하지 않는 표상들의 흐름을 결정짓는다. … 목적표상이 없는 생각은 전적으로 불가능하다.[36]

---

35 프로이트, 1917, 「정신분석 강의」, 전집 제1권, 149쪽.

36 프로이트, 1900, 「꿈의 해석」, 전집 제4권: 꿈의 해석, 615쪽.

프로이트가 왕성하게 학문활동을 했던 시기에는 자연과학이 눈부시게 발전했고 그에 기초해 다종다양한 법칙들이 밝혀지고 있었다. 그러다보니 모든 세상사를 인과율을 비롯한 과학적 법칙으로 설명할 수 있게 될 거라는 희망과 낙관이 팽배해졌다. 하지만 사람의 정신이라는 영역에 있어서는 이러한 과학적 세계관 혹은 낙관주의가 발을 붙이지 못하고 있었다. 사람의 정신이란 절대로 그 정체를 알 수 없는 신비한 것이라든가 절대자인 신이 선물해준 신성한 것이라는 비과학적인 견해들이 여전히 위력을 떨치고 있었던 것이다. 과학적 세계관을 신봉했던 프로이트로서는 그런 비과학적인 견해들을 용납할 수 없었다.

> 어떤 사람이 자연의 어느 한 부분에서만이라도 인과율을 무의미하게 만들어버릴 수 있다면, 그는 모든 과학적 세계관을 팽개쳐버린 것과 다름없을 것입니다.[37]

프로이트는 자연과 사회만이 아니라 사람의 정신도 확고한 법칙성을 가지고 있다고 믿었기에, 정신분석학은 그러한 심리 법칙들을 규명하는 학문이라고 못 박았다.

> 지금까지 오직 가장 기형적인 변덕만이 우세한 것처럼 보였던 곳에서 정신분석학적 연구는 법칙, 질서 그리고 연관을 도입했고, 적어도 분석이 여전히 불완전한 곳에서 그것들의 존재를 추측할 수 있

37 프로이트, 1917, 「정신분석 강의」, 전집 제1권, 35쪽.

게 해주었다.[38]

정신(심리)에 대한 비과학적인 견해를 타파하는 데서 나름 혁혁한 공을 세웠음에도, 정신이 특정한 법칙에 따라 결정된다는 주장을 했다는 이유로 프로이트는 '자유의지'를 강조했던 당대의 지식인들로부터 공격을 받았다. 하지만 그는 좀처럼 뒤로 물러서지 않았다.

> 여러분들의 마음속에는 심리적 자유라든가 자의성에 대한 뿌리 깊은 신앙이 있습니다. 그러나 그것은 매우 비과학적인 것이며 정신생활을 지배하는 결정론의 요구들 앞에서는 모든 것이 포기될 수밖에 없는 것입니다.[39]

원칙적으로 절대적인 자유의지란 있을 수 없다. 신이 아닌 이상 사람은 시공간의 법칙을 초월할 수 없고, 자연계의 법칙을 거스를 수도 없기 때문이다. 예를 들면 우리는 자유의지에 따라 축구선수가 될지 야구선수가 될지를 선택할 수는 있지만, 사람이 될지 돌고래가 될지를 선택할 수는 없다. 따라서 자유의지란 사실상 '상대적인' 자유의지일 뿐이다.

일단 자유의지의 상대성을 인정한다면, 사람에게는 어떤 동기를 의식적으로 선택할 수 있는 자유의지가 있다고 주장할 수 있다. 밥을 먹을지 책을 읽을지를 선택할 수 있는 자유의지가 있다는 것이다. 하지만 이 경우에도 사람은 스스로는 자각하지 못하는 무의식적 동기

---

38 프로이트, 1913, 「과학과 정신분석학」, 전집 제14권, 23쪽.
39 프로이트, 1917, 「정신분석 강의」, 전집 제1권, 145쪽.

의 영향을 받을 수 있기 때문에, 자유의지의 범위는 다시 한 번 축소될 수 있다. 금강산도 식후경이란 말처럼, 배고픔이 심하면 책을 읽으려는 동기는 거의 의식에 떠오르지 않는 반면 밥을 먹고 싶다는 동기가 자동적으로 마음을 지배하게 된다는 것이다. 프로이트도 반대자들에게 이 점을 설득하려 했다.

> 많은 사람들이 이러한 절대적인 심리적 결정론에 반대하여 자유의지의 존재에 대한 확신을 천명하고 있다는 것을 우리는 알고 있다. … 자유의지에 대한 확신이 정당한 것이라는 주장을 반박할 필요는 없다. 의식적 동기와 무의식적 동기를 일단 구분하게 되면 의식적 동기가 우리가 내리는 모든 결정을 지배하는 것은 아니라는 것을 우리는 확인하게 된다. … 동기가 부여되지 않은 나머지 행위들은 의식이 아닌 다른 곳으로부터, 즉 무의식으로부터 동기를 부여받게 되는 것이고, 심리적 결정론이 연속적으로 작용하고 있는 것처럼 보이는 것도 이 때문이다.[40]

그것이 신이든 성욕이든 뇌이든 간에 사고와 행위의 유일한 주체인 사람을 지배하고 결정하는 그 무엇이 사람 안에 있다는 식의 주장은 옳지 않다. 하지만 현실적으로 사람은 그것이 의식적이든 무의식적이든 항상 동기를 실현하기 위해 사고하고 행동하는 존재이다. 심리적 결정론은 이 사실을 강조하는 것일 뿐 그 이상의 의미를 가지고 있지는 않다. 이렇게 내면의 동기가 항상 사람의 사고와 행위를 지배한다는 주장만큼은 정당하므로 '심리적 결정론'은 타당하다고 평가

---

40 프로이트, 1901, 「일상생활의 정신병리학」, 전집 제5권, 338~339쪽.

할 수 있다. 즉 오늘의 시점에서 보더라도, 심리현상에는 법칙성(필연성)이 있다는 심리적 필연론, (의식적, 무의식적) 동기가 심리현상을 지배한다는 심리적 결정론은 기본적으로 타당하다.

요약 및 평가

	프로이트	평가
심적 필연론	실수 행위나 꿈과 같은 모든 심리현상에는 법칙성이 있다. 우연적이고 자의적인 정신현상이란 없다.	심리현상에 법칙성이 없다면 심리학이라는 학문은 존재할 수 없다.
정신현상의 원인	특정한 동기가 특정한 정신현상이나 행위의 원인이다.	정신현상의 기본원인이 동기라는 주장은 타당하다.
심리학의 기본과제	정신분석학은 숨겨진 동기를 찾는 학문이다.	숨겨진 동기를 규명하는 것은 여전히 심리학, 특히 임상심리학의 주요 과제이다.
자유연상	자유연상은 치유동기에 의해 규제되는 정신현상이므로 심리치료에 유용한 정보를 제공해준다.	자유연상을 지배하는 기본동기가 치유동기라는 주장은 타당하다.

Chapter 2

동기 이론

마음의 중심에 동기가 있다

—

성욕과 같은 생물학적 하위동기가 독자성을 가지고 전면에 나설 수 없게끔 유전적으로 틀지워지고, 사람한테 양육되면서 사회적 동기를 정점으로 하는 동기의 위계화가 확립된 후에 세상에 나가 활동하는 게 바로 정상적인 사람이다. 그러니 프로이트가 자신 있게 외쳤던 '해부학적 구조는 운명이다!'라는 말은 다음과 같이 바뀌어야 한다. '사회역사는 운명이다!'

—

정신분석학은 동기를 규명하는 학문

굳이 프로이트가 주장해서가 아니더라도, 우리가 가장 알고 싶어 하는 것은 타인의 동기이다. 버스 안에서 옆 사람한테 발을 밟혔다고 해보자. 우리는 무엇보다 먼저 상대방이 실수로 그랬는지 아니면 고의로 그랬는지부터 확인하려 한다. 그래서 만일 전자라면 너그럽게 봐줄 것이지만 후자라면 공격적인 태도를 취할 것이다. 이런 식으로 우리는 하루 종일 나아가 평생 동안 밖으로는 명확히 드러나지 않는 타인들의 내면적 동기를 추측하기 위해 부단히 노력한다. 그래서인지 대부분의 사람은 자기보다는 오히려 타인의 동기를 파악하고 추측하는 데 더 능한 편이다.

> 상대방은, 그 행동의 주체가 그런 행동을 통해 어떤 의도를 내보이고 어떤 감정을 가지고 있는지를 생각하며 판단을 내리기 때문에 오히려 그 행동의 주체가 어떤 심리적 과정을 거치고 있는지 그보다 더 잘 알 수가 있다. … 사실상 우리는, 모든 사람들이 끊임없이 그들 이웃에 대한 심리분석을 실행하고 있으며, 그런 결과로 자기 자신보다는 그 이웃들을 더 잘 알게 된다고 말할 수 있다.[41]

---

41 프로이트, 1901, 「일상생활의 정신병리학」, 전집 제5권, 281쪽.

위의 말에서 짐작할 수 있겠지만 심리분석의 핵심은 무엇보다 의도, 즉 동기를 파악하는 것이다.(뒤에서 다시 언급하겠지만 동기가 감정을 좌우하므로 동기를 규명하는 것이 심리분석의 핵심적인 목표가 된다.) 정신분석학 역시 마찬가지라고 할 수 있다. 즉 정신분석학은 심리법칙을 규명하기 위해 동기 그리고 동기가 사고나 감정을 지배하는 메커니즘 등을 주로 연구하는 학문인 것이다.

그렇다면 '동기(動機)'란 무엇일까? '동기(motivation)'란 사람이 특정한 사고나 행동을 하도록 만드는 원인을 말한다. 이 정의에 따르자면 어떤 목적지향적인 사고나 행동을 유발하고 유기체를 그 목적을 실현하는 데로 나아가게 하는 원인으로 작용하는 것들은 모두 동기가 될 수 있다. 여기에는 생물학적 욕구와 사회적 욕구 그리고 사회적 요구가 모두 해당된다.[42] 동기는 보통 충동, 소망, 소원 등으로 표현된다.

> 네 소원(所願)이 무엇이냐 하고 하느님이 내게 물으시면, 나는 서슴지 않고, "내 소원은 대한 독립(大韓獨立)이오." 하고 대답할 것이다. 그 다음 소원은 무엇이냐 하면, 나는 또 "우리나라의 독립이오." 할 것이요, 또 그 다음 소원이 무엇이냐 하는 세 번째 물음에도, 나는 더욱 소리를 높여서, "나의 소원은 우리나라 대한의 완전한 자주 독립(自主獨立)이오." 하고 대답할 것이다. 동포(同胞) 여러분! 나 김구의 소원은 이것 하나밖에는 없다.[김구(金九) 선생, 「나의 소원」 중에서]

---

42 김태형, 2009, 《새로 쓴 심리학》, 세창출판사, 제4장 참조.

김구 선생이 반복해 자신의 유일한 소원이라고 명명했던 '독립'은 선생의 한평생을 지배했던 '기본 동기'라고 할 수 있다. 왜냐하면 그것이 김구 선생으로 하여금 조선독립이라는 강력한 목표를 지향하는 사고와 행동을 하도록 만든 원인이기 때문이다. 이런 식으로 동기는 유기체의 사고와 행동에 특정한 목표와 방향을 제공하는 역할을 한다. 목마른 자가 우물을 파고, 억압받는 자가 정치운동을 하게 되는 것이다.

일반적으로 우리말에서 동기는 '이다'나 '하다'가 아니라 '원한다', '싶다' 등으로 표현된다. 예컨대 '물은 위에서 아래로 흐른다'라는 문장에는 동기가 없지만 '물을 거꾸로 흐르게 하고 싶다'는 말에는 동기가 있다.

프로이트는 모든 정신현상을 능히 해석할 수 있다고 보았는데, 그것은 정신현상이 항상 동기에 의해 발생하며 동기에 의해 지배된다고 굳게 믿었기 때문이다.

> 나는 … 모든 현상들이 의미(의도나 의미 등은 동기의 유사개념이다 - 편집자 주) 있는 것이며 실수 행위들과 마찬가지 방법으로 연구해보면 해석이 가능한 것이고, 더욱 중요한 다른 정신적 과정들의 아주 작은 징조이며 또한 완전히 유효한 심리적 행위라는 주장을 하려 합니다.[43]

정신현상의 비밀과 의미를 알 수 있게 해주는, '동기를 찾아서!'

이것이야말로 초기 정신분석학의 모토였다. 그리고 적어도 여기까

---

43 프로이트, 1917, 「정신분석 강의」, 전집 제1권, 82쪽.

지의 프로이트는 전적으로 옳았다. 하지만 그가 가장 중요한 인간 동기를 성욕이라고 주장하면서부터 정신분석학은 오류의 늪에 빠져들기 시작한다.

첫 번째 본능이론: 배고픔과 사랑

그야말로 프로이트는 마음의 중심 혹은 핵을 '동기'라고 생각했던 철두철미한 동기 이론가였다. 그렇기 때문에 그가 자신의 이론을 체계적으로 전개하기 위해서는 '동기'에 대해서부터 올바로 해명해야만 했다. 역으로 말하면 동기 문제를 정확히 규명하지 않고서는 올바른 심리학 이론을 정립할 수가 없었다는 것이다. 그래서 프로이트는 스스로가 가장 중요한 동기라고 주장했던 '본능'에 관한 이론을 규명하기 위해 평생을 다 바쳤다. 이런 의미에서 정신분석학이란 끊임없이 수정되면서 다듬어진 본능 이론이라고 할 수 있다.

> 정신분석 이론 가운데서도 특히 본능이론은 가장 힘들게 길을 더듬으며 전진한 이론이다.[44]

본능의 종류와 가짓수는 아주 다종다양하지만 학문적 목적을 위해서는 그것들을 가장 근본적이고 중요한 본능들로 한데 묶을 필요가 있다. 이에 대해 프로이트는 '이 모든 다양한 본능들을 몇몇 소수의

---

44 프로이트, 1930, 「문명 속의 불만」, 전집 제12권, 295쪽.

기본 본능들로 환원하는 것이 가능하다'[45]고 말하면서, '수많은 자잘한 임시적 본능 외에도 무언가 진지하고 강력한 것이 숨어 있으리라는 예감'[46]을 껴안고서 '기본 본능'을 찾기 위해 땀을 흘렸다.

처음에 프로이트가 주목했던 기본 본능은 '배고픔과 사랑', 즉 식욕과 성욕이었다.

〈세계를 움직이는 것은 식욕(개체 보존)과 사랑(종족 보존)〉이라는 실러의 말을 출발점으로 삼았다.[47]

유기체가 뭔가를 먹는 까닭은 자아(여기에서 자아란 '나' 혹은 '유기체'라는 의미를 가진다)가 생존 혹은 생명활동을 하기 위해서이다. 그래서 비록 자아 본능에 식욕만 있는 건 아니지만, 프로이트는 식욕을 가장 중요한 자아 본능으로 보았다.

〈자아 본능〉… 에 속하는 것으로서 우리는 사람의 자기 보존, 자기 주장, 자신의 확장과 관련된 모든 것을 포함시켰습니다.[48]

위의 주장에 의하면, 자아 본능이란 식욕으로 대표되는 유기체의 생명활동을 유지·발전시키는 것에 관련된 본능들의 집합을 의미한다고 할 수 있다.

---

45 프로이트, 1940, 「정신분석학 개요」, 전집 제15권, 417쪽.

46 프로이트, 1932, 「불안과 본능적 삶」, 전집 제2권: 새로운 정신분석 강의, 128쪽.

47 프로이트, 1930, 「문명 속의 불만」, 전집 제12권, 295쪽.

48 프로이트, 1932, 「불안과 본능적 삶」, 전집 제2권: 새로운 정신분석 강의, 129쪽.

식욕이 개체 보존과 관련된다면, 성욕은 자손을 낳기 위한 본능이므로 종족 보존과 관련된다. 이렇게 해서 개체 보존을 위한 식욕과 종족 보존을 위한 성욕이 사람을 포함하는 유기체의 기본 본능이 되었다. 그런데 식욕과 성욕, 즉 자아본능과 성본능을 두 가지 기본 본능으로 보았던 프로이트는 자기의 주장을 수정한다. 왜냐하면 자기애(나르시시즘)라는 주제를 연구하면서 성본능이 이성(대상)만이 아닌 자기 자신을 대상으로 삼을 수 있다는, 즉 자아본능의 상당 부분이 성본능이라는 발견을 했기 때문이다. 그래서 프로이트는 자아 본능을 부차적인 본능의 위치로 격하시키는 한편 성 본능을 유일무이한 기본 본능으로 격상시키고는 그것을 다시 두 가지로 나누게 된다.

> 〈자아 본능〉의 일부도 역시 리비도적 성격을 띤다는 것과 그것은 주체 자신의 자아를 그 대상으로 취한다 … 이 나르시시즘적 자기보존 본능은 리비도적 성본능 가운데 포함되어야 했다. 이제 자아 본능과 성적 본능 사이의 대극성은 둘 다 리비도적 성격을 띠고 있는 자아 본능과 대상 본능 사이의 대극성으로 바뀌기에 이르렀다.[49]

지금까지의 논의를 간단히 요약해보면 다음과 같다. 애초에 프로이트는 성욕이란 종족번식을 위한 본능이므로 그것이 당연히 이성이라는 외부의 대상만을 향할 줄 알았다. 남자는 여자를 사랑하고 여자는 남자를 사랑하는 식으로…. 그래서 '배고픔(식욕)'이라는 자아본능과 '사랑(성욕)'이라는 성본능을 두 가지 기본 본능이라고 주장했던 것이다. 그러나 성욕이 단지 대상(이성)만을 향하는 게 아니라 자기

---

49 프로이트, 1920, 「쾌락원칙을 넘어서」, 전집 제11권, 340쪽.

자신을 향하기도 한다는 사실을 알게 되자, 그런 현상을 설명하기 위해 그는 성욕의 개념을 확장하였고 자기보존 본능을 성본능의 하위본능으로 위치 지웠다. 성본능이 외부의 대상이 아닌 자기 자신을 향할 수 있다고 가정하지 않고서는 거울 속의 자기를 사랑하는 백설공주의 계모 같은 나르시시스트의 심리를 설명할 수 없었기 때문이다.(물론 여기에서 프로이트는 사랑본능과 성본능을 동일시하는 오류를 범하고 있다) 이때부터 프로이트는 성본능이 자기 자신을 향하느냐 아니면 대상을 향하느냐의 차이만 따질 뿐, 거의 모든 심리현상을 성욕(성본능)을 중심으로 이해하고 설명하기 시작했다. 결국 이 시기의 프로이트는 유기체의 기본 본능을 성본능 하나에 국한시키고, 그것이 향하는 방향에 따라 (성적인) '자아 본능'과 (성적인) '대상 본능'을 구별했던 것이다.

쾌락 추구욕과 성욕은 다르다

정신분석학을 이해하려는 이들을 가장 헷갈리게 만드는 대목인 동시에, 그 이론의 과학성을 결정적으로 훼손하는 출발점은 성욕에 대한 잘못된 개념 정의다. 프로이트는 무엇보다 성욕 개념에 쾌락을 추구하는 욕구를 포함시키는 중대한 과오를 범했다.

> 첫째 성욕을 성기와 맺는 밀접한 관계로부터 분리시켜, 쾌락을 목표로 하고 2차적으로나 생식에 봉사하는 보다 포괄적인 신체기능으로 보았다.[50]

---

50 프로이트, 1925, 「나의 이력서」, 전집 제15권, 239쪽.

왜 그런 짓을 하게 된 것일까?

> 성욕을 성기와 분리시켜 보는 것은 아이와 성도착자의 성 활동을 정상인의 성 활동과 동일한 관점에서 보게 되는 장점이 있다.[51]

이 말은 결국 정상인만이 아니라 어린이, 성도착자, 정신병자 등 모든 사람의 심리를 성욕으로 환원해서 설명하기 위해 성욕 개념을 확장했다는 뜻이다. 다시 말해 성본능이라는 색안경을 쓰고 사람을 관찰하기 시작했던 프로이트에게는 '어린이의 성 행위와 성적 도착들이 서로 흡사하'[52]게 보였기에, 그것들을 모두 성욕으로 설명하기 위해 성욕 개념을 무리하게 확장했던 것이다.

아무튼 쾌락 추구욕을 성욕으로 간주하게 된 프로이트는 유아에게도 성욕이 있다는 '유아성욕설'을 주장함으로써 세상을 발칵 뒤집어 놓게 된다.

> 아이들이 규칙적으로 성적 활동을 한다는 것을 확인하기는 실로 너무 쉬워서, 어떻게 그렇게 오랫동안 이 사실들을 간과하고 무성적 유아기라는 전설을 유지할 수 있었는지에 대해 놀라 묻지 않을 수 없다.[53]

과연 그의 말대로 유아도 성욕을 가지고 있는 걸까? 결론부터 성급히 말하자면 그렇지 않다. 그런데 왜 프로이트는 그런 잘못된 주장을

---

51 프로이트, 1925, 「나의 이력서」, 전집 제15권, 239쪽.
52 프로이트, 1917, 「정신분석 강의」, 전집 제1권, 427쪽.
53 프로이트, 1925, 「나의 이력서」, 전집 제15권, 240쪽.

하게 된 것일까?

> 젖을 실컷 먹고 발그레한 뺨에 행복한 미소를 띤 채 잠이 든 아기를 본 사람이라면 누구나 그 모습이 나중에 성적인 만족감을 얻었을 때의 전형적인 표정이라는 생각을 하지 않을 수 없을 것이다.[54]

물론 프로이트가 이런 주관적인 관찰 결과들만을 근거로 유아성욕설을 주장한 건 아니다. 세상에 잘 알려진 대로, 그는 일련의 성적 발달단계를 주장했다. 처음에 유아는 '성감대인 입 주위가 생의 이 단계의 성적인 활동이라고 불러도 좋을 행위를 지배'하는 〈구순기〉라는 발달단계에 들어선다. 구순기의 아기들은 주로 입을 통해 성적 쾌감을 느끼기 때문에 무엇이든지 빨고 삼키려고 한다. 그 다음의 발달단계는 '치아가 나오는 것과 밀접한 관련이 있는 것으로서 근육을 강화시키고 괄약근 기능을 조절하기 위한' 성적 활동을 하는 〈항문기〉이다. 항문기에 아기들은 주로 항문이라는 신체기관을 통해 성적 쾌감을 느낀다. 이후 아이는 성기를 통해 쾌감을 얻는 성적 활동에 탐닉하는 〈남근기〉[55]로 진입한다. 이 시기에 아이들은 자기의 성기를 만지작거리며 논다. 이렇게 일련의 발달단계를 거치면서 아이들은 차례차례로 입, 항문, 성기라는 신체기관을 통해 쾌감을 추구하는데, 프로이트는 이를 성욕에 의한 성 활동으로 간주하였다. 입이 '영양 섭취와는 독립적으로 쾌락 추구를 지향하며, 이 이유 때문에 성적이라 불릴 수 있고 또 그렇게 불려야 한다'[56]는 말에서 알 수 있듯

---

54 프로이트, 1905, 「성욕에 관한 세 편의 에세이」, 전집 제7권, 77쪽.

55 프로이트, 1932, 「불안과 본능적 삶」, 전집 제2권: 새로운 정신분석 강의, 132쪽.

56 프로이트, 1940, 「정신분석학 개요」, 전집 제15권, 424쪽.

이, 그는 쾌락 추구욕을 성욕의 원천으로 보아 성욕에 포함시켰을 뿐만 아니라 쾌감의 획득을 목표로 하는 그런 욕구들이 점차 성욕으로 통합된다고 주장했다.

> 인간의 성 본능은 원래 생식에 이바지하는 것이 아니라 특정한 종류의 쾌감을 얻는 것을 목표로 삼고 있다.[57]

만일 '쾌락 추구=성욕'이라는 등식을 인정하면, '어머니의 유방을 빠는 행위는 일생에 걸친 성생활의 단초'[58]라거나 '정신분석 결과 최초의 성적 흥분은 어린 시절의 올라가거나 밀치는 놀이에서 비롯'[59]된다는 따위의 설명을 부정할 수 없게 된다. 하긴, 그런 식이라면 사람의 행위 중에서 성적인 행위가 아닌 게 무엇이 있을 수 있겠는가? 이러저러한 쾌감과 즐거움을 추구하는 사람의 모든 행동이나 놀이—정신적 쾌감까지 포괄할 경우 대부분의 사람의 활동이 여기에 포함된다—가 모두 성적인 활동이 될 것이다.

아이들이 성도착자라고?

모든 유기체는 그것이 육체적이든 정신적이든, 기본적으로 쾌락을 추구하는 반면 불쾌는 피하려 한다. 따라서 프로이트의 주장대로 유기체의 거의 모든 행동은 쾌락을 추구하는 것이라고 해도 과언이 아

---

57 프로이트, 1908, 「〈문명적〉 성도덕과 현대인의 신경병」, 전집 제12권, 17쪽.
58 프로이트, 1917, 「정신분석 강의」, 전집 제1권, 425쪽.
59 프로이트, 1900, 「꿈의 해석」, 전집 제4권: 꿈의 해석, 330쪽.

니다. 이런 맥락에서 보면 쾌락 추구욕은 가장 광범위한 욕구라고도 할 수 있으므로, 만일 그것을 성욕에 포함시키게 되면 성욕은 당연히 가장 일반적이고 광범위한 본능이 될 것이다. 반면에 쾌락 추구욕에 성욕이 포함된다고 보거나 혹은 그 둘을 별개의 본능으로 간주하게 되면, 성욕은 적어도 사람에게 있어서는 기본 본능이 될 수 없다. 왜냐하면 프로이트가 유아성욕이라고 주장했던 것들은 쾌락 추구욕이지 성욕이 아니기 때문이다. 뿐만 아니라 동물과는 달리 사람은 생물학적 성욕만이 아니라 일련의 사회적 본능을 가지고 있다.

상식적으로 또 학문적으로 쾌락 추구욕과 성욕은 별개의 욕구로 구별되어야 하며, 굳이 어느 하나가 다른 하나에 포함되어야 한다면 쾌락 추구욕에 성욕이 포함되어야 마땅하다. 아무튼 서로 합칠 까닭이 없는 쾌락 추구욕과 성욕을 강제로 결혼시킴으로써 정신분석학은 그 이론적 기초부터 부실을 떠안게 되었다.

생물학적 성욕은 '생식'이라는 목표와 뗄 레야 뗄 수 없이 밀접하게 관련된 욕구이다. 그렇기에 이율배반적이긴 하지만 프로이트도 '생식이라는 목표를 포기하고, 생식과 무관한 쾌락의 획득을 목표로 추구하는 성적 행위'[60]를 '도착적' 행위라고 규정했던 것이다.

> 우리는 성의 개념을 성도착자들의 성생활과 아이들의 성생활을 포괄할 수 있는 정도로만 확장해서 사용했습니다. … 정신분석학을 제외한 다른 분야에서 성으로 불리우는 것은, 생식에 기여하거나 정상적으로 간주되는 제한된 성생활뿐입니다.[61]

---

60 프로이트, 1917, 「정신분석 강의」, 전집 제1권, 428쪽.

61 프로이트, 1917, 「정신분석 강의」, 전집 제1권, 431쪽.

아이의 단순한 쾌락추구 활동과 성도착자의 병적이고 기형적인 쾌락추구 활동 그리고 정상적인 성 활동을 모두 성욕에 의한 것이라고 주장한다면, 생식능력조차 없는 어린아이의 쾌락추구 그리고 생식과는 관련이 없는 어른의 쾌락추구 활동 등은 모두 도착 혹은 변태행위가 되고 만다. 한마디로 생식과는 관련이 없는 사람의 쾌락추구 행위를 모두 도착적인 성 행위로 규정해야 하는 셈이다. 프로이트는 이런 논리에 기초해, 비록 '어린아이가 〈다형태적으로 도착적〉이라 불린다면, 이는 관습적으로 일반에서 사용되는 표현을 기술한 것일 뿐이지 어떤 도덕적 평가를 말한 것이 아니'[62]라는 하나마나한 전제조건을 달기는 했지만, 어린이를 성도착자로 규정하기를 주저하지 않았다.

> 성도착은 이제 더 이상 어린아이의 성적인 생활에서 고립된 사실이 아니라 우리에게 잘 알려져 있는 전형적인 발달과정들 중의 하나이다.[63]

만일 성 행위를 위한 일종의 전희로서 키스를 하거나 몸을 쓰다듬는 등의 행위를 한다면 그러한 쾌락추구 활동은 성욕을 위해 복무하며 성욕의 지배를 받는다고 할 수 있으므로 성욕에 포함시켜도 괜찮다. 하지만 성 행위와는 아무런 관련이 없는, 성 행위를 염두에 두지 않는 신체적 쾌락추구욕은 성욕에 포함시킬 수 없으며 포함시켜서도 안 된다. 예컨대 아기가 손가락을 빨고 있다고 해서 그것을 성욕 때문이라고 말해야 할 하등의 이유가 없다는 것이다. 사실 〈신체기관

---

62 프로이트, 1925, 「나의 이력서」, 전집 제15권, 239쪽.
63 프로이트, 1919, 「매 맞는 아이」, 전집 제10권, 154쪽.

을 위한 쾌감〉 추구를 원칙적으로 성욕으로 볼 수 없다는 것에 대해서는 프로이트도 시인하고 있다.

> 여러 성적 본능들이 한데로 통합될 때에만 그 본능들이 번식기능에 기여하기 시작하며, 그 결과 일반적으로 성적 본능이라고 인정받게 되는 것이다.[64]

게다가 어린아이는 '양성 간의 차이에 대해 모르고 있'으며, 따라서 '어린 남자아이가 자기 아기를 갖고 싶다고 상상하는 것이 가능'[65]하다는 프로이트의 말을 통해서도 알 수 있듯이, 어린아이는 어른과는 달리 성이나 생식에 대한 개념이 없다.

> 어린 시절에는 생식기의 차이를 알지 못하고, 남녀 모두 똑같은 생식기를 가지고 있다고 생각….[66]

어린아이는 어른과는 여러 면에서 질적으로 다르기 때문에, 어른의 눈을 통해 어린아이를 바라보거나 이해하면 곤란하다. 물론 프로이트도 그런 위험성을 잘 이해하고는 있었다. 성욕과 관련해서는 그 위험을 피하지 못했지만….

> 어린이의 마음이 어찌 그리 사악할 수 있냐고 이의를 제기하는 사람이 있을 것이다. 그렇게 말하는 사람은 어린이가 〈죽음〉에 대해

---

64 프로이트, 1915, 「본능과 그 변화」, 프로이트 전집 제11권, 112쪽.
65 프로이트, 1908, 「어린아이의 성 이론에 관하여」, 전집 제7권, 174/179쪽.
66 프로이트, 1900, 「꿈의 해석」, 전집 제4권: 꿈의 해석들, 426쪽.

> 품고 있는 표상이 우리의 표상과 다르다는 것을 고려하지 못한 것이다. … 임종 전의 고통스러운 장면을 보지 못한 어린이에게 죽는다는 것은 〈떠난다〉, 산 사람을 더 이상 방해하지 않는다는 정도의 의미밖에 없다.[67]

어린아이는 "아버지가 돌아가셨다는 것은 이해해요. 그런데 왜 아버지가 저녁 식사하러 집에 오시지 않는지 모르겠어요"[68]라고 말할 수 있다. 왜냐하면 어린아이는 아직 죽음이 무엇인지를 모르기 때문이다. 이와 마찬가지로 원칙적으로 생식을 위한 욕구인 성욕이 채 발달하지 않았으며 성적인 행위가 무엇인지도 알지 못하는 어린아이가 입술, 항문, 성기와 같은 신체기관을 통해 쾌감을 추구한다고 해도 그것은 성욕이 아니다.

분명 프로이트도 이런 상식적인 비판을 받게 될 거라고 예상했던 것 같다. 그래서인지 그는 다음과 같은 문답형식의 글을 통해서 유아성욕이 성욕이 아니라 단순한 기관 쾌감에 불과하다는 사실을 수동적으로나마 인정하기도 했다.

> 왜 당신은 스스로 불확실하다고 말한 유아기의 감정 표현들을 성급하게 성적인 것으로 명명하려고 고집합니까? … 유아들의 행동은 유아가 〈기관 쾌감〉을 추구하는 것이라고 간단히 말할 수 있지 않겠습니까? … 나는 기관 쾌감이란 표현에 대해서 반대하지 않습니다.[69]

---

67 프로이트, 1900, 「꿈의 해석」, 전집 제4권: 꿈의 해석, 309쪽.
68 프로이트, 1900, 「꿈의 해석」, 전집 제4권: 꿈의 해석, 309쪽.
69 프로이트, 1917, 「정신분석 강의」, 전집 제1권, 437쪽.

반대하지 않는다는 스스로의 언급에도 불구하고 프로이트는 자신의 이론체계에서 기관 쾌감과(혹은 쾌락 추구욕) 성욕을 구분해 사용하지 않고, 그 두 가지를 모두 성욕이라는 개념에 통합해버리는 학문적 억지를 부렸다. 아마도 성욕이라는 개념을 그런 식으로 확장하지 않고서는 어린아이의 쾌감추구 활동과 성도착자의 기형적 쾌락추구 행위를 성욕설이라는 틀로는 설명할 수가 없었을 것이고, 그렇게 되면 성욕이 사람에게 가장 중요한 기본 본능이라고 주장할 수가 없게 될 것이라서 그랬을 것이다.

> 유아성욕은 성인의 성욕과는 많은 점에서 상이한 모습을 보여주었고, 아주 놀랍게도 성인에게서는 〈도착〉이라고 비난받는 것의 수많은 흔적을 보여주었다. 성적인 것의 개념을 확장하는 것이 필수적이 되어서, 마침내 그것은 성행위에서 두 성의 결합을 위한 충동이나 생식기에 특정한 즐거운 감각을 불러일으키려는 충동 이상의 것을 포괄하게 되었다. 그러나 이러한 확장은 유아의 성 생활, 정상적인 성 생활, 도착적인 성 생활을 단일한 전체로 파악할 새로운 가능성에 의해 보상받았다.[70]

실제로는 있지도 않은(혹은 대폭 양보해 존재를 인정하더라도 그 정도가 극히 미약해 무시해도 괜찮은) 유아의 성 생활, 보통 어른의 정상적인 성 생활, 성도착자의 도착적인 성 생활을 성욕 혹은 성본능이라는 단일개념으로 설명할 수만 있다면 성욕설은 매우 보편적인 본능이론이 될 수 있다. 그러나 학문적인 욕심을 위해 별개로 취급해야 할 세 가지

---

70 프로이트, 1923, 「〈정신분석학〉과 〈리비도 이론〉—두 개의 백과사전 항목」, 전집 제14권, 147쪽.

현상을 성욕설에다 무리하게 꿰어 맞춘다면 그것은 학문적 왜곡이 될 수밖에 없을 것이다. 결론적으로 어린아이의 쾌락추구욕―프로이트의 표현을 빌리자면 〈기관 쾌감〉―은 성욕이 아니므로, '아동은 그러므로 다형성 도착상태'[71]라거나 '작은 어린아이는 비도덕적'[72]이라는 프로이트의 주장은 명백한 잘못이다. 어린아이는 어린아이일 뿐 변태성욕자가 아닌 것이다.

사랑에 관한 치명적인 착각: 성욕인가 사랑인가?

성욕에 쾌락추구욕을 포함시킴으로써 성욕 개념을 반신불수로 만들었던 프로이트는 그에 그치지 않고, 성욕 개념을 사랑이라는 단어를 포함하는 범위로까지 지나치게 확장시켰다.

> 우리의 언어 사용에서 〈사랑〉이란 모호한 말로 불리는 다정하고 호의적인 모든 충동을 성충동으로 간주하였다.[73]

프로이트의 착각과는 달리 〈사랑〉은 성욕과 똑같지 않다. 왜냐하면 비록 프로이트는 동의하지 않겠지만, 사랑은 생식을 위한 성적 결합과는 상관없이 얼마든지 가능하기 때문이다. 부모, 자식, 형제자매, 친구, 나아가 공동체의 이웃과 인류를 향한 사랑 등은 생식을 위한 성적 결합을 목표로 하지 않는다. 단지, 이성 사이의 사랑만이 생

---

71 프로이트, 1917, 「정신분석 강의」, 전집 제1권, 285쪽.

72 프로이트, 1932, 「심리적 인격의 해부」, 전집 제2권: 새로운 정신분석 강의, 86쪽.

73 프로이트, 1925, 「나의 이력서」, 전집 제15권, 239쪽.

식이라는 성적 목표를 그 안에 포함한다. 그렇기 때문에 사랑은 성과는 다른 개념일 뿐만 아니라 그것보다 더 보편적이고 넓은 개념(사랑 〉 성)이지 그 반대가 될 수 없다. 하지만 놀랍게도 프로이트는 상위범주인 사랑을 하위범주인 성욕에 포함(사랑 〈 성)시켜버렸다.

성적 욕구는 생식을 목표로 하는 생물학적 욕구인 반면 사랑의 욕구는 사회적 관계나 공동체를 목표로 하는 사회적 욕구이다. 그렇기에 성욕은 사람만이 아니라 동물도 가지고 있는 욕구이지만 사랑의 욕구는 사람에게만 고유한 사회적 욕구인 것이다. 사랑의 이러한 특성을 프로이트라고 해서 전혀 몰랐을 리는 없다. 그래서인지 그는 '성 생활의 심리적이며 사회적인 표현들을 간과해서는 곤란'[74]하다는 당부의 말을 하기도 했다. 하지만 이 말은 거꾸로 뒤집혀야 옳다. 즉 '성생활의 사회적인 표현'이 아니라 '사회생활의 성적인 표현'이라고 해야 옳다는 것이다.

사회적 존재인 사람에게 있어서 생물학적 성욕은 독립적, 독자적으로 작용할 수 없다. 사람은 그 무엇보다 사회적 동기(사회적 욕구와 요구)를 실현하기 위해 살아가는 존재이므로, 생물학적 성욕은 그것에 종속되는 부차적인 본능이 될 수밖에 없다. 예컨대 '조국의 독립'이라는 사회적 동기를 실현하기 위해 평생을 바쳤던 김구 선생에게 있어서 성욕이라는 생물학적 본능은 사회적 동기(본능)에 종속되고 지배되는 부차적인 본능이었던 것이다.

그렇다면 사랑이란 무엇일까? 그것은 생물학적 성욕과는 어떻게 다른 것일까?

---

74 프로이트, 1917, 「정신분석 강의」, 전집 제1권, 440쪽.

> 사랑이란 어떤 대상을 귀중히 여기고 아끼는 마음이다. 사랑의 대상은 무작위로 선정되지 않는다. 사람은 자신의 요구와 지향에 부합되며 가치를 가지는 대상만을 사랑하기 때문이다. 사랑은 호감과 우의, 애정과 애착 등의 정서적 체험으로 나타난다. 사람은 사랑하는 대상에 대해서는 유사감을 느끼게 되며 그 대상에 접근하고 그 대상과 결합하려고 한다. 또한 그 대상을 위해 헌신하려고 하며 그 대상과 정신적으로 혹은 육체적으로 자주 접촉하며 결합하려 한다. 동시에 사랑하는 대상에 해로운 모든 것을 증오하게 된다.[75]

심리학이 사랑을 어떻게 규정하건 간에, 최소한 그것은 생물학적 성욕으로 환원될 수 있는 그런 차원의 심리는 절대로 아니다. 그 무엇보다 사랑의 욕구는 생물학적 본능이 아니라 사회적 본능에 속하는 것이기 때문이다. 이런 맥락에서 보면 프로이트가 '좁은 의미에서나 넓은 의미에서 성적인 것으로 지칭할 수 있는 본능 충동이 신경증이나 정신질환을 불러일으키는 데 상상할 수 없을 만큼 커다란 역할을 하고 있다'[76]고 주장했을 때, 그가 말했던 '넓은 의미에서 성적인 것으로 지칭할 수 있는 본능 충동'이란 다름이 아닌 '사랑의 욕구'라고 봐야 한다. 그러므로 정신질환의 진정한 원인 역시 성욕이 아니라 사랑의 욕구가 좌절되는 데서 찾아야 하는 것이다.

생물학적 성욕이 아닌 사랑의 욕구는 사람에게 절대적으로 중요하다. 그렇기 때문에 다음과 같은 프로이트의 주장에는 나름대로 공감할 수 있다.

---

75 김태형, 2009, 《새로 쓴 심리학》, 세창출판사, 81~82쪽.

76 프로이트, 1917, 「정신분석 강의」, 전집 제1권, 27~28쪽

> 우리는 〈사랑〉이라는 낱말 속에 포함될 수 있는 모든 것과 관련된 본능들의 에너지를 리비도라고 부르는데, 그 에너지는 양적으로 방대한 규모에 이르는 것으로 여겨진다.[77]

하지만 위의 문장에 이어지는 그 다음 말에는 동의할 수가 없다. 왜냐하면 그것이야말로 심리학적 개념인 사랑을 생물학적 개념인 성으로 환원하는 프로이트의 최대 오류이기 때문이다.

> 사랑이라는 낱말이 의미하는 바의 핵심은 물론 성적 결합을 목적으로 하는 성애다.[78]

프로이트, 19금의 색안경을 끼고 어린이를 보다

프로이트는 성적 욕구를 쾌락추구 욕구 나아가 사랑의 욕구와 뒤섞어 크게 확대함으로써 그것을 마치 철학에서 사용되는 '물질'이나 '의식'과 같은 광범위하고 보편적인 개념으로 만들었다. 그런데 보편적인 개념은 근본적이거나 보편적인 문제를 다루는 영역에서는 반드시 사용되어야 하지만 구체적인 영역에서 사용하면 안 된다. TV를 가리키며 '저게 뭐야?'라고 물어도 '물질이야'라고 대답하고, 다시 자동차를 가리키며 '저건 뭐야?'라고 물어도 '물질이야'라고 대답한다면 그것을 옳은 대답이라고 할 수는 없을 것이다. 모든 것을 설명

---

77 프로이트, 1921, 「집단심리학과 자아분석」, 전집 제12권, 98쪽.
78 프로이트, 1921, 「집단심리학과 자아분석」, 전집 제12권, 98쪽.

할 수 있는 거대 개념이나 범주는 실제로는 아무 것도 설명할 수 없다는 역설적인 농담이 회자되는 것은 그래서이다.

아무튼 범위가 과도하게 확장되어 모든 욕구를 포함하게 되면 될수록 그것의 개념적, 실용적 가치는 떨어지는데도 프로이트가 성욕의 개념을 왜곡하게 된 까닭은 무엇이었을까? 그것은 우선 그가 치료했던 신경증 환자들이 의사에게 드러내곤 했던 성적인 표현들을 잘못 해석했기 때문이다.

> 원하지도 않고 의사나 환자에 의해 권유되지도 않았는데도 모든 신경증 치료에 있어서 조잡하게 성적인 형태로 전이가 나타난다는 사

✚ 프로이트는 성인의 눈으로 어린아이를 보았기 때문에 손가락을 빠는 것과 같은 단순한 쾌락추구 욕구를 성욕으로 오해했다.

실이, 내게는 항상 신경증을 추동하는 힘의 원천이 성 생활에 있다는 가장 확실한 증거로 보였다.[79]

또한 '이후에 신경증 현상 뒤에 작용하고 있는 것이 어떤 임의의 정동적 흥분이 아니라 현재의 성적 갈등이든 과거의 성적 체험의 여파이든 한결같이 성적 흥분이라는 경험을 급격히 많이 하게 되었다'[80]는 말에서 알 수 있듯이, 프로이트는 신경증 환자들을 치료하는 과정에서 병의 원인이 성욕인 사례들을 자주 경험했다. 그러한 경험들에 압도되어서인지 그는 환자들의 특수한 심리현상을 지나치게 일반화했고 그 결과 성욕이 사람에게 가장 주요한 욕구라고 주장하게 되었던 것 같다.

우리는 의심스럽고 불확실한 유년기의 쾌락적 행위들을 성적인 행위로 칭했습니다. 그 까닭은 우리가 증상들에 대한 분석에서부터 시작해, 의심의 여지가 없는 성적인 소재들의 존재를 확인한 후 그런 현상에 도달했기 때문입니다. 그러나 유년기의 행위들이 바로 이 때문에 성적인 것으로 규정될 수는 없으며, 나 또한 그것을 시인합니다.[81]

병을 일으킨 원인을 찾기 위해 환자의 과거를 뒤지다보면, 그들은 아주 빈번하게 성적인 폭력이나 유혹과 같은 성적인 기억들을 꺼내놓곤 했다. 의사라면 당연히 환자의 그런 진술이나 기억이 진짜인지

---

79 프로이트, 1914, 「정신분석 운동의 역사」, 전집 제14권, 56쪽.
80 프로이트, 1925, 「나의 이력서」, 전집 제15권, 222쪽.
81 프로이트, 1917, 「정신분석 강의」, 전집 제1권, 439쪽.

부터 철저하게 확인했을 것이다. 하지만 한동안 프로이트는 신경증 환자들의 말을 액면 그대로 믿어버리는 커다란 실수를 저질렀다. 그는 '한동안 내가 깊이 빠져들었고 나의 연구 전체에 곧 치명적인 결과를 가져올 수도 있었던 오류를 고백'하겠다고 하면서 다음과 같은 사실을 털어놓았다.

> 그 당시 내가 사용했던 기술적 방법에 몰려서 대부분의 환자들은 그들이 아동기에 성인으로부터 받았던 성적 유혹의 장면들을 재생해내었다. … 나는 이런 말을 믿었고, 이들 아동기의 성적 유혹의 체험에서 후에 일어나는 신경증의 원천을 발견했다고 생각했다. … 그러나 이런 유혹의 장면들이 실제로 일어나지 않은 환자들이 지어낸 이야기이며, 아마도 내 스스로 환자들에게 그렇게 하도록 강요한 환상에 불과하다는 것을 깨달아야만 했을 때, 나는 한동안 어찌할 바를 몰랐다.[82]

순진한(?) 프로이트는 환자들이 지어내는 말을 그대로 믿었을 뿐만 아니라 그 스스로가 환자들을 성적인 방향으로 유도하기도 했다. 물론 그것을 깨닫게 되었으니 그나마 다행이라고는 할 수 있다. 하지만 그는 그 깨달음을 통해 성욕설에서 벗어나기는커녕 오히려 환자들이 유아기 성욕을 숨기고 각색하기 위해 그런 짓을 했다는 황당한 주장을 펼쳤다.

우리는 자기의 증상은 유아기의 처음 몇 년간의 수동적인 성적인

---

82 프로이트, 1925, 「나의 이력서」, 전집 제15권, 235쪽.

> 체험에, 거칠게 표현하자면 유혹에 원인이 있다고 하는 환자의 말을 참되고 병인학적으로 유의미한 것으로 간주하는 경향이 있었다. … 그 환상들은 유아기 처음 몇 년간의 자가 성애적인 활동을 감추고, 그것을 윤색하여 좀 더 높은 단계로 올리기 위해 의도되었다….[83]

'유아성욕'이라는 프로이트의 새로운 발견에도 불구하고, 대부분의 학자들은 아무리 열심히 관찰해도 어린아이에게 성욕이 있다거나 그들이 성 생활을 하고 있다는 증거를 발견하지 못하겠다고 투덜댔다. 그러자 프로이트는 '인간 성생활의 시작은 충분한 인내력과 기술을 보유하고 환자의 어린 시절에 대한 분석을 할 수 있는 정신분석가들만이 확인할 수 있는 것'[84]이라고 말하며, 그들을 점잖게 타일렀다.

> 관찰하는 법을 제대로 잘 알고 있으면 아이들에게서 그러한 것을 충분히 많이 보게 될 수 있을 것입니다….[85]

그렇지만 프로이트가 주장했던 것과는 달리, 남들은 전혀 보지 못하는 걸 정신분석가들이 볼 수 있었던 것은 그들이 '관찰하는 법'을 알고 있어서가 아니라, 성욕에 대한 잘못된 관점을 가지고 있었기 때문이라고 할 수 있다. 정신분석학을 신봉하지 않는 사람이 손가락을 빠는 아기를 보게 되면 '배가 고픈가?' 혹은 '손가락을 엄마 젖이라고 상상하나봐?'라고 하며, 손가락을 빠는 행위를 식욕과 연관시키거나

---

83 프로이트, 1914, 「정신분석 운동의 역사」, 전집 제14권, 63쪽.
84 프로이트, 1905, 「성욕에 관한 세 편의 에세이」, 전집 제7권, 16쪽.
85 프로이트, 1932, 「여성성」, 전집 제2권: 새로운 정신분석 강의, 162쪽.

단순한 쾌감추구 행위로 간주할 것이다. 하지만 성인의 19금 성 생활을 항상 염두에 두고 있는 어른의 눈에는 손가락을 빠는 아기의 쾌락추구 행위가 음탕한 성적 행동처럼 비쳐질 수도 있다. 이는 전체 관람가인 아동만화를 19금 성인만화로 자동 변환해주는 색안경을 끼고서 세상을 보는 것과 마찬가지라서, 어린아이의 단순한 쾌락추구욕이 성욕으로 왜곡될 수밖에 없기 때문이다. 다음 사례에서 나타나는 어린아이의 행동을 한번 살펴보자.

> 한스의 다섯 살 난 사촌형이 한스에게 놀러왔다. 한스가 막 네 살이 되었을 때이다. 한스는 그를 자꾸만 포옹했으며 그렇게 다정스럽게 포옹하던 중 한 번은 〈난 널 정말 사랑해〉라는 말도 하였다.[86]

다른 증거자료들을 충분히 참고해서 그런 결론에 이르게 된 것이라고 주장할지도 모르겠지만, 프로이트는 사촌형에 대한 어린아이의 호감 표현에 대해 '이것은 우리가 한스에게서 발견하게 되는 동성애의 첫 번째 징후'라고 단언하며, '우리의 꼬마 한스는 정말로 모든 악의 전형인 것 같다!'고 개탄하고 있다. 하지만 그런 논리라면 동성 친구와 사이좋게 지내는 모든 어린아이는 동성애의 징후를 가진 '악의 전형'이 될 수밖에 없지 않을까? 프로이트가 19금의 색안경을 쓰고 어린아이의 쾌락추구 활동을 관찰했음은 '정신분석을 통해 밝혀진 어린아이의 정신적 삶은 정상적인 성인이 볼 때 대부분 믿을 수 없고 또 역겨운 것'[87]이라는 표현만 보더라도 잘 알 수 있다. 하지만

---

86 프로이트, 1909, 「다섯 살배기 꼬마 한스의 공포증 분석」, 전집 제8권, 24쪽.
87 프로이트, 1923, 「17세기 악마 신경증」, 전집 제14권, 486쪽.

어린아이에게는 성 개념이 없다는 사실을 조금이라도 떠올릴 수 있었다면 또 쾌락추구욕이 성인의 성욕과는 다르다는 사실을 자각할 수 있었다면, 어린아이들의 쾌락추구 활동을 '역겹'다고까지 할 아무런 이유가 없었을 것이다.

프로이트는 어린이와 어른의 성 생활이 서로 구별된다고 강조하면서 그 차이를 이렇게 설명했다.

> 어린아이에게는 성기가 우세를 점하는 안정적 성적 조직이 결여되어 있을 뿐만 아니라, 성적 도착의 징후들이 뚜렷하게 나타납니다.[88]

이는 어린아이가 성기가 중심이 되는 성욕이 아니라 입으로 손가락을 빤다던가, 응가를 하면서 즐거워하는 식의 (신체)기관 쾌감만을 가지고 있다는 뜻이다. 즉 아이들에게는 아직 생식을 목표로 하는 정상적인 의미에서의 성욕이 없다는 것이다.

프로이트는 계속해서 어린이와 성인의 차이를 다음과 같이 설명한다.

> 모든 성적 충동들의 강도가 성인과는 비교할 수 없을 정도로 약합니다.[89]

이는 한마디로 어린이들의 쾌락추구욕을 제아무리 성욕이라고 우

---

88 프로이트, 1917, 「정신분석 강의」, 전집 제1권, 442쪽.
89 프로이트, 1917, 「정신분석 강의」, 전집 제1권, 442쪽.

긴다 하더라도 유아성욕의 강도가 매우 약하다는 의미이다. 그야말로 어린아이에게는 성욕이 거의 없다는 고백이나 마찬가지인 셈이다. 하긴 프로이트 스스로가 '아이들은 성의 구별의 의미에 관해 아무런 생각이 없다'[90]고 했듯이 남녀의 성기가 어떻게 다른지, 생식이라는 게 무엇인지 모르는 어린아이에게 정상적인 성욕이 있을 수 있겠는가? 또 설사 그것이 있다고 인정한다고 하더라도 그 강도가 얼마나 되겠는가?

프로이트는 외적인 유사성을 본질의 유사성으로 착각하면 안 된다고 정당하게 지적한바 있다.

> 터부와 강박증 사이의 유사성은 외적인 것에 지나지 않는다 … 이 양자가 지니는 현상의 〈형식〉에 대해서는 유사하다고 말할 수 있겠으나 이 유사하다는 표현은 그 본질에 이르면 사정이 판이하게 달라진다….[91]

현상을 본질로 착각하면 안 된다는 이런 원칙은 어린아이나 성도착자를 관찰할 때에도 그대로 적용되어야 한다. 만약 그랬다면 프로이트는 비록 유아의 쾌락추구 활동이 성도착자의 기형적인 성 행위와 외견상 유사하더라도 그 두 가지가 본질적으로는 완전히 다르다는 사실을 알 수 있었을 것이다.

---

90 프로이트, 1914, 「정신분석 운동의 역사」, 전집 제14권, 114쪽.
91 프로이트, 1913, 「토템과 터부」, 전집 제13권, 65쪽.

프로이트를 물 먹인 빈의 상류층

흥미롭게도, 프로이트는 '잘못 말하기, 잘못 쓰기와 읽기, 잘못 듣기, 망각, 착각, 잘못 놓기, 잃어버리기'[92]와 같은 정상인의 실수 행위는 성욕으로 잘 설명하지 않았다. 대체로 수줍음, 지배욕, 돈 문제, 질투 등의 사회적 동기나 감정을 주요 원인으로 언급했을 뿐이다. 그렇다면 우리는 이를 두고 성욕이 기본 본능, 거의 항상적으로 작용하고 있는 기본동기라면 정상인의 실수 행위에는 왜 성욕이 아닌 다른 동기가 원인으로 작용하는 것일까라는 의문을 제기할 수 있다. "프로이트 씨, 정상인의 실수 행위에서 성욕은 도대체 어디에 있는 거요?"라는 질문을 할 수 있다는 것이다.

혹시 신경증의 원인은 주로 성적 욕구에 있었던 반면 정상인의 실수 행위의 원인은 주로 사회적 욕구에 있었다면, 자연스럽게 이런 의문을 품을 수 있다. "프로이트의 환자들이 정상인과는 다른 부류라서 그들이 유난하게 성욕을 병인으로 하는 신경증을 앓았던 것은 아닐까?"라는. 결론부터 말하자면 그랬을 가능성이 상당히 높다.

오스트리아의 수도인 빈에서 활동하던 의사였던 프로이트의 주요한 고객은 대부분 재산이 많고 학력도 높은 빈의 상류층이었다. 그런데 어느 사회이건 간에 대체로 지배계급, 착취계급에 속하는 상류층은 정신적으로 건강하지 못하며 그 결과 성 생활도 문란하고 부도덕한 편이다. 성실한 노동이나 사회개혁이 없이도 편히 놀고먹을 수 있는 특수계급, 유한계급은 도덕적, 성적으로 타락하는 경향이 있기 때문이다. 그렇기 때문에 프로이트가 '성생활의 모든 문제에 평균적인

—

92 프로이트, 1917, 「정신분석 강의」, 전집 제1권, 31쪽.

사람들이 얼마나 무절제하고 믿을 수 없는 행동을 하고 있는지 여러분은 전혀 모르십니까?'[93]라고 외쳤을 때, 그가 언급했던 '평균적인 사람들'이란 기본적으로 빈의 상류층을 의미한다. 그런데 이렇게 성적으로 부화방탕 혹은 자유분방했던 빈의 상류층은, 한편으로는 빅토리아 왕조가 강요했던 금욕주의 아래에서 나름대로 신음하고 있었다. 즉 빈의 상류층은 '우리의 문명적 성도덕은 결혼한 부부조차도 아이를 갖기 위한 몇 차례의 성교만으로 만족해야 한다고 강요하기 때문에, 혼인관계 자체에서도 성교를 제약하고 있다'[94]는 프로이트의 푸념이 보여주듯, 지독하게 금욕주의적인 성도덕을 강요받고 있었던 것이다. 바로 이러한 사정 때문에 빈의 상류층—특히 남성들—은 성적인 영역에서 매우 위선적이거나 억압적으로 사고하고 행동할 수밖에 없었다.

> 내 임상경험으로 보건대, 남자들은 자신에게 허용된 만큼의 성적 자유를 상당히 자주 이용하는 것 같다. 현대사회에서 남성들에게 적용되는 〈이중적〉 성도덕이야말로, 사회 자체가 수행하지 못할 줄 뻔히 알면서 지시를 내리고 있다는 것을 보여주는 명백한 증거다.[95]

프로이트는 빈의 상류층에게서 전형적으로 드러나는 '이중적 성도덕'을 혐오했던 것 같다. 그래서 좀 격하게 말하면, 빈의 상류층 사람들에게 내숭 떨다 병에 걸리지 말고 차라리 짐승처럼 마음껏 생식

---

93 프로이트, 1917, 「정신분석 강의」, 전집 제1권, 199쪽.

94 프로이트, 1908, 「〈문명적〉 성도덕과 현대인의 신경병」, 전집 제12권, 23쪽.

95 프로이트, 1908, 「〈문명적〉 성도덕과 현대인의 신경병」, 전집 제12권, 24쪽.

행위를 즐기라고 충고하고 싶었는지도 모른다. 겉으로는 성인군자인 듯이 행동하면서 뒤로는 갖가지 음탕한 생각과 행동을 일삼았으니 빈의 상류층이 어찌 신경증에서 자유로울 수 있었겠는가.

여전히 어떤 이들은 프로이트가 치료한 환자들이 빈의 상류층이었기 때문에 그들이 성욕을 병인으로 하는 신경증을 유독 많이 앓았다는 주장이 지나친 편견이라고 반박할지도 모른다. 다시 말해, 평민계급에 속한 이들도 상류층과 엇비슷한 정도로 신경증을 앓았을 게 분명하며, 그 주원인은 성욕이었을 거라고 주장하고 싶을 것이다. 하지만 당시의 보통 사람들과 상류층 사이에는 무시해서는 안 되는 유의미한 차이가 있었음을 어렵지 않게 확인할 수 있다. 프로이트와 함께 히스테리 연구를 진행했던 브로이어는 다음과 같은 관찰결과를 남기고 있다.

> 어떤 소녀들은 전혀 수치심을 가지지 않고 행동하는데 몇몇 소녀들은 전체 주제를 아예 무시하거나 못 본 척한다. 어떤 소녀들은 마치 소년들처럼 성적인 주제를 받아들이는데 농부나 노동 계급의 소녀들이 주로 그러하다. … 성적인 것은 그 무엇이건 자신의 윤리적 규준과 조화되지 않는 더러운 것으로 느끼는 소녀들이 있다.[96]

척 보기에도 성적인 문제를 드러내기를 꺼리지 않으며, 수치심을 느끼지도 않는 전자의 소녀들보다는 성적인 문제를 회피하면서 그것을 더럽다고 느끼는 후자의 소녀들이 더 신경증에 걸리기 쉽다는 걸 알 수 있을 것이다. 물론 전자의 소녀들은 노동자, 농민 계급의 소

—

96 브로이어. 1908. 「이론적 고찰」. 전집 제3권: 히스테리 연구. 322쪽.

녀들이고 후자의 소녀들은 상류층 소녀들이다. 프로이트 역시 '우리는 높은 신분의 남성들이 하층 여성들 앞에서는 농담 형식의 음담패설을 곧바로 단순한 음담패설로 격하시켜 버리는 것을 관찰할 수 있다'[97]고 하면서, 평소에는 도덕과 위선의 탈을 쓰고 있던 상류층 남성들이 하층 여성들 앞에서는 억압의 빗장을 과감히 풀어헤친다고 지적했다.

> 오늘날의 상류층 사람들 사이에서 성 대상 도착이 더 빈번하게 일어나는 이유는 그들의 어머니가 아이들에게 개인적인 관심을 덜 보인다는 사실뿐 아니라, 그들이 남자 하인들을 고용한다는 사실로도 어느 정도 이해가 된다.[98]

비록 성 대상 도착의 원인을 올바로 파악했다고는 할 수 없겠지만, 적어도 프로이트의 언급을 통해 성 대상 도착이 상류층에서 더 빈번하게 발견된다는 사실만큼은 확실히 알 수 있을 것이다. 성 대상 도착만이 아니라 신경증 역시 상류층의 전유물이라고 할 수 있는데, 프로이트는 그 점에 주목해야 한다고 당부하기도 했다.

> 히스테리에 걸린 여성들의 대부분이 매력이 넘치는 전형적인 미인들인 반면, 하층 계급에 속하는 못생긴 사람들, 신체적으로 결함이 있거나 기형인 사람들에게서 신경증 질병에 걸린 경우를 찾기가 쉽지 않다는 사실도 유념해야 할 것이다.[99]

---

97 프로이트, 1905, 「농담과 무의식의 관계」, 전집 제6권, 130쪽.
98 프로이트, 1905, 「성욕에 관한 세 편의 에세이」, 전집 제7권, 134쪽.
99 프로이트, 1914, 「나르시시즘 서론」, 전집 제11권, 81~82쪽.

그 자신이 하층계급은 아니었지만 비주류라서 그랬는지, 프로이트는 뒤에서는 온갖 호박씨를 다 까면서 앞에서는 경건한 신자인척 하며, 성에 대한 논의 자체를 금기시했던 독선적이고 위선적인 상류층과 그들의 도덕문화를 증오했다.

> 요구수준이 아주 높고 가차 없는 도덕뿐만 아니라 인간의 욕구와 욕망에 대해서도 귀를 기울일 가치가 있다 … 오늘날에는 이 도덕이 어느 때건 지체 없이 자신의 욕구를 충족시킬 수 있는 돈 많고 힘 있는 소수의 자기 이익을 위한 규칙일 뿐이라고 뚜렷하고 간결하게 주장되어 왔다. 의술이 우리의 생명을 보장해주는 데 성공하지 못했고, 사회제도가 우리의 삶을 더욱 즐거운 것으로 만드는 데 더 이상 기여하지 못하는 한 도덕적 명령에 대해 반발하는 우리 내면의 목소리는 억압될 수 없다.[100]

본질적으로 극소수의 지배계급, 착취계급의 이익만을 대변하는 사회제도와 도덕문화를 가지고 있는 잘못된 사회 속에서 살아가는 절대다수의 보통 사람들에게 성에 대한 과학적 논의나 정상적인 성욕까지 금지하는 것은 부당하다는 프로이트의 항변은 나름대로 타당하다. 하지만 빈 상류층의 부도덕과 위선에 대한 반감과 공격이 아무리 정당하더라도 그것이 그가 주장하는 성욕설의 진리성을 뒷받침해줄 수는 없다.

인류사를 보면, 현재의 삶에 만족할 수 없는 민중은 기본적으로 사회변혁을 추구하는 진보성을 가지는 반면 지배, 착취계급은 기득권

---

100 프로이트, 1905, 「농담과 무의식의 관계」, 전집 제6권, 141쪽.

을 지키기 위해 기존사회를 그대로 유지하려는 보수성을 가진다. 그렇기 때문에 지배, 착취계급에 속하는 대부분은 사회문제에는 별다른 관심이 없고 탐욕과 쾌락에 몰두하면서 타락하기 쉽다.

> 환자는 인생에 다양한 내용을 부여할 사회적인 관심이 전혀 없었던 것이다. 분석치료 도중에 묶여 있던 그의 동성애를 풀어놓는 것이 가능해지고 나서야 이 영역이 조금이나마 개선되었던 것이다.[101]

아마 프로이트가 주로 진료했던 빈의 상류층은 위에서 언급한 '사회적인 관심이 전혀' 없는 사람들이었을 테고, 그렇기에 그들은 성적인 문제에 과도하게 집착하거나 얽매여 있었을 것이다. 그러니 주구장창 그런 부류의 사람들만 상대했던 프로이트로서는 자기도 모르게 성욕설에 경도될 수밖에 없었을지도 모른다.

성욕설은 야만적인 서구문화 탓?

예전부터 상당수의 심리학자들은 민족심리 혹은 집단심리를 규명하기 위해 조상 대대로 전해져 내려오는 신화나 민담 같은 것들을 연구해왔다. 왜냐하면 신화나 민담이 오랜 세월 동안 살아남을 수 있었던 것은 그것들이 민족이나 집단의 심리에 부합되어서라고 보는 게 여러모로 타당하기 때문이다. 같은 맥락에서 프로이트도 다음과 같은 서구 신화의 내용을 성욕설을 정당화하는 근거로 활용했다.

---

101 프로이트, 1918, 「늑대인간 – 유아기 신경증에 관하여」, 전집 제9권, 278쪽.

그리스 신화뿐만 아니라 모든 민족의 신화들이 아버지와 딸, 혹은 어머니와 아들 간의 정사에 관한 사례들로 채워져 있습니다.[102]

그는 또한 아버지 살해 혹은 아버지에 대한 증오를 주제로 삼고 있는 서구의 영웅신화로 자신의 오이디푸스 콤플렉스 이론을 뒷받침하려고 했다.

영웅은 혼자서 아버지 —아직도 신화 속에서 토템적 괴물로 등장하는 아버지— 를 죽인 사람이었다.[103]

그런데 설사 프로이트가 주장한 대로 여러 신화의 부도덕한 내용이나 주제가 성욕설을 지지하고 있다손 치더라도, 그가 언급했던 '모든 민족'이란 엄밀히 말해 '서구 유럽의 민족'에 국한된다는 사실을 간과하면 안 된다. 따라서 사람의 기본 욕구(혹은 본능)가 성욕이라고 주장하는 프로이트의 성욕설을 신화적으로 뒷받침하려면, 그것이 서구만이 아니라 동양을 비롯한 다른 문화권의 신화에서도 두루두루 나타나야 한다. 과연 그럴까? 여기에서 이 주제를 장황하게 논할 수는 없지만 최소한 한국 신화에는 아버지-딸, 어머니-아들 사이의 근친상간이라는 주제나 내용이 등장하지 않으며 한국의 영웅신화에 등장하는 영웅 역시 아버지 살해범과는 인연이 없다. 중국의 신화를 두루 연구했던 정재서 교수 역시 '동양에선 오이디푸스 모티브가 나타나지 않'[104]는다는 결론을 내리고 있다. 그러므로 서구 신화에 왜 근

---

102 프로이트, 1926, 「비전문가 분석의 문제—공정한 사람과의 대화」, 전집 제15권, 341쪽.

103 프로이트, 1921, 「집단심리학과 자아분석」, 전집 제12권, 152쪽.

104 정재서, 2010, 《양띠 오이디푸스의 신화학》, 창비.

✚ 프로이트는 오이디푸스 동기가 여러 민족의 신화에 공통적으로 등장한다는 사실을 근거로 오이디푸스 콤플렉스를 보편적인 심리라고 주장했다. 그러나 오이디푸스 동기는 한국이나 중국의 신화에서는 발견되지 않는다.

친상간 그리고 아버지 증오나 살해에 관련된 내용들이 그렇게도 많이 등장하는지는 더 연구해야 할 과제가 될 수는 있지만, 적어도 그것만을 가지고 성욕설의 보편타당성을 주장할 수는 없다.

서구 신화의 특징을 통해서도 어느 정도는 짐작할 수 있겠지만, 한국의 전통문화와 비교해볼 때 서구 문화는 모름지기 좀 더 동물적이고 육욕적인 듯하다. 예를 들면 한국의 어린아이들에 관한 1905년 무렵의 관찰기록이 없으니 확실하게 단정할 수 없을지는 몰라도, 다음과 같은 사례는 한국문화에서는 거의 보고되거나 구전된 바가 없다.

> 손가락으로 이루어지는 항문 부위의 실제적인 수음 자극은 나이가 좀 든 아이들 사이에서는 결코 드문 일이 아니다.[105]

나아가 프로이트의 말을 100퍼센트 믿을 수는 없겠지만, 과거의 한국의 시골사람들이 다음과 같은 행동을 했었다는 기록이나 증언도 전혀 없다.

> 비슷한 고찰이 동물들과의 성교에도 적용되는데, 그런 일은 특히 시골 사람들 사이에서는 매우 흔한 예로서, 이 경우에는 성적인 매력이 종의 장벽을 넘어서는 것으로 보인다.[106]

한편으로는 한국보다 훨씬 더 동물적이면서 다른 편으로는 한국보다 훨씬 더 억압적이고 금욕적인 게 서구사회다. 서구인의 정신세계, 심리는 기독교의 영향을 빼고는 논할 수조차 없다. 단적으로 그들은 깜짝 놀라면 '엄마야!'라고 소리치는 한국인과는 달리 '오 마이 갓(Oh My God)', '오, 지저스(Oh, Jesus)'라는 감탄사를 외치지 않는가! 프로이트는 그 당시의 서구의 교육방법이 기본적으로 폭력적이라고 주장했다.

> 올바르게 사고하고 현실에서의 참된 것과 틀린 것을 분별하도록 교육시키는 데 개입되는 제약들은 훨씬 더 폭력적이다.[107]

---

105 프로이트, 1905, 「성욕에 관한 세 편의 에세이」, 전집 제7권, 83쪽.
106 프로이트, 1905, 「성욕에 관한 세 편의 에세이」, 전집 제7권, 37쪽.
107 프로이트, 1905, 「농담과 무의식의 관계」, 전집 제6권, 163쪽.

여기에서 '폭력적'이란, 설득과 이해가 아니라 처벌을 무기로 하는 강압과 협박의 방식을 통해 교육이 이루어지고 도덕이 강요된다는 뜻이다. 그런 폭력적 방식에 의한 교육은 당연히 정신건강에 해로울 수밖에 없는데, 프로이트는 이 폭력성의 원인으로 서구의 기독교 문화를 첫손에 꼽고 있다.

> 소년의 악마 공포증과 자책은 유년시절 영향 받은 종교적인 교육에서 비롯된다.[108]

이런 흐름에서 보면, 서구인의 정신건강을 파괴했던 주범은 성욕이라기보다는 그것을 강하게 억압하거나 부정하도록 강요했던 기독교였다고 할 수 있다. 예컨대 처제가 형부에게 한때 연정을 품었다 하더라도, 어느 정도의 고민이나 반성을 통해 그 문제로부터 해방됨으로써 능히 마음의 평화를 되찾을 수 있다. 하지만 툭 하면 지옥 간다고 공갈협박하는 기독교 신앙으로 인해 형부에 대한 감정을 초동에 억압하거나 그것에 대해 과도한 죄책감을 느끼게 된다면, 그것은 신경증이 될 수 있는 것이다. 이런 견지에서 보면, 성욕이 사람의 기본 욕구라는 프로이트의 주장은 곧 서구문화에서는 기독교가 성욕을 정상적으로 처리할 수 없도록 악영향을 미쳤다, 즉 신경증을 유발했다는 의미일 수 있다. 그러니 프로이트로서는 당연히 '〈십자가〉란 보통 도덕적 짐을 뜻한다'[109]고 말할 수밖에 없었을 것이다.

프로이트가 성욕설을 신봉하게 된 직접적인 원인이 서구문화의 특

---

108 프로이트, 1900, 「꿈의 해석」, 전집 제4권: 꿈의 해석, 677쪽.

109 프로이트, 1908, 「히스테리의 심리치료」, 전집 제3권: 히스테리 연구, 360쪽.

수성에 있지는 않다. 하지만 한국에 비해 상대적으로 동물적인 문화와 폭력적으로 도덕을 강요하는 기독교 문화 그리고 그것에서 비롯된 성적인 문제들은 프로이트의 성욕설이 무럭무럭 자라날 수 있는 유리한 토양이 되었다.

성욕은 '승화'될 수 있는가?

사람에게 가장 중요한 욕구가 성욕이라면 인류의 사회역사는 왜 그리고 어떻게 해서 생겨난 것일까? 성욕을 가지고 있는 동물 중에서 사회역사를 창조한 존재는 오직 사람뿐이지 않은가? 게다가 인류가 끊임없이 계승 발전시켜 왔던 사회역사의 대부분은 성욕과는 별 상관이 없어 보이지 않는가? 이 의문에 대답을 하지 못한다면 성욕설은 폐기되어야 마땅할 것이다. 프로이트는 이 질문에 어떤 대답을 했을까? 그는 성욕으로 인류역사를 설명하기 위해 성욕의 개념을 한층 확장하고 변질시켰다. 그 유명한 '승화'라는 개념을 도입한 것이다.

> 두 번째 성욕 개념의 확장은 모든 다정한 감정적 충동이 원래 완전히 성적인 욕구였으나 후에 〈그 목적이 억제되거나 승화된〉 것이라는 정신분석학의 연구결과를 통해 정당성을 획득한다. 성적 본능들이 이렇게 영향을 받을 수 있고 목적에서 벗어날 수 있기 때문에 그것들은 다양한 문화적 활동에 적용될 수 있으며, 실로 문화적 활동에 중요한 공헌을 한다.[110]

---

110 프로이트, 1925, 「나의 이력서」, 전집 제15권, 240쪽.

프로이트는 예술을 예로 들면서 승화를 처음으로 언급하고 있다.

> 이 호기심은 만일 그 관심이 생식기에서 몸 전체로 돌려질 수 있다면 예술의 방향으로 전환(승화)될 수도 있다. … 여기에서 우리는 예술적 행위의 기원들 가운데 한 가지를 알 수 있다.[111]

이를 다소 통속적인 예를 통해 다시 설명해보면 어떨까. 어떤 남자가 이웃집 남자의 아내를 사랑하게 되어서 그녀를 보거나 생각할 때마다 강한 성적 충동을 느끼게 되었다. 그러나 그녀에게 연정을 품거나 구애를 하는 행위는 도덕적으로 비난받을 일이므로 그는 성적 충동을 억누른다. 결국 그는 그녀의 생식기에 대한 관심을 몸 전체에 대한 관심으로 돌리는 데 성공해 여성의 누드화를 그리면서 성욕을 예술로 승화시킨다. 물론 우리는 이런 예술 혹은 예술활동이 완화되고 세련화된 성욕의 표현이라는 프로이트의 주장에는 동의할 수 있다.

> 예술가는 백일몽이 경멸스러운 원천들에서 연유했다는 사실이 쉽게 드러나지 않을 때까지, 그 내용을 완화시켜 표현할 줄도 압니다.[112]

프로이트는 성욕이 단지 예술의 원천만이 아니라 그것을 훨씬 넘어서서 인류의 문명이나 문화를 창조하는 주역이라고 주장했다. 그리고 그것이 가능한 까닭을 무엇보다도 성욕이 원래의 성적인 목표

---

111 프로이트, 1905, 「성욕에 관한 세 편의 에세이」, 전집 제7권, 46/144쪽.

112 프로이트, 1917, 「정신분석 강의」, 전집 제1권, 507쪽.

와 전혀 다른 것을 취할 수 있다는 데서 찾고 있다.

> 성적 목적을 갖지 않는 충동이 실제로는 성적 목적에서 다른 쪽으로 방향을 전환한 것이라고 말하는 것은 정당하다. 게다가 목적달성이 금지된 그런 충동은 반드시 원래의 성적 목적을 어느 정도는 보존하고 있다.[113]

'대상 리비도와 관련된 과정이며, 본능이 성적 만족이라는 목표가 아닌, 그로부터 멀리 떨어진 어떤 다른 목표로 방향을 잡아가는 과정'[114]이라는 프로이트의 언급을 통해서도 승화가 성욕의 대상교체 혹은 목표교체 능력 덕분에 가능해지는 것임을 다시 확인할 수 있다. 그런데 그는 점차 좋아하는 대상을 이 사람에서 저 사람으로 바꾸는 식의 단순한 성적인 대상교체와 '승화'를 구별하기 시작한다. 즉 이성의 생식기에서 몸 전체로 혹은 아래층 여자에서 위층 여자로 대상을 바꾸는 것은 승화가 아니라고 보았던 것이다.

> 성적 만족의 달성을 위한 노력은 부분적인 쾌락이나 생식에 대한 쾌락을 포기하고, 다른 목적을 겨냥하게 됩니다. 그것은 발생적으로는 포기한 목적과 같은 연관 속에 놓여 있지만, 더 이상 성적인 것이 아니라 사회적인 성격의 것이라고 불려야만 합니다. 우리는 이 과정을 〈승화(Sublimierung)〉라고 부릅니다.[115]

---

113 프로이트, 1921, 「집단심리학과 자아분석」, 전집 제12권, 156쪽.
114 프로이트, 1914, 「나르시시즘 서론」, 전집 제11권, 74~75쪽.
115 프로이트, 1917, 「정신분석 강의」, 전집 제1권, 466쪽.

성욕의 대상이나 목표가 사회적인 성격을 띤다는 것은 그것이 학문이나 정치, 종교처럼 나름대로 사회적 가치가 있는 대상이나 목표이어야 한다는 뜻이다. 이렇게 후기의 프로이트는 '특별한 종류의 목표 수정과 대상의 변화가 우리의 사회적 가치에서 중요한 의미를 띠게 될 때 우리는 그것을 〈승화〉라고 지칭'[116]한다고 못 박았다. 한마디로 승화를 성적인 목표가 사회적으로 가치 있는 목표로 바뀌는 경우에만 국한시킨 것이다.

그런데 프로이트의 주장처럼 성 본능이 전혀 성적이지 않은 대상이나 목표를 지향할 수 있는 것일까? 결론부터 말하자면 그렇지가 않다. 상식적으로 보더라도 성적인 목표가 아닌 사회적으로 가치 있는 목표를 추구하려면 성욕이 아닌 다른 욕구가 필요하기 때문이다. 프로이트도 욕구(혹은 본능)가 그 원천에 따라 자기 고유의 대상과 목표를 가진다고 주장한 바 있다.

> 각각의 구성본능은 그 〈원천〉에 의해, 즉 그로부터 본능의 자극이 비롯되는 신체의 영역 또는 구역에 따라 불변의 특징을 갖는다. 게다가 각각은 구분 가능한 특징들로서 〈대상〉과 〈목표〉를 갖는다.[117]

여러 욕구들이 그 원천에 따라 불변의 특징을 갖게 되고, 서로 구분되는 자기만의 대상과 목표를 가진다면 이런 논리가 성립한다. 생식기를 원천으로 하는 성욕은 성적인 특징이 있으므로 성적인 목표

---

116 프로이트, 1932, 「불안과 본능적 삶」, 전집 제2권: 새로운 정신분석 강의, 130쪽.
117 프로이트, 1923, 「〈정신분석학〉과 〈리비도 이론〉—두 개의 백과사전 항목」, 전집 제14권」, 163쪽.

와 대상을 선택하지만, 사회를 원천으로 하는 사회적 욕구는 사회적인 특징이 있으므로 사회적으로 가치 있는 목표와 대상을 선택할 거라고.

이성의 생식기에 대한 관심을 몸 전체에 대한 관심으로 바꾸는 대상교체는 성욕의 성질을 그대로 유지하고서도 가능하다. 그러나 이성에 대한 성적 관심을 사회, 역사, 학문, 종교 등에 대한 관심으로 교체하려면 성욕의 성질을 그대로 유지하고서는 안 된다. 왜냐하면 성적 욕구는 성적인 목표를 달성함으로서만 해소되고 충족될 수 있는 것이지, 다른 엉뚱한 목표를 달성한다고 해서 해결될 수 있는 게 아니기 때문이다. 며칠간 굶주려서 식욕을 충족시키는 게 절실한 사람은 일단 밥을 대상으로 삼더라도 그것이 없으면 그 대상을 빵이나 고기 등으로 교체할 수 있다. 하지만 밥이라는 대상을 이성이나 책 등으로 교체해서는 식욕을 도저히 충족시킬 수가 없다. 이렇게 대상의 교체란 식욕이나 성욕 등이 허용하는 한도 내에서나 가능한 것이지 완전히 동떨어진 다른 것으로는 교체될 수 없는 것이다. 결론적으로 말해 인류가 창조해온 대부분의 문명이나 문화는 성욕이 교체할 수 있는 대상과는 다른, 너무나 동떨어진 대상들이며 따라서 그것을 취한다고 해서 성욕은 전혀 충족되지 않는다.

그럼에도 불구하고 성욕설에 집착했던 프로이트는 사람의 마음만이 아니라 인류의 사회역사까지도 성욕으로 설명하기를 원했던 것 같다. 그러다보니 다음과 같은 잘못된 주장을 하게 되었을 것이다.

> 대상 리비도를 자기애적 리비도로 변형시키는 일은 분명히 성적 목적의 포기, 탈성화(脫性化), 일종의 승화를 암시한다. 실로 이것이

승화에 이르는 보편적인 길이 아닌가.[118]

앞서도 지적했듯이 인류가 창조한 대부분의 성취와 업적은 성적인 목표들과는 무관하다. 따라서 그것들은 탈성화된 성욕이 아닌 별개의 사회적 욕구들에 의해 창조되었다고 보는 것이 상식적이고 합당하다. 사실 성(性)적인 성질이 없어진 성욕이라는 뜻을 가지는 '탈성화된 성욕'이란 '배고픔이나 굶주림 같은 성질이 없는 식욕'이라는 말처럼 어떤 과학적 증거도 없는, 말장난에 불과한 불가능하고 비현실적인 개념이다. 각각의 욕구는 무엇보다 질적으로 구분되는 것이므로 그것이 성과 관련된 내용을 가지면 성욕이요, 먹는 것과 관련된 내용을 가지면 식욕이며, 사회적 가치와 관련된 내용을 가지면 사회적 욕구가 되는 것이지 특정한 욕구의 내용이 바뀌어 다른 욕구로 탈바꿈할 수 있는 그런 게 아닌 것이다. 그러므로 탈성화된 성욕이란 질적으로 완전히 다른 무엇인가로 변신한 성욕이 아니라 애초부터 성욕이 아니었던 다른 욕구일 뿐이다.

성욕은 대상을 마구잡이로 바꿀 수 없으며 탈성화될 수도 없다. 게다가 사람이 만일 사회적 욕구를 가지고 있다면, 성욕은 탈성화될 필요조차 없다. 사회적 목표를 선택하고 달성하려면 사회적 욕구만 있으면 되므로 굳이 성욕을 탈성화시키는 수고를 할 까닭이 없기 때문이다. 성욕이 승화, 즉 대상을 마구잡이로 교체할 수 없다는 사실에 대해 프로이트도 어느 정도는 감을 잡고 있었던 것 같다.

승화의 능력이 많은 사람들에게 매우 조금밖에 주어져 있지 않다

---

118 프로이트, 1923, 「자아와 이드」, 전집 제11권, 370쪽.

… 승화는 항상 리비도의 일정한 부분만을 처리할 수 있습니다. 이러한 한계들 중에서 가장 중요한 것은 명백하게 리비도의 운동성에서 발견되는 한계입니다. 왜냐하면 개인들의 성적 만족은 오직 매우 적은 수의 목표들이나 대상들을 겨냥하기 때문입니다.[119]

성욕(리비도)의 운동성에 한계가 있다는 고백은 곧 성욕이 성적인 대상이 아닌 사회적으로 가치 있는 대상을 지향하는 게 불가능하다는 사실을 자인한 것이나 마찬가지다. 위대한 예술가들을 분석하면서 프로이트가 그들이 무엇 때문에 유별난 승화의 능력을 가지게 되었는지는 알 수 없다고 했던 것 역시 이 때문이다. 즉 그것은 성욕으로는 인류역사나 사회현상을 설명할 수 없다는 난처함의 표현일 뿐이다.

정신분석의 지식이 도달할 수 있는 마지막 지점은 충동과 충동의 변형일 뿐이다. … 우리들로서는 예술창작의 본질 또한 정신분석적 접근으로는 접근 불가능하다는 점을 인정하지 않을 수 없다.[120]

아무튼 백 번 양보해 승화에 대한 프로이트의 주장을 수용하더라도 성욕의 승화가 보편적이기보다는 극히 예외적인 현상이며, 성욕이 지향할 수 있는 목표나 대상이 매우 제한적임을 확인할 수 있다. 그러므로 승화라는 개념으로는 사회역사나 사회현상을 정상적으로 설명할 수 없다는 결론을 뒤집을 수는 없을 것이다.

---

119 프로이트, 1917, 「정신분석 강의」, 전집 제1권, 467쪽.
120 프로이트, 1910, 「레오나르도 다 빈치의 유년의 기억」, 전집 제14권, 260쪽.

프로이트주의자들은 실연의 상처를 잊기 위해 미친 듯이 공부를 하다가 학문의 대가가 된 사례 등을 근거로 성욕의 승화가 가능하지 않느냐는 주장을 고수할지도 모른다. 하지만 그것은 성욕이 탈성화되어서가 아니라 성욕을 잊거나 억누르기 위해 딴 생각 혹은 딴 활동에 몰두한 결과일 뿐이다. 따라서 이 경우에는 성욕(혹은 사랑의 욕구)의 일시적인 회피는 가능할지언정 그것을 근본적으로 해소할 수는 없다. 즉 학문의 대가가 되고 나서도 실연의 상처는 지울 수 없을 거라는 말이다. 이런 점에서 학문의 대가들 중 절대다수는 프로이트의 주장처럼 성욕을 승화—실제로는 성욕에서 도피한 것에 불과하다—시킨 사람들이 아니라 애초부터 성욕이 아닌 사회적 욕구를 실현하기 위해서 학자가 된 사람이며, 인류문명 역시 기본적으로 성욕의 승화에 의해서가 아니라 사회적 욕구를 실현하기 위해 건설되고 유지되고 발전되어온 것으로 봐야 한다.

프로이트는 어째서 탈성화된 성욕이라는, 현실적으로는 존재할 수도 없는 관념적인 욕구(본능)를 창조하게 되었던 것일까? 사람의 성욕은 한편으로는 생물학적 생식욕이라는 점에서 동물의 성욕과 같지만 다른 편으로는 동물의 성욕과 질적으로 다른데, 이에 대해 프로이트는 다음과 같이 설명하고 있다.

> 인간의 성 본능은 동물의 성 본능과 결부되어 있는 발정주기를 거의 완전히 극복했기 때문에 어떤 동물보다도 지속적이라는 데에는 의심할 여지가 없다. … 인간의 성 본능은 그 대상을 다른 것으로 바꿀 수도 있고, 이처럼 대상이 바뀌어도 그 강도는 사실상 거의 줄어들지 않는 특징을 갖고 있다. … 최초의 성적 대상을 다른 것으로 바꿀 수 있는 이런 능력을 〈승화〉 능력이라고 부르는데, 성 본능이

문명에 대해 갖는 중요성은 바로 이 승화능력에 있다.[121]

프로이트가 지적했듯이, 동물과는 달리 사람에게는 발정기가 없다. 다시 말해 사람에게서는 발정기가 되면 성욕이 왕성해지고 성욕의 지배를 받아 짝짓기를 하게 되는 그런 자동적인 본능이 사라졌다는 것이다. 그 대신 사람의 성욕은 정상적으로는 이성을 사랑하는 과정에서 그리고 비정상적으로는 사랑과는 관계없이 성적 자극을 주는 대상에 의해서도 촉발되는 그런 특수한 욕구로 변화되었다. 사람들은 사랑과 성에 대한 견해에 따라 성욕을 각기 다르게 체험할 수 있다. 성 관계가 사랑하는 사람과만 가능하다는 견해를 가진 사람은 사랑하지 않는 대상에 대해서는 거의 성욕을 느끼지 않을 것이다. 반면에 성 관계가 사랑과 관계없는 유희이고 쾌락일 뿐이라는 견해를 가진 사람은 성적 자극을 줄 수 있는 모든 대상에게서 성욕을 느낄 수 있다. 이렇게 특정 사회를 지배하는 도덕문화에 따라 그 양상은 달라질 수 있지만, 사람에게서 생물학적 성욕은 기본적으로 사회적 욕구의 하나인 사랑의 욕구 밑으로 통합되었다. 동물의 성욕과 사람의 성욕이 심리와 행동에 어떤 과정을 거쳐 영향을 미치는지를 한번 도식적으로 비교해보면 다음과 같다.

동물의 경우에는 성적 욕구나 충동이 먼저이고 대상선택은 그 다음이다. 우선 성욕이 발동되고 나서 후에 대상선택이 이어진다는 것이다. 이에 대해 프로이트는 다음과 같이 말했다.

성 본능은 우선 그 대상과는 독립적이라는 사실이 그럴듯해 보인다.

—

121 프로이트, 1908, 「〈문명적〉 성도덕과 현대인의 신경병」, 전집 제12권, 16쪽.

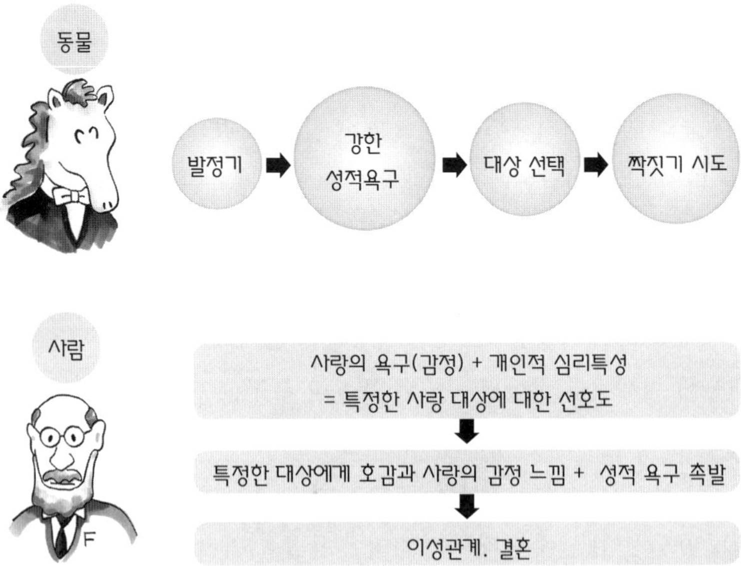

또 그 기원도 성 대상의 매력에 기인한 것으로는 보이지 않는다.[122]

동물의 성욕은 대상과는 거의 무관하므로, 성욕을 해결할 수만 있다면 대상을 바꾸는 게 동물에게는 그다지 어려운 일이 아니다. 어떤 암캐와의 짝짓기에 실패한 수캐는 다른 암캐가 나타나면 곧바로 그 개를 선택할 수 있다는 것이다. 반면에 사람의 경우에는 대상선택이 제대로 되지 않으면 성욕이 촉발되지 않는다. 사람은 사랑하는 누군가가 성욕을 충족시켜주지 못한다고 해서 즉각 다른 누군가로 대상을 바꾸거나 하지는 않는다. 극단적인 경우에는, 진정한 사랑을 위해서라면 성욕의 만족을 포기할 수도 있는 게 사람인 것이다.

---

122 프로이트, 1905, 「성욕에 관한 세 편의 에세이」, 전집 제7권, 36쪽.

사람은 아무런 성적, 사회적 자극이 없어서 성적인 상상을 할 수 없는 상태에서는 생물학적인 성욕을 그리 강하게 느끼지 않는다. 사람들이 이런저런 사회활동에 집중하고 있는 동안에는 성욕을 거의 느끼지 않는 것은 그래서이다. 그리고 이것이 바로 발정기가 사라진 것의 결과, 즉 생물학적 성욕이 사회적 욕구의 지배와 통제를 받게 된 것의 결과(발정기 소멸 → 성욕의 독자성 상실 → 성욕이 사회적 욕구, 특히 사랑의 욕구 밑에 통합됨)인 것이다. 그럼에도 불구하고 프로이트는 발정기의 소멸이 생물학적 성욕의 만성화로 귀결(발정기 소멸 → 성욕의 만성화, 탈성화)되었다고 잘못 해석했다. 그리고 바로 그 때문에 사람은 남녀노소를 막론하고 사시장철 성욕의 지배를 받게 되었으며, 그것을 어떻게든 해결해야 하니까 신체기관의 쾌감을 추구하거나 성적인 행위를 하거나 혹은 고상한 목표를 실현하기 위한 사회활동을 하게 되는 거라고 주장했다.

성욕은 탈성화될 수 있으므로 아무 것에나 다 에너지로 쓰일 수 있다는 승화라는 개념을 도입하면서 성욕설은 그야말로 모든 것을 다 설명할 수 있는 만병통치의 이론이 되었다. 하지만 바로 그것 때문에 프로이트의 성욕설은 아무런 이론적 가치가 없는 오류 덩어리로 전락해버렸다.

반복적으로 강조하지만 프로이트가 가능하다고 주장했던 성욕의 '승화'란 불가능하다. 성욕이라는 생물학적 욕구는 당연히 성적인 목표를 지향할 뿐이지 사회적으로 가치 있는 목표를 추구할 수 없으며, 내용과 질을 완전히 달리하는 새로운 욕구로 탈바꿈할 수도 없다. 따라서 승화라는 개념을 사용하거나 기초로 삼아 정립된 프로이트의 모든 주장은 오류이다. 이런 이유 때문에 나는 승화를 '개인적 소망을 사회적으로 가치 있는 목표에 성공적으로 통합하는 것'이라고 규정한 바 있다.

성욕만으로는 부족해: PTSD, 반복강박

프로이트는 생식을 목표로 하는 욕구라는 정상적인 개념정의를 무시하고 성욕에다 '쾌락추구욕'과 '사랑의 욕구' 그리고 실제로는 존재하지 않는 관념적인 욕구인 '탈성화된 성욕(승화된 성욕)'까지 끌어들였다. 그는 또한 '유연성', '자기의 목표를 바꿀 수 있는 능력', '자신의 본능 충족을 다른 것으로 대체하기', '본능 충족을 얼마 동안 연기하기' 등이 성 본능의 특질[123]이라고 강조했다. 그러나 그가 언급한 내용들은 본능의 주체인 사람의 속성일 뿐 성 본능의 속성이 아니다. 성 본능이 도대체 무엇—성 본능은 사람이 가지는 하나의 본능에 불과하다—이길래 스스로 목표를 바꾸거나 욕구를 통제하기도 한단 말인가! 유연성, 목표변경, 욕구통제 등은 동물에게서는 찾아볼 수 없는, 사람만이 가지고 있는 일련의 속성 혹은 능력들이지 성 본능의 속성은 아니다.

아무튼 프로이트는 성욕의 개념을 마구 확대하고는, 세상만사를 다 성욕으로 환원해 설명하려고 했다.

이렇게 프로이트는 거의 모든 인간활동을 성욕으로 설명할 수 있었다. 그러나 그는 성욕설을 가지고는 도저히 이해할 수도, 설명할 수도 없는 일련의 현상들에 직면하게 되었다.

우선 꿈을 성적 소원의 위장된 성취로 보았던 프로이트로서는 외

---

123 프로이트, 1932, 「불안과 본능적 삶」, 전집 제2권: 새로운 정신분석 강의, 131쪽.

✚ 정신분석학은 사람의 모든 활동을 성욕으로 환원해 설명하는 문제점을 가지고 있다

상후 스트레스 장애(PTSD) 환자들의 꿈을 설명할 길이 없었다.

> 첫 번째 난점은 전쟁에서의 경우처럼, 외상적 히스테리의 근거에 놓여 있는 것으로 보이는 충격적 체험, 어떤 중대한 심리적 외상을 겪은 사람들은 꿈속에서 매우 규칙적으로 그러한 외상적 상황에 처해진다고 하는 사실에서 제기되고 있습니다.[124]

도대체 왜 PTSD 환자들은 쾌락이 아닌 고통만을 줄뿐인 과거의 끔찍한 경험을 꿈속에서 자꾸 반복하는 것일까? 사람은 쾌락주의자이므로 그런 고통스러운 경험은 빨리 잊어버리고 성욕을 실현해주는 꿈을 꿔야 하지 않는가? 프로이트로서는 이런 현상을 도저히 이해할

---

124 프로이트, 1932, 「새로운 정신분석 강의」, 전집 제2권, 41쪽.

수 없었다.

여기에 더해 또 한 가지, 그를 괴롭혔던 것은 소위 〈반복강박〉 현상이었다. 반복강박이란 특정한 동기를 실현하기 위해 일정한 행동이나 삶의 패턴을 반복하는 걸 말한다. 알코올중독자와 결혼했던 여자들이 그와 헤어지고 나서 계속 알코올중독자를 반복해 사귄다거나 의부증 환자와 결혼했던 남자가 그녀와 헤어지고 나서 더 심한 의부증 환자와 연애를 하는 사례들이 있다. 또한 프로이트가 '인간관계가 같은 결과를 가져오는 온갖 부류의 사람들'[125]이라고 일컬었던, 계속 거절당하는 연애만 반복하거나 계속 사기를 당하면서 살아가는 이들도 흔치 않게 볼 수 있다. 그런데 반복강박은 PTSD 환자의 꿈처럼 '쾌락의 가능성을 전혀 포함하고 있지 않은 과거의 경험, 그리고 억압된 본능충동에조차도 만족을 가져올 수 없었던 과거의 경험을 회상해'[126] 낸다. 한낱 짐승들도 그러지는 않는 법인데, 하물며 사람이 똑같은 덫에 반복해서 걸려들다니…. 이런 사례들을 자주 관찰했던 프로이트는 반복강박을 이렇게 묘사하기도 했다.

> 그들이 주는 인상은 어떤 악운에 의해서 쫓기거나 어떤 〈악마적인〉 힘에 붙잡혀 있다는 것이다….[127]

반복강박 현상은 일반적으로 성욕과 별 관련이 없었을 뿐만 아니라 불쾌는 피하고 쾌락을 추구한다는 쾌락원리에도 명백히 배치되는 현상이었다.

---

125 프로이트, 1920, 「쾌락원칙을 넘어서」, 전집 제11권, 289쪽.
126 프로이트, 1920, 「쾌락원칙을 넘어서」, 전집 제11권, 287쪽.
127 프로이트, 1920, 「쾌락원칙을 넘어서」, 전집 제11권, 289쪽.

그 체험을 다시 불러일으키는 것은 쾌락원리에는 어긋나는 것임에도, 이 경우에 반복강박이 쾌락원리를 뛰어넘었다고밖에는 달리 설명할 방법이 없습니다. 생애를 통하여 수정하는 법 없이 언제나 자신에게 해가 되는 같은 반응을 되풀이하는 사람들이 있습니다. … 우리는 반복 강박에 〈악마적인 성격〉이 있음을 인정할 수밖에 없습니다.[128]

프로이트가 반복강박을 설명하면서 '악마적인 힘, 악마적인 성격'과 같은 강한 표현을 동원했던 것은 그것이 오로지 고통만을 주기 때문이기도 하지만 그 스스로가 최고의 본능이라고 믿었던 성욕(쾌락원칙)의 힘을 무력화시킬 정도로 강력했기 때문이다. 그래서 프로이트는 성욕을 능가하거나 적어도 그것과 맞먹을 만한 강력한 본능이 하나 더 있을 거라고 추측하기 시작했다.

반복강박—쾌락원칙보다 더 원시적이고, 더 기초적이며 더 본능적인 것으로 보이는 그 무엇—의 가설을 정당화하기에는 아직도 많은 것들이 충분하게 설명되지 않은 채 남아있다. 그러나 반복강박이 〈과연〉 마음속에서 작동하고 있다면, 우리는 그것에 대해서 무엇인가를 알았으면 좋겠고, 그것이 무슨 기능에 해당되는지, 어떤 상황에서 반복강박이 나타나고, 지금까지 정신생활의 흥분과정을 지배하는 모든 것의 근원이라고 여겼던 쾌락원칙과는 어떤 관계를 갖는지 알았으면 좋겠다.[129]

---

128 프로이트, 1932, 「불안과 본능적 삶」, 전집 제2권: 새로운 정신분석 강의, 143쪽.
129 프로이트, 1920, 「쾌락원칙을 넘어서」, 전집 제11권, 291쪽.

결국 고통스러운 장면을 꿈에서 반복하는 PTSD 환자 그리고 역시 고통만이 차례질 뿐인데도 똑같은 행동패턴을 되풀이하는 반복강박 현상을 접하면서, 프로이트는 자신의 본능이론을 대폭 수정한다.

> 본능이 모두 같은 종류에 속할 리가 없다는 확신이 남아있었다. … 강박적 반복현상과 본능의 보수적 측면이 처음으로 내 관심을 끌었다. … 에로스만이 아니라 죽음의 본능도 존재한다는 것을 인정했다.[130]

두 번째 본능이론: 사랑과 죽음

마치 고통을 원하는 듯한 인상을 풍기는 PTSD 환자나 반복강박 사례를 통해 죽음 본능이라는 개념을 정립해나가기 시작했던 프로이트에게는 고통을 매개로 하는 사디즘과 마조히즘도 커다란 자극제가 되었을 것이다. 그는 사실 처음에는 '우리에게 친숙한 자기보존 본능이나 성적 본능 외에 이것들과 동등한 뿌리를 지닌 특별한 공격본능이 존재한다고 단언할 수 없다'면서 '모든 본능에 대해 자체에 내재해 있는 공격적 특성을 인정'[131]하는 수준에 머물러 있었다. 그런데 어째서 프로이트는 모든 본능에 공격적 특성이 내재해 있다고 보았던 것일까? 애초에 그가 말했던 공격성이란 실제적으로는 생명보존 욕구에 기초해 발생하는 미움이나 증오의 감정을 일컫는 것이었다.

---

130 프로이트, 1930, 「문명 속의 불만」, 전집 제12권, 297쪽.
131 프로이트, 1909, 「다섯 살배기 꼬마 한스의 공포증 분석」, 전집 제8권」, 173/174쪽.

> 대상과 관련된 것으로서의 증오는 사랑보다 먼저 발생한 것이다. 자극을 쏟아붓듯 발산하는 외부세계를 나르시시즘적 자아가 원초적으로 거부하는 것에서부터 미움은 생겨난다. 대상이 촉발한 불쾌감에 대한 반응의 표현으로서의 미움은 항상 자기보존 본능과 긴밀한 관계를 유지한다.[132]

프로이트에 의하면 세상에 태어난 아기는 외부세계의 수많은 자극들에 노출되면서 불쾌감을 느끼게 되며, 그로 인해 궁극적으로는 세상에 대한 미움이나 증오심을 갖게 된다. 믿거나 말거나, 햇빛은 너무 눈부시고 새들의 지저귐은 너무 소란스러워 아기는 자신의 생명을 위협하는 듯한 이 세상을 기본적으로 싫어하게 된다는 것이다. 물론 외부세계의 자극이 주로 쾌감이 아닌 불쾌감을 주기 때문에 아기는 기본적으로 즐겁거나 행복하지 않다는 프로이트의 주장은 아무런 과학적 근거가 없다. 또한 설사 아기가 때때로 미움이나 증오감을 표현하더라도 그것은 생존욕구를 위협하는 외적 대상에 대한 분노감으로써 지극히 적응적이며 정상적인 반응일 뿐이지 타고난 공격성이라고 볼 까닭이 없는 것이다.

아무튼 프로이트는 파괴성 혹은 공격성은 성욕을 비롯한 모든 본능에 섞여 있는 부차적인 성질일 뿐이라고 생각했기에, '성 본능의 공격적인 요소'가 사디즘[133]으로 나타나는 거라고 생각했다. 좀 통속적으로 말하자면 사랑의 감정 안에는 필히 공격성이 잠재해 있으므로 깊이 사랑하는 연인을 패기도 하는 그런 망측한 일이 발생해도 놀

---

132 프로이트, 1915, 「본능과 그 변화」, 프로이트 전집 제11권, 130쪽.
133 프로이트, 1905, 「성욕에 관한 세 편의 에세이」, 전집 제7권, 48쪽.

라거나 하지 말라는 것이다. 그러나 프로이트는 성적 대상을 학대하고 공격하면서 쾌감을 느끼는 사디즘, 그리고 성적 대상으로부터 학대당하고 공격당하면서 쾌감을 느끼는 마조히즘을 성욕과 그것에 내재된 공격성으로 설명하는 데서 한 걸음 더 나아간다. 왜냐하면 그는 사디즘과 마조히즘을 비롯한 일련의 심리현상들을 통해 공격욕이 성욕을 능가하거나 최소한 그것과 동등한 힘을 가지고 있다는 뚜렷한 인상을 받았기 때문이다.

> 사디즘과 마조히즘은 리비도 이론에서 보자면 너무도 수수께끼 같은 현상입니다 … 에로스와 공격성이라는 두 개의 본능이 절묘하게 혼합된 최고의 예를 보여주고 있습니다.[134]

결국 프로이트는 점차 죽음 본능을 성 본능과 동등한 지위를 차지하는 독자적인 본능으로 간주하기 시작했는데, 당시에 유럽을 휩쓸던 전쟁과 잔학행위도 이 같은 그의 견해를 더욱 부채질했다.

> 역사에서 그리고 우리의 일상생활에서 흔히 볼 수 있는 수많은 잔학행위는 인간의 마음속에 공격과 파괴에 대한 욕망이 얼마나 강하게 존재하고 있는가를 뒷받침합니다.[135]

훗날 여러 비평가들이 공통적으로 지적했듯이, 이 세상에 전쟁이나 잔학행위가 있다고 해서 그것이 사람에게 죽음 본능(공격 본능)이

---

134 프로이트, 1932, 「불안과 본능적 삶」, 전집 제2권: 새로운 정신분석 강의, 140쪽.
135 프로이트, 1933, 「왜 전쟁인가」, 전집 제12권, 347쪽.

있다는 증거가 되지는 않는다. 전쟁의 원인으로는 제국주의(독점자본주의)의 정치경제적인 이익 추구와 같은 사회적 요인들이 있으며, '욕구-좌절 이론'이 강조했듯이 분노와 공격성은 정상적인 욕구가 좌절된 것에 대한 반응이기 때문이다.

PTSD 환자의 꿈, 반복강박 현상, 양가감정에 기초한 애증관계, 사디즘과 마조히즘, 전쟁과 잔학행위 등에 관한 관찰결과를 근거로 프로이트는 드디어 '죽음 본능'을 '성 본능'과 쌍벽을 이루는 기본본능으로 내세우게 된다.

> 심리학에서는 적절한 본능이론에 대한 요구가 무엇보다도 시급하게 느껴졌다. 이 이론의 기반 위에서 후속이론을 세울 수 있었기 때문이다. … 처음에 정신분석학은 자아본능(자기 보존, 배고픔)과 리비도적 본능(사랑)을 대립시켰으나 후에 이를 자기애적 리비도와 대상리비도의 대립으로 대치시켰다. 이로써 최종적인 결정이 내려진 것은 확실히 아니다. 생물학적으로 생각해 보면, 단 한 종류의 본능만을 가정하는 것에 만족하는 것은 금기인 것처럼 보이기 때문이다. … 자기보존 본능과 종족보존 본능을 에로스라는 개념으로 통합하고 이를 소리 없이 움직이는 죽음 본능 내지는 파괴 본능과 대립시켰다. … 이런 이론적 구성이 쓸 만한 것인지는 아직 불확실하다.[136]

프로이트 본인이 말했듯이, '죽음의 본능이나 파괴본능의 존재를 가정하는 것은 정신분석학계 내부에서도 강력한 반대에 부딪혔

---

136 프로이트, 1925, 「나의 이력서」, 전집 제15권, 260~261쪽.

다.'[137] 사실 정신분석학계의 창조자이자 신이라고 할 수 있는 프로이트부터가 죽음 본능이 무엇인지를 명확하게 정의하지 못했으며 따라서 그것에 기초하는 이론을 체계적으로 전개하지 못했다.

프로이트는 죽음 본능이 '생명체를 비유기체로 만드는 것'[138]이며, '외부세계와 다른 유기체를 향하는 〈파괴본능〉으로서 자신을 표현'[139]한다고 설명했다. 간단히 요약하자면 스스로 죽기를 바라게 하고 타인을 죽이거나 파괴하려는 본능이라는 뜻이다. 죽음 본능을 도입하면서 프로이트는 기존에 사용했던 성 본능이라는 말을 '언제나 더 큰 통일을 이루고 이를 유지하는 것'을 뜻하는 '에로스(Eros)'라는 개념으로 바꾸고는, 그것에 '연관을 해체하여 사물을 파괴하는 것'을 뜻하는 '타나토스(Thanatos: 죽음본능)'를 대립시켰다.

이쯤 되면 정신분석학은 만물을 통합시키는 에로스와 만물의 연관을 해체하는 타나토스의 대립과 투쟁으로 세계를 바라보는 하나의 세계관이요 철학이 되었다고 할 수 있다. 즉 '삶 그 자체가 이 두 경향(성 본능과 죽음 본능) 사이의 갈등이요, 타협이다'[140]라고 선언하는 정신분석학은 선악의 대립으로 세상을 보는 기독교적 세계관이나 동양사상의 음양론과 동등한 높이나 범위를 가지는 철학의 반열에까지 오르게 되었다는 것이다.

> 본능은 두 개의 그룹으로 나뉩니다. 하나는 에로스적 본능으로서 언제나 살아 있는 물질을 더 큰 단위로 뭉치게 하려는 것이며, 또

---

137 프로이트, 1930, 「문명 속의 불만」, 전집 제12권, 298쪽.
138 프로이트, 1940, 「정신분석학 개요」, 전집 제15권, 419쪽.
139 프로이트, 1923, 「자아와 이드」, 전집 제11권, 383쪽.
140 프로이트, 1923, 「자아와 이드」, 전집 제11권, 383쪽.

> 하나는 죽음의 본능으로서 이러한 생명 추구에 맞서면서 살아 있는 것을 비유기적 상태로 되돌리려는 것입니다. 두 가지 본능의 이러한 통합 작용과 대립 작용으로 말미암아 생명 현상들이 생겨나고 또 죽음은 그것을 종식시킵니다.[141]

그런데 과연 죽음 본능이란 정확히 무엇일까? 모든 사람에게는 늙고 싶은 욕구 혹은 죽고 싶어 하는 자기 파괴적인 욕구가 있다는 뜻일까? 또 만일 그런 욕구가 있다면 우리는 그것을 자각할 수는 있는 것일까? 나아가 그러한 죽음 본능이 외부로 표출되면 어째서 다른 생명을 적대시하는 공격본능 혹은 파괴본능이 되는 것일까?(혼자서만 죽으면 되지 남들까지 죽이려 하는 까닭이 무엇일까?) 이러한 상식적인 의문들에 대해 프로이트는 제대로 대답을 하지 못했다.

> 삶의 과정에서 그 두 개가 어떻게 뒤섞이고 죽음의 본능이 에로스의 의도에 어떻게 봉사하게 되는지, 더욱이 밖을 향할 때는 어찌하여 공격적 형태로 변화되어 그렇게 되는 것인지, 이것들은 미래의 연구에 남겨진 과제들입니다.[142]

비록 말년이 될수록 더 강한 목소리로 죽음 본능이 존재한다고 외치기는 했으나 '두 부류의 본능의 구별은 독자들을 충분히 안심시키지 못한 것 같고 그 주장을 뒤엎을 수 있는 임상적 분석사례가 발견될 수도 있을 것 같다'[143]는 말에서 예감할 수 있듯이, 프로이트는 죽

---

141 프로이트, 1932, 「불안과 본능적 삶」, 전집 제2권: 새로운 정신분석 강의, 144쪽.
142 프로이트, 1932, 「불안과 본능적 삶」, 전집 제2권: 새로운 정신분석 강의, 145쪽.
143 프로이트, 1923, 「자아와 이드」, 전집 제11권, 385쪽.

음 본능에 대해서는 죽을 때까지도 확신을 하지 못했던 것 같다.

한편 프로이트가 죽음 본능을 포기하지 못했던 중요한 이유 중 하나는 사람에게는 동물과 본질적으로 같은 원시인의 마음이 있다고 굳게 믿은 데 있었다.

> 원시인은 분명 열정적인 동물이었을 테고, 다른 어떤 동물보다도 잔인하고 악의에 차 있었을 것이다.[144]

하지만 원시인이 '다른 어떤 동물보다도 잔인하고 악의에 차있다'는 주장은 동물이나 원시인에 대한 왜곡된 견해일 뿐이라 오늘날에는 인정되지 않는다. 예를 들면 요즘에는 그 어떤 동물학자도 얼룩말을 사냥하는 사자를 두고서 잔인하다거나 악의에 차있다는 식으로 말하지 않는다. 실제로도 사자는 단지 생존을 위해 먹이를 구하는 것일 뿐이지 얼룩말을 미워하거나 증오하지는 않기 때문이다. 마찬가지로 원시인의 사냥이나 전쟁 등의 활동 역시 기본적으로 생존과 관련되는 것이므로 그것들을 제외한다면 그들이 특별히 잔인하다거나 악의에 차있었다는 증거는 없다. 그러니 19금의 안경을 쓰고서 어린아이를 관찰했던 것처럼, 프로이트는 정의롭지 못한 인간사회에 대한 혐오감을 품고서 얼룩말을 공격하는 사자를 지켜보았기에 자기도 모르게 이렇게 외치게 되었을지도 모른다.

"야! 이 잔인한 괴물아, 악의에 가득찬 짐승놈아. 불쌍한 얼룩말을 가만히 놔둬."

---

144 프로이트. 1915. 「전쟁과 죽음에 대한 고찰」. 전집 제12권」. 59쪽.

✚ 프로이트는 사람의 기본동기가 동물적 본능이므로 사람은 악하다고 주장했다. 그러나 동물의 세계에는 선악이 있을 수 없으며 단지 생존을 추구할 뿐인 동물을 악하다고 볼 근거도 없다

당시에 서구유럽을 지배했던 자본주의사회의 잔학성과 부조리함에 몸서리를 치곤 했던 프로이트였으니, 그로서는 자연스럽게 죽음 본능을 주장하게 되었을지도 모른다. 하지만 다음 글에서 알 수 있듯이 그는 사람에게 죽음 본능이 있다는 사실을 결코 좋아하지는 않았다.

> 인간의 공격적 성향을 제거하려고 애써봤자 소용이 없다는 것입니다. 지구상의 어느 운 좋은 지역에서는 인간에게 필요한 모든 것을 자연이 풍부하게 제공해주기 때문에 그곳에 사는 종족은 평온한 생활을 영위하고 강제나 공격 따위는 전혀 경험하지 못한다고 합니다. 나는 이 말을 거의 믿을 수 없지만, 그렇게 운 좋은 사람들에 대한 이야기를 더 많이 들을 수 있다면 기쁠 것입니다.[145]

---

145 프로이트, 1933, 「왜 전쟁인가」, 전집 제12권, 349쪽.

사람에게는 사회적 본능이 있다

성 본능을 사람에게 가장 중요한 기본 본능으로 보기는 했지만, 프로이트는 다른 본능(동기)의 존재를 부정하지 않았다. 앞에서 지적했듯이 그는 정상인의 실수 행위를 설명하면서 여러 가지 다양한 동기들을 제시한바 있다. 또한 '가벼운 히스테리 같은 … 질환조차도 그토록 많은 심적 결정요인들이 관여된다'[146]는 말에서 알 수 있듯이, 프로이트는 하나의 정신장애나 인간행위에 여러 가지 동기가 동시에 영향을 미칠 수 있다는 '다중동기' 이론을 반복적으로 강조했다.

> 인간의 행동은 또 다른 종류의 복잡한 결합에 의해 지배된다는 사실을 알게 될 것입니다. 〈하나의〉 본능적 충동에만 지배되는 행동은 극히 드뭅니다. 어떤 행동을 일으키기 위해서는 대개 그런 복합된 동기들이 동시에 발동해야 합니다.[147]

성 본능과 죽음 본능은 모든 유기체가 다 가지고 있는 생물학적 본능이다. 그러므로 그것이 있다고 해서 사람이 동물과 달라질 것은 아무 것도 없다. 다시 말해 성 본능과 죽음 본능은 사람을 동물과 구별해주는 본질적인 특성이 되지 못한다는 것이다. 반면에 사람은 동물에게는 전혀 없는 자기만의 고유한 본능인 사회적 본능을 가지고 있다. 그리고 바로 이 사회적 본능이 있다는 점에서 사람은 동물과 구별되는 것이다. 그렇다면 프로이트는 사회적 본능의 존재를 인정한

---

146 프로이트, 1908, 「사례 연구–루시 R. 양」, 전집 제3권: 히스테리 연구, 162쪽.

147 프로이트, 1933, 「왜 전쟁인가」, 전집 제12권, 347쪽.

것일까? 아니면 오로지 생물학적 본능만을 인정한 것일까? 프로이트는 한편으로는 사회적 본능을 발견할 수가 없었다고 토로했다.

> 아직 획득된 적이 없는 상태를 목표로 하는 본능은 없는 것일까? 나는 유기체의 세계에서 내가 제시했던 본능의 특징에 모순되는 어떠한 예들에 대해서도 아는 바 없다. 동물계나 식물계에서 관찰될 수 있는 고도의 발전을 지향하는 보편적인 본능이 존재하지 않는다는 것에는 의문의 여지가 있을 수 없다.[148]

프로이트는 보수적인 생물학적 본능이 아닌 '발전을 지향하는 본능', 즉 사회적 본능은 알지 못한다고 했다. 그러나 그것은 그가 '동물계나 식물계'만을 대상으로 관찰을 했기 때문이다. 즉 그는 인간계를 집중적으로 관찰하고 나서 그것이 동물계와 어떤 질적인 차이를 가지는지를 비교하지 않았다. 그렇기 때문에 사회적 본능이 존재하지 않는다고 선언했던 것이다. 하지만 비록 프로이트가 명시적으로 그리고 정당한 비중을 가지고 이론화하지는 못했지만 그의 저작들에는 사회적 본능과 관련된 논의가 빈번히 등장하고 있다. 예를 들면 프로이트는 애니미즘적 세계관을 탄생시킨 동기에 대해 다음과 같이 설명하고 있다.

> 인류가 단지 사변적인 지식욕에서 이 최초의 세계관을 창조했을 것이라고 생각하면 안 된다. 세계를 제 몫으로 통제하겠다는 실질적 필요성이 이런 노력의 중요한 부분을 이루고 있었을 것임에 분명해

---

148 프로이트, 1920, 「쾌락원칙을 넘어서」, 전집 제11권, 314쪽.

보인다.[149]

이처럼 프로이트는 자신의 인생과 세계를 지배하고 통제하려는 통제욕[150]이 지식욕을 추동했기에 인류의 정신문화적 진보가 가능해졌다는 상당히 일관성 있는 주장을 펼치고 있다. 즉 그는 사람이 최소한으로는 상황을, 최대한으로는 세계를 통제하려는 통제욕구를 가지고 있다는 사실을 다음과 같은 정신분석학적 추론을 통해서도 알게 되었던 것이다.

> 정신분석학은 정신적 기제의 주요한 기능이 자신의 욕구에 의해 자기 자신 속에 생겨난 긴장으로부터 개인을 구제해주는 것이라는 기본적인 생각에서 출발한다. 이러한 과제의 한 부분은 외부세계로부터의 만족을 추출해냄으로써 달성될 수 있으며, 이러한 목적을 위해 현실세계에 대한 통제력을 갖는 것이 필수적이다.[151]

홍수를 통제하려는 욕구가 댐에 대한 지식과 기술 발전을 이끌고 그것을 활용해 댐을 쌓게 되면 홍수라는 자연현상에 대한 통제력이 높아진다. 그리고 통제력을 실현한 실천활동을 통해 사람의 통제욕과 지식수준이 다시 상승하는 선순환이 가능해진다. 이렇게 통제욕은 세계에 대한 사람의 통제력을 증가시키고 그것은 다시 인류의 정신문화 발전을 추동하는 것이다. 프로이트도 지식과 지혜의 발전이 바로 통제욕에서부터 비롯된다는 것을 정확히 지적하고 있다.

---

149 프로이트, 1913, 「토템과 터부」, 전집 제13권, 134쪽.

150 운명통제 욕구에 대해서는 〈김태형, 2009, 《새로 쓴 심리학》, 세창출판사, 95~100쪽〉을 참조하라.

151 프로이트, 1913, 「과학과 정신분석학」, 전집 제14권, 37쪽.

> 세계에 대한 인간의 통제력이 진보하는 것에 발맞추어 세계관, 즉 우주 전체에 대한 관점의 발전이 이루어진다.[152]

이 외에도 프로이트는 PTSD 환자가 고통스러운 꿈을 반복하며, 사람들이 반복강박의 포로가 되는 까닭도 통제욕구와 관련이 있다고 보았다.

> 외상을 수동적으로 경험한 자아는 그 스스로 외상의 방향을 돌릴 수 있으리라는 희망을 갖고서 미약한 형태로, 그러나 적극적으로 외상을 반복한다.[153]

프로이트는 고통스러운 상황 그 자체가 심적 외상이 되는 게 아니라 그 상황을 통제하지 못하는 무력함으로 인해 외상이 생기는 거라고 강조했다. 예컨대 난폭한 아버지가 어린아이를 때리는 경우 무력한 아이는 아버지의 폭력을 중지시킬 수가 없다. 그렇기 때문에 유년기에 경험한 폭력은 심적 외상이 될 가능성이 매우 크다. 반면에 현실적으로는 불가능하겠지만 만약 어린아이에게 아버지의 폭력을 제어하고 통제할 수 있는 힘이 있다면, 똑같은 아버지의 폭력을 경험하더라도 그것이 외상이 되지 않을 수 있다는 것이다. 아무튼 프로이트는 PTSD 환자들이 외상이 되었던 경험을 반복하는 것은 그들에게 그 상황을 통제하고픈 욕구—사고가 난 그때의 상황으로 돌아가 그것을 뒤바꾸고 싶은 욕구—가 있기 때문이며, 오직 고통만을 줄 뿐인데도

---

152 프로이트, 1913, 「과학과 정신분석학」, 전집 제14권, 38쪽.

153 프로이트, 1926, 「억압, 증상 그리고 불안」, 전집 제10권, 299쪽.

사람들이 반복강박에서 벗어나지 못하는 것 역시 자신의 삶을 통제하고픈 욕구—반복강박의 동기를 어떻게든 실현하고픈 욕구—가 있기 때문이라고 믿었던 것이다.

두 개의 기본 본능을 성 본능과 자아본능이라고 주장하던 시절, 프로이트는 성 본능을 제외한 다른 본능들은 거의 다 자아본능에 속한다고 보았다. 하지만 성 본능이 아닌 다른 본능에 대한 연구는 거의 이루어진 게 없었기에 그는 자아본능을 연구해야 한다고 역설했다.

> 자아본능들이 실재하고 또 나름대로 중요하다 … 단지 성적 본능들을 일차적으로 다루는 작업이 정신분석의 운명이 되어버렸습니다. 왜냐하면 성적 본능들은 전이 신경증에 대한 연구를 통해서 가장 먼저 알려졌으며, 다른 학문들이 소홀하게 취급한 주제를 연구하는 것이 정신분석의 과제였기 때문입니다.[154]

정확히 하자면 프로이트가 연구해야 한다고 주장했던 다른 본능들은 자아본능이 아니라 사회적 본능이라고 해야 한다. 왜 그럴까?

> 반복을 향해 치닫는 보수적 본능 외에 전진과 새로운 형태의 생산을 향해 밀어붙이는 또 다른 본능이 존재할 것이라는 설득력 있는 반대에 우리는 직면할 것이다. 확실히 이러한 주장이 간과되어서는 안 된다.[155]

---

154 프로이트, 1917, 「정신분석 강의」, 전집 제1권, 474쪽.
155 프로이트, 1920, 「쾌락원칙을 넘어서」, 전집 제11권, 309쪽.

'전진과 새로운 형태의 생산을 향해 밀어붙이는' 본능은 죽었다 깨어나도 생물학적 본능일 수가 없다. 왜냐하면 모든 유기체가 다 가지고 있는 생물학적인 본능으로는 오로지 세상에 대한 적응과 순응만이 가능하기 때문이다. 따라서 세상을 조금이라도 개조하거나 변혁함으로써 세상을 지배하고 통제할 수 있게 해주는 본능이 있다면 그것은 생물학적 본능이 아닌 사회적 본능일 수밖에 없다. 인류가 정체와 답보, 반복적인 순환이 아니라 수많은 우여곡절을 겪으면서도 창조와 혁신, 발전의 길로 걸어올 수 있었던 것은 사람에게 이러한 사회적 본능이 있어서였다. 후기에는 주로 승화라는 개념을 사용해 그것을 성 본능으로 억지로 환원시켰지만, 애초에 프로이트는 인간이 사회역사적 존재임을 인정했고 사회적 본능이 존재하며 그것이 계속 발전할 수 있다는 가능성도 인정했다.

> 오늘날 태어나는 사람은 이기적 본능을 사회적 본능으로 바꾸는 경향을 어느 정도는 유전적 소질로 갖고 있다. 이런 소질은 조금만 자극을 주어도 이기적 본능을 사회적 본능으로 바꾼다. 본능을 더 많이 변화시켜야 하는 것은 개인이 인생을 살아가면서 이룩해야 할 일이다. 이처럼 인간은 당면한 문화적 환경의 영향을 받고 있을 뿐만 아니라, 조상들의 문화적 역사에도 영향 받고 있다.[156]

위의 글에는 중요한 내용이 몇 가지 담겨있다. 이를 하나씩 정리해 보면 다음과 같다.

---

156 프로이트, 1915, 「전쟁과 죽음에 대한 고찰」, 전집 제12권, 47쪽.

• 사람은 사회적 본능의 싹을 유전적으로 타고 난다. 그리고 그것 때문에 사람은 사회 속에서 성장하는 한 사회적 본능을 획득하게 된다.
• 사회적 본능은 인생을 살아가면서 점점 더 강화발전된다.
• 사람은 사회와 역사의 영향을 받는 사회역사적 존재이다.

모든 유기체 중에서 오로지 사람만이 유전적으로 사회적 본능의 싹을 가지고 태어나며 그것은 사회 속에서 활짝 꽃을 피우게 된다. 예컨대 사람은 언어를 습득할 수 있는 잠재력을 가지고 태어나는데, 사회 속에서 생활하게 되면 자동적으로 언어능력을 가지게 된다. 이런 식으로 모든 사람은 사회역사 속에 존재하는 한 필연적으로 사회적 본능을 갖게 된다. 프로이트 역시 '행성이 자신의 축을 중심으로 자전하면서 동시에 중심이 되는 천체 주위를 공전하는 것처럼, 인간도 자신의 독자적인 인생길을 걸어가면서 동시에 인류 전체의 발전 과정에 참여하고 있다'[157]고 하면서, 사람이 사회적 존재임을 분명히 인정하고 있다. 나아가 사람에게는 생물학적인 욕구만이 아닌 사회적 욕구도 있을 거라는 견해를 밝혔다.

> 인간공동체와 통합되거나 인간공동체에 순응하는 것은 행복이라는 목적이 달성되기 위해서는 반드시 충족되어야 하는 필수조건처럼 보인다. … 개인의 발달은 두 가지 욕구, 즉 행복을 얻으려는 욕구와 공동체 안에서 타인들과 결합하려는 욕구의 상호작용의 산물인 것처럼 보인다.[158]

---

157 프로이트, 1930, 「문명 속의 불만」, 전집 제12권, 323쪽.
158 프로이트, 1930, 「문명 속의 불만」, 전집 제12권, 322~323쪽.

비록 사람에게 고유한 사회적 본능을 명확히 밝히지는 못했지만, 프로이트는 한때 사회적 본능이 강화·발전됨으로써 인류의 진보가 가능해질 거라는 낙관적인 기대를 표명하기도 했다.

> 그토록 불안한 토대 위에서도 문명이 유지되고 있다는 사실은 세대가 바뀔 때마다 인간의 본능이 점점 광범위하게 변화되어 더 나은 문명의 매체가 될 수 있으리라는 전망을 제공해준다.[159]

사람에게는 사회적 본능이라고 할 수 있는 일련의 사회적 욕구 외에도 사회적 요구—사회집단의 요구와 사상과 신념의 요구—[160]가 있다. 사회적 요구란 기본적으로 사회집단의 집단심리에 기초한 요구라고 할 수 있는데, 프로이트의 다음과 같은 언급이 이와 관련이 있다.

> 각 개인은 수많은 집단심리—종족, 계급, 종교, 국가 등의 집단심리—에 참여하고 있으며, 집단심리 위로 자신을 끌어올리는 만큼의 독립성과 독창성을 가질 수도 있다.[161]

학생집단에 소속된 사람이 등록금 인하라는 사회적 요구를 자기 것으로 받아들이는 것처럼 특정한 사회집단에 소속된 사람은 그 사회집단의 요구에서 자유로울 수 없다. 따라서 프로이트가 지적했듯이 인류의 물질경제적 요구는 성욕의 그림자에 묻혀 가볍게 무시되거나 간과되어도 좋을 그런 동기가 아니다.

---

159 프로이트, 1915,「전쟁과 죽음에 대한 고찰」, 전집 제12권, 49쪽.

160 사회적 요구에 대해서는 〈김태형, 2009, 《새로 쓴 심리학》, 108~111쪽을 참조하라.

161 프로이트, 1921,「집단심리학과 자아분석」, 전집 제12권, 144.

사람들이 살아가는 사회의 동기는 결국 경제적인 것입니다. … 결국 이는 시원에서부터 현재에 이르기까지 영원히 계속된 생활과의 싸움입니다.[162]

개인만이 아닌 사회집단의 경제적인 문제를 해결하려는 사회적 요구나 사회집단을 유지·발전시키는 데 필수적인 사랑의 욕구와 같은 사회적 동기들은 성욕(번식욕) 같은 생물학적 욕구보다 훨씬 더 중요하다.

지금까지의 논의에서 알 수 있듯이, 프로이트는 사회적 본능이라고 할 수 있는 일련의 사회적 욕구들의 존재를 인정하기는 했지만 그것을 올바로 규명하지 못했다. 게다가 사회적 요구에 대해서는 거의 주목하지 못했다. 하지만 사회적 욕구와 요구는 사람에게 사회적 동기로 작용하면서 사람의 모든 활동을 규정한다. 생물학적 동기는 이러한 사회적 동기의 지배와 통제를 받는 부차적인 동기의 역할만 할 뿐이다. 이것을 올바로 규명하지 못한 것이 바로 프로이트의 본능이론, 동기이론이 갖는 결정적인 오류이자 한계이다.

동기에도 위아래가 있다

다중동기 혹은 다양한 동기들은 서로 어떤 관계 속에 놓여 있는가? 여러 동기들이 동시에 병렬적으로 존재할 수 있는가? 아니면 동기 중에는 중요한 것도 있고 부차적인 것도 있어서 동기들 사이에 어떤 위계질서가 존재하는가?

---

162 프로이트, 1917, 「정신분석 강의」, 전집 제1권, 422쪽.

프로이트는 발달이 진행됨에 따라 덜 중요한 동기(욕구)가 더 중요한 동기 밑에 소속되어 통합되는 동기의 위계화가 진행된다고 주장했다. 예컨대 입이나 항문과 같은 신체기관을 통해 쾌감을 추구하려는 욕구들은 점차 성욕에 소속되고 통합된다는 것이다.

> 이제는 새로운 성 목적이 나타났고, 모든 구성 본능들이 그것을 얻기 위해 결합하는 한편, 성감대들은 가장 우월한 성기부위에 속하게 된다.[163]

프로이트는 이러한 하위동기—프로이트 식으로 표현하면 구성 동기—들의 상위동기로의 통합 혹은 동기들 사이의 위계화를 발달과정에서의 전환점이라고 강조했다. 하위동기가 상위동기에, 부차적인 동기가 주요한 동기에 소속되고 통합됨으로써 동기들이 질서정연하게 위계화되는 것을 발달단계의 중요과제로 여겼던 셈이다.

> 발달과정에서 전환점은 성적인 모든 부분 충동들을 생식기의 역할 밑에 종속시키는 데 있습니다. 이를 통해서 성의 역할은 생식기능 밑에 놓이게 됩니다.[164]

프로이트는 왜 동기의 위계화를 발달의 전환점이라고 주장했던 것일까? 그것은 동기가 위계화되어야만 고차적인(더 중요한) 동기를 실현하기 위해 저차적인 동기들을 정상적으로 지배하고 통제할 수 있

---

163 프로이트, 1905, 「성욕에 관한 세 편의 에세이」, 전집 제7권, 107쪽.

164 프로이트, 1917, 「정신분석 강의」, 전집 제1권, 443~444쪽.

✚ 유기체가 가지는 여러 동기들은 병렬적으로 존재하지 않고 위계화되어 있다. 사람에게 있어서 생물학적 인 성욕은 독자성을 가질 수 없으며 사회적 동기 아래 통합되어 있다

기 때문이다. 호랑이가 나타나면 사슴은 제아무리 배가 고프더라도 식욕을 통제함으로써 빨리 줄행랑부터 쳐야 한다. 식욕을 통제하지 못해서 도망을 치지 못해 계속 풀을 뜯어먹다가는 죽게 될 테니까. 마찬가지로 사회적 평가나 건강을 위해 체중을 관리하려는 사람은 식욕을 통제해야 다이어트에 성공할 수 있고, 정치적 목적을 달성하려면 단식투쟁처럼 때로는 밥을 굶을 수도 있어야 하며, 적과 전투를 벌이는 도중에는 끼니때가 되었다고 해서 총을 내려놓고 도시락을 까먹으면 안 되는 것이다. 결론적으로 상위동기가 하위동기를 지배하고 통제하지 못하면 생물학적 생존도 담보할 수 없으며 나아가 그 어떤

정상적인 사회적인 활동도 할 수 없다. 그렇기 때문에 마치 사령관-연대장-중대장-소대장으로 이어지는 군대의 지휘복종 체계처럼 다종다양한 동기들은 반드시 질서정연하게 위계화되어야 하는 것이다.

> 후자(충동의 제어)는 본능을 대표하는 것이 보다 큰 질서 속에서 정렬되고 큰 관련성 안에 놓이게 됨으로써만 달성됩니다.[165]

만일 동기의 위계화에 실패하면 어떻게 되는 것일까? 프로이트에 의하면 신체기관을 통한 쾌락 추구욕을 성욕 밑에 정상적으로 통합하지 못하면 성도착자가 된다.

> 원래의 본능이 필연적으로 복합적인 것인 만큼, 성 본능 그 자체는 분명히 여러 가지 요인들이 합쳐진 것이며, 성욕 도착에서는 그 본능이 하나하나의 구성요소들로 나뉘어 드러난다.[166]

오늘의 시점에서 프로이트가 언급했던 성도착을 어떻게 간주할 것인가? 또 과연 그런 성도착을 욕구 위계화의 실패의 결과로 볼 수 있는가에 대해서는 의견이 다를 수 있다. 하지만 동기의 통합 혹은 위계화의 실패가 비정상 혹은 정신장애의 원인이 된다는 주장에 대해서는 귀를 기울일 필요가 있다. 프로이트는 자아의 중요 기능이 위계화 과정을 포함하는 통합에 있다고 보았는데, 만약 그것에 실패하면 신경증이나 정신장애에 걸린다고 강조했다. 한마디로 부차적인 동기

---

165 프로이트, 1932, 「심리적 인격의 해부」, 전집 제2권: 새로운 정신분석 강의, 105쪽.

166 프로이트, 1905, 「성욕에 관한 세 편의 에세이」, 전집 제7권, 136쪽.

들을 중요한 동기 아래로 통합하지 못해 부차적인 동기들을 통제하지 못하게 되면 정신병에 걸릴 수 있다는 것이다.

> 신경증이란 실제로 자아가 이러한 종합에 성공하지 못했고 종합을 시도하면서 자신의 전일성(全一性)을 상실했다는 신호라고 볼 수 있다.[167]

프로이트는 하위동기가 상위동기에 통합되는 대표적인 예로 구성본능(기관쾌감을 추구하는 본능)이 성 본능으로 통합되는 걸 꼽고 있다. 그런데 이런 식의 메커니즘, 즉 하위동기가 상위동기에 종속되어 그것을 위해 복무하게 되는 위계적인 체계는 모든 동기들 사이에서 작용한다고 보는 게 논리적이다. 따라서 기관쾌감을 추구하려는 동기가 성욕에 통합되는 게 정상이듯이 성욕 같은 생물학적 동기도 독자성을 상실하고 사랑의 욕구와 같은 사회적 동기에 통합되어야 한다. 나아가 덜 중요한 사회적 동기는 더 중요한 사회적 동기에 통합되어야 하는 것이다.

프로이트는 이러한 '새로운 조절기능'의 탄생이야말로 '인간을 동물보다 우월하게 하는'[168] 결정적인 요인이라고 강조했다. 하지만 그는 새로운 조절기능의 핵심을 (철학에서 이성으로 표현되곤 하는) '사고능력'으로 보았는데, 그것은 잘못이다. 왜냐하면 부차적인 동기를 조절·통제하는 새로운 조절기능은 그 무엇보다 사회적 동기가 생물학적 동기를 지배하고 통제하는 '동기의 위계화' 과정에 의해 결정적으

---

167 프로이트, 1928, 「도스또예프스끼와 아버지 살해」, 전집 제14권, 523쪽.

168 프로이트, 1900, 「꿈의 해석」, 전집 제4권: 꿈의 해석, 709쪽.

로 가능해지는 것이기 때문이다.(만일 동기의 위계화가 불가능하다면 사고 능력이나 이성이 있더라도 하위동기를 정상적으로 통제할 수 없을 것이다.) 따라서 사람이 동물보다 질적으로 우월할 수 있는 것은 사람에게는 사회적 동기가 있으며, 그 사회적 동기 밑에 생물학적 동기를 복종시키는 동기의 위계화가 가능하기 때문이라고 봐야 한다.

프로이트는 성욕이 '자아본능의 부분들과 합쳐져서 〈부착되는〉 요소로서 사회적인 본능을 조성'하는 것을 돕고 그 결과로 '우정과 동지애, 또 단결심과 모든 인류를 사랑하는 것에 성적인 요소를 더해 주'[169]게 된다고 주장했다. 간단히 말해 성욕이 자아본능의 일부와 합쳐져 사회적 본능이 되므로 사회적인 본능은 성적인 색깔을 가질 수밖에 없다고 본 것이다. 그러나 자아본능이라는 개념의 모호성은 일단 제쳐두더라도, 생물학적 본능인 성욕과 사회적 본능은 아예 차원이 다른 별개의 본능이다. 즉 생물학적 성본능과 사회적 본능은 아예 그 기원부터가 다른, 질적으로 다른 욕구라는 것이다.

사회적 구조는 운명이다

프로이트는 나폴레옹이 남긴 '정치는 운명이다'라는 유명한 문장을 패러디하면서 다음과 같이 선언했다.

> 〈해부학적 구조는 운명이다.〉 … 생식기는 여전히 동물적인 것으로 남아있고 그래서 사랑 역시 그 본질에 있어서는 과거에 그랬던

---

169 프로이트, 1911, 「편집증 환자 슈레버—자서전적 기록에 의한 정신분석」, 전집 제9권, 168~169쪽.

✚ 프로이트는 나폴레옹의 말을 패러디해 '해부학적 구조는 운명이다'라고 말했다. 그러나 사람은 동물과 유사한 해부학적 구조를 가진 존재일 뿐만 아니라 사회역사 속에서 살아가는 유일한 존재이다.

것처럼 동물적인 것으로 남아 있다.[170]

이는 한마디로 사람은 동물과 본질적으로 같은 유기체적 구조를 갖고 있으므로 동물이라는 운명을 벗어날 수 없다는 뜻이다. 먼 옛날 동물이었을 때부터 가지고 있던 생식기가 흥분하면, 그것이 의식—뇌라고 해도 상관없다—에 반영되어 사람은 성욕을 느끼게 된다. 게다가 사람한테서는 발정기가 없어졌으니 성욕은 시도 때도 없이 끓어오르는 영원불멸의 욕구가 되어버렸다.(물론 사람의 생식기가 발정기와 무관해진 것은 성욕이 사회적 동기의 지배를 받게 됨으로써 그 독자성을 상실했다는 증거이지 성욕이 신의 경지에 올라섰음을 의미하지 않는다.) 그렇기 때문에 발정기와 별 관련이 없게 된 특이한 생식기를 없애버리지 않는 한, 사람은 성욕에서 절대로 벗어날 수 없다는 게 프로이트의 일관된 신념인 것이다.

그런데 프로이트의 이 특이한 논리전개를 접하다 보면 우리는 '생식기

170 프로이트, 1912, 「사랑의 영역에서 일어나는 가치저하의 보편적 경향에 관하여」, 전집 제7권」, 235쪽.

는 그렇다 치고 사회역사는 어찌 되는 건데?'라는 질문을 던지지 않을 수가 없다. 이에 대한 프로이트의 대답은 다음과 같다. 그의 이론체계에서 사회역사는 '외부세계'라는 범주에 포함된다는 사실을 명심하고 다음의 문장을 살펴보기 바란다.

> 외부세계는 인간 내면의 정신적 과정 속에서 사회적 관습이나 숙명, 심지어는 자기 자신의 신체적 욕구로 표현된다.[171]

비록 이런 통찰을 이론화하는 데는 완전히 실패했지만, 그래도 프로이트는 핵심을 정확히 짚고 있다. 생식기의 흥분처럼 외부세계나 사회역사 역시 사람의 의식에 반영되게 마련이며, 그 결과물이 바로 사회의식과 신체화된 사회적 욕구—정확히 말하자면 사회적 욕구와 요구—임을 올바로 지적하고 있기 때문이다. 이를 프로이트 식으로 다시 정의하면, 해부학적 구조는 생물학적 동기의 기원인 반면 사회역사는 사회적 동기의 기원이라고 할 수 있다. 즉 생물학적 동기와 사회적 동기는 무엇보다 그 기원에서부터 질적인 차이가 있는 셈이다.

생식기가 없는 사람이 존재할 수 없으니 성욕이 없는 사람은 존재할 수가 없다. 이와 마찬가지로 사회역사 밖의 사람이란 존재할 수 없으니 사회적 욕구와 요구(동기)가 없는 사람은 존재할 수 없다. 따라서 사람은 필연적으로 생물학적 동기와 사회적 동기를 모두 가지게 되지만, 그 두 가지의 비중이 서로 같을 수는 없다. 사람은 사회역사를 떠나서는 아예 생존할 수조차 없을 뿐만 아니라 사회역사적 존재로서 살며 발전하려고 한다. 혹시 만의 하나, 동물처럼 살기를 원하는 누군가

---

171 프로이트, 1905, 「농담과 무의식의 관계」, 전집 제6권, 245쪽.

가 있더라도 그런 소원은 망상에 불과할 뿐 사람은 이미 동물처럼은 살 수 없는 사회역사적인 존재인 것이다. 바로 이런 이유 때문에 사람의 유전자에도 생물학적 동기가 사회적 동기 아래 통합되어 위계화되도록 프로그래밍이 되어 있다. 성욕과 같은 생물학적 하위동기가 독자성을 가지고 전면에 나설 수 없게끔 유전적으로 틀지어지고, 사람한테 양육되면서 사회적 동기를 정점으로 하는 동기의 위계화가 확립된 후에 세상에 나가 활동하는 게 바로 정상적인 사람인 것이다. 그러니 프로이트가 자신 있게 외쳤던 '해부학적 구조는 운명이다!'라는 말은 다음과 같이 바뀌어야 한다. 사회역사는 운명이다!

프로이트의 가장 큰 실수는 본능이론 혹은 동기이론을 생물학적 개념과 틀로 연구하는 바람에, 사회적 동기에 대해서는 거의 손도 대지 못했다는 데 있다.

> 나는 여기서 자아본능과 성적 본능이 구별된다는 가설(즉 리비도 이론)이 어떤 심리학적 기초 위에 세워진 가설이 아니라 근본적으로 생물학적 근거에 토대를 두고 있음을 솔직하고 분명하게 고백하고자 한다. 그러나 만일 정신분석 작업을 통해 본능에 관한 또 다른 유용한 가설이 도출된다면 나는 그 리비도 이론의 가설을 기꺼이 내버릴 수 있다.[172]

그나마 초기의 프로이트는 본능이론에 대해 비교적 개방적인 태도를 가지고 있었으나 첫 번째 단추를 생물학 쪽에다 잘못 끼움으로써,

---

172 프로이트, 1914, 「나르시시즘 서론」, 전집 제11권, 53쪽.

후기로 가면 갈수록 이론적 왜곡이 심해지고 그에 따라 한층 더 고집스러워졌다. 이런 점에서 '우리는 여기서 원래 생물학적 심리학을 추구하는 것이며 생물학적 과정의 심리적 동반현상을 연구하는 것'[173]이라는 언급이야말로 정신분석학의 본질을 가장 잘 요약하고 있는 셈이다. 정신분석학은 본질적으로 생물학적 심리학이며, 그 뿌리는 바로 생물학적인 본능이론에 있다.

물론 프로이트가 성 본능 이외의 다른 본능을 인정하지 않는 건 아니다. 하지만 그는 성 본능이 가장 중요한 기본 본능이라는 입장은 단 한 번도 포기하지 않았다.

> 모든 본능적 충동은 그러한 본능의 혼합이나 그 두 개의 본능 종류를 합친 결과라는 가정을 하게 됩니다. 그러므로 자연히 엄청나게 다양한 비율로 혼합된 본능들이 나타납니다. 그러나 이러한 혼합비율에 가장 큰 영향을 미치는 것은 에로스적인 본능(이다.)[174]

지금까지 나는 다양한 동기들이 동시적으로 작용을 하더라도 그 중에서 성욕이 가장 큰 영향을 미친다는 주장이 오류임을 누차 지적해왔다. 다양한 비율로 혼합된 동기들이 존재한다는 것에는 흔쾌히 동의할 수 있지만, 그러한 혼합비율에 가장 큰 영향을 미치는 것은 항상 사회적 동기이기 때문이다.(적어도 사람에게 있어서는 순수한 생물학적 성욕이란 없다고 보는 게 타당하다.)

사람은 단순한 동물이 아니며 따라서 심리학은 생물학이 아니다.

---

173 프로이트, 1932, 「불안과 본능적 삶」, 전집 제2권: 새로운 정신분석 강의, 129쪽.

174 프로이트, 1932, 「불안과 본능적 삶」, 전집 제2권: 새로운 정신분석 강의, 141쪽.

그렇기 때문에 생물학에 기초해 생물학의 언어로 지어진 프로이트의 본능이론으로 사람 나아가 사회현상을 설명하게 되면 필연적으로 생물학적 환원주의의 오류에 빠지게 된다. 프로이트는 대부분의 세상사를 열등감으로 환원해 설명하는 아들러를 강하게 비판했다.

> 아들러의 주장을 그대로 받아들여 모든 훌륭한 업적을 다 신체기관에 대한 원초적인 열등의식에서 기인하는 것으로 해석하려 한다면 그것은 지나친 과장이다.[175]

그러나 아들러에게 했던 비판과 똑같은 비판이 프로이트 자신에게도 적용되어야 마땅하다. '모든 영웅적 행위나 성공이라 할지라도 결국에는 여성들의 찬탄이나 호의를 얻기 위한 것'[176]이라는 프로이트의 해석은 열등감을 성욕으로 바꿔치기했을 뿐 아들러와 완전히 똑같지 않은가.

초기의 프로이트는 사람들을 관찰하다가, 정신건강과 건강한 성생활 사이의 밀접한 상관관계를 알게 되었다.

> 나의 경험으로 볼 때, 사회적으로든 윤리적으로든 정신적으로 비정상적인 사람은 누구나 예외 없이 성생활에서도 비정상적이었다.[177]

그런데 사회적으로, 도덕적으로, 정신적으로 문제가 있는 인간과 비정상적인 성생활 사이의 이 밀접한 상관관계를 프로이트는 잘못된

---

175 프로이트, 1914, 「나르시시즘 서론」, 전집 제11권, 81쪽.
176 프로이트, 1917, 「정신분석 강의」, 전집 제1권, 134쪽.
177 프로이트, 1905, 「성욕에 관한 세 편의 에세이」, 전집 제7권, 37쪽.

인과관계로 해석했다. 성적으로 문제가 있으니까 인격적으로도 이상해지는 거라고. 그러나 극히 예외적인 일부 사례를 제외한다면 진실은 정반대이다. 정신적으로, 심리적으로 문제가 있으니까 성 생활에서도 문제가 생기는 것이다. 하지만 초입에 길을 잘못 들어서면 바른 길을 찾아가기란 무척이나 힘든 일이다.

프로이트는 한때 자신의 환자였던 도라라는 여성의 꿈을 해석하면서 이렇게 말했다.

> 혹시 당신이 얼마 전에 암시적으로 말한 줄이 달린 가방과 마찬가지로 〈보석 상자〉도 여성의 생식기를 상징한다는 것을 알고 있지 않습니까?

그러자 분석과정에서 이미 프로이트의 이론을 잘 알게 된 영리한 내담자였던 도라는 이렇게 대답한다.

> 당신이 그런 말을 하리라고 짐작하고 있었어요.[178]

프로이트에 대한 그녀의 반응은 전적으로 옳았다! 프로이트는 그 어떤 것도 성욕으로 환원할 수 있는 생물학주의자였으니까.

---

178 프로이트, 1905, 「도라의 히스테리 분석」, 전집 제8권, 258쪽.

요약 및 평가

	정신분석학	평가
정신분석학의 주된 관심	정신분석학은 심리법칙을 규명하기 위해 동기 그리고 동기가 사고나 감정을 지배하는 메커니즘 등을 주로 연구하는 학문이다	이는 여전히 심리학의 주요 연구대상이 되어야 한다
마음의 중심	마음의 중심 혹은 핵은 동기이다	전적으로 타당하다
자아본능	자아본능을 대표하는 것은 식욕이다	자아본능에는 사회적 본능도 포함되어야 한다. 따라서 식욕은 자아본능을 대표할 수 없다
	나르시시즘적인 자기보존 본능을 성본능으로 간주할 수 있다	나르시시즘적 자기보존 본능은 기본적으로 사회적 욕구와 관련이 있다
성욕설	사람을 포함하는 유기체의 가장 중요한 동기는 성욕이다	정신분석학의 가장 큰 오류이다
유아성욕설	유아들에게도 성욕이 있다	유아에게는 성인들의 성욕이 존재하지 않는다
성욕 개념	성욕은 쾌락 추구욕을 포함한다	쾌락 추구욕이 성욕보다 더 광범위한 개념이므로, 그것은 성욕에 포함될 수 없다
	성욕이 사랑(의 욕구)을 포함한다	사랑과 같은 사회적 욕구에 생물학적 욕구인 성욕이 포함된다

오이디푸스 이론	여러 민족의 신화들이 오이디푸스 이론을 지지하고 있다	한국이나 중국과 같은 동양권 문화에서는 그런 신화를 찾아볼 수 없다
승화	성적 동기는 질적으로 다른 고차원적인 동기로 승화될 수 있다	식욕이 성욕으로 변하거나 대치되지 못하듯이, 성욕은 질적으로 다른 사회적 동기로 바뀔 수 없다
죽음 본능	사람에게는 죽음 본능이 있다. 반복강박, 전쟁 등이 이를 증명하고 있다	사람에게 죽음 본능이 있다는 증거는 없다. 반복강박이나 전쟁의 주원인은 사회적 동기나 요인들이다
사회적 동기	프로이트는 사회적 욕구들의 존재를 인정하기는 했지만 그것을 규명하지 못했을 뿐만 아니라 경시했다	생물학적 성욕이 아니라 사회적 욕구와 요구가 사람의 기본 동기다
동기의 위계화	발달과정에서 하위동기가 상위동기에 통합되는 동기의 위계화가 이루어진다	동기의 위계화는 생물학적 동기와 사회적 동기 사이에서도 이루어지는데, 프로이트는 이를 간과했다

Chapter 3

갈등 이론

개인역사는 동기투쟁의 역사이다

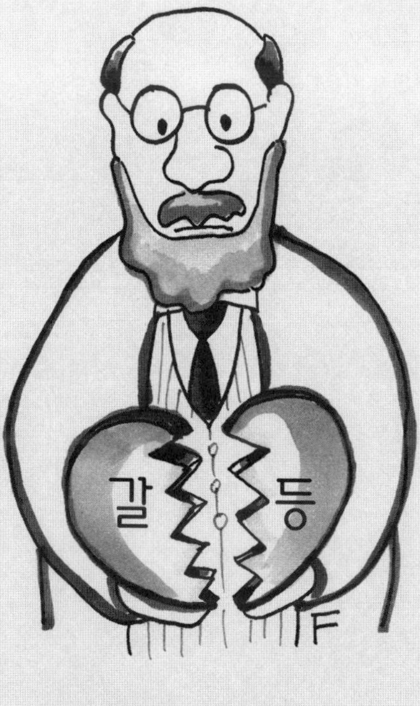

—

사회주의사상의 창시자 마르크스는 '인류역사는 계급투쟁의 역사이다'라는 유명한 명제를 남겼다. · · · 그런데 분야는 서로 달랐지만 갈등이론가 마르크스와 아주 유사한 견해를 가졌던 학자가 바로 프로이트이다. 왜냐하면 그는 사람의 마음속에서는 적대적인 힘들 사이에 끊임없는 갈등과 투쟁이 벌어지고, 그 과정에서 다양한 심리현상들이 발생 · 발전한다고 보았기 때문이다.

—

정신현상이란 대립적인 힘이 갈등한 결과

사회주의사상의 창시자 마르크스는 '인류역사는 계급투쟁의 역사이다' 라는 유명한 명제를 남겼다. 그에 의하면 지주나 자본가계급 같은 착취계급 그리고 농노나 노동자계급 같은 피착취계급은 서로 적대적인 관계에 있기 때문에 양 계급은 끊임없이 싸울 수밖에 없다. 이해관계가 상충되는 유산계급과 무산계급 사이에서 화해는 일시적인 반면 투쟁은 영원하며, 그러한 계급투쟁을 통해 인류역사가 발전한다는 것이다. 그런데 분야는 서로 달랐지만 갈등이론가 마르크스와 아주 유사한 견해를 가졌던 학자가 바로 프로이트이다. 왜냐하면 그는 사람의 마음속에서는 적대적인 힘들 사이에 끊임없는 갈등과 투쟁이 벌어지고, 그 과정에서 다양한 심리현상들이 발생·발전한다고 보았기 때문이다. 이성 대 감정(본능), 본능충동 대 억압, 자아 대 이드, 자아 대 초자아 사이의 갈등에 관한 그의 이론들을 예로 들 수 있다.

> 정신분석학은 일찍이 모든 정신적인 사건들은 요소적인 본능들의 힘의 상호작용에 기초해서 형성된 것으로 간주되어야 한다는 사실을 인식하게 되었다.[179]

---

179 프로이트, 1923, 「〈정신분석학〉과 〈리비도 이론〉—두 개의 백과사전 항목」, 전집 제14권, 161쪽.

프로이트에 의하면, 정신병과 그 증상들은 억압당하는 충동과 억압하는 충동 사이의 투쟁과 타협의 산물이다.

> 우리는 억압의 근거로서, 즉 모든 신경질환의 원인으로서 두 그룹의 심리적 지향 간의 갈등을 가정해야만 했다.[180]
> 증상들은 두 가지 서로 대립하는 충동들의 간섭현상에서 비롯한 타협의 산물이며, 억압을 불러일으키는 데 함께 영향을 미친 억압하는 것과 억압당하는 것을 모두 대표합니다.[181]

예컨대, 정신장애의 증상 중 하나인 망상 역시 갈등하는 힘 사이의 끝없는 갈등과 투쟁의 결과인 것이다.

> 타협이 성립된 곳에 투쟁이 있다. … 망상이 형성되는 과정 속에서 이 투쟁은 엄밀히 말해 끝이 없다. 하나의 타협이 성립될 때마다 공격과 저항은 다시 반복된다. 타협 자체가 완전한 만족이 아니기 때문일 것이다.[182]

프로이트는 갈등이론이 신경증 환자나 정신장애자의 범위를 넘어서는 모든 사람의 정신현상을 설명할 수 있는 보편적인 이론이라고 확신했다. 그런 확신은 정상인의 정신현상이라고 할 수 있는 꿈이나 실수 행위들도 갈등하는 힘 사이의 투쟁과 타협의 결과라는 발견에 의해 지지되었다.

---

180 프로이트, 1924, 「정신분석학 소론」, 전집 제14권, 180쪽.
181 프로이트, 1917, 「정신분석 강의」, 전집 제1권, 408쪽.
182 프로이트, 1907, 「빌헬름 옌젠의 《그라디바》에 나타난 망상과 꿈」, 전집 제14권, 67쪽.

꿈은 자아 속에서 일어난 억압된 본능적 충동과 검열하는 힘의 저항 간의 타협의 산물이다.[183]

정신현상을 기본적으로 두 개의 힘이나 경향 사이의 충돌과 투쟁의 결과로 이해했다는 사실을 통해, 우리는 프로이트가 사물현상을 두 개의 대립범주나 개념으로 구분해서 보는 이원론적 세계관을 가지고 있었음을 추측할 수 있다.

우리들의 견해는 바로 처음부터 〈이원론적〉이었고 오늘날은 전보다 더욱 확실하게 이원론적이다.[184]

사실 인류의 사상사를 대략 훑어보기만 하더라도 동양의 음양론이나 헤겔의 변증법처럼 세상만물이 두 개의 대극적인 요소로 나누어져 있어서 그 양자 사이의 조화나 투쟁에 의해 모든 사물현상이 발생 · 발전한다고 보는 이원론적 세계관이 아주 흔하다는 것을 알 수 있다. 하긴 낮이 가면 밤이 오고 봄이 가면 겨울이 오며, 생물체는 암수로 나누어지고 전기에도 플러스와 마이너스가 있으니 인류가 그런 세계관에 심취하게 된 게 결코 무리한 일이 아니다.

아무튼 프로이트가 두 개의 범주에 기초해 사물현상을 고찰하는 세계관 혹은 연구방법론을 가지고 있었음은, 그가 사람의 '정신생활 전체가 〈세 종류의 대조항〉에 의해 지배당하고 있다'면서 심리학을 다음과 같은 세 개의 대립범주에 기초해 연구한 것만 보더라도 잘 알

---

183 프로이트, 1925, 「나의 이력서」, 전집 제15권, 247쪽.
184 프로이트, 1920, 「쾌락원칙을 넘어서」, 전집 제11권, 328쪽.

수 있다.

주체(자아) 대 객체(대상, 외부세계) / 쾌락 대 불쾌 / 능동성 대 수동성[185]

만일 주체가 사회집단이라면 환경 혹은 객체를 지배하고 개조할 수 있지만, 주체가 고립된 개인이라면 그럴 수가 없다. 그런데 정신분석학에서 주체는 보통 하나의 개인을 의미하는 반면, 객체는 그를 둘러싼 모든 외적 환경을 의미한다. 따라서 주체-객체라는 대립범주에 기초한 프로이트 식의 고찰은 결국 개인을 세계와 대비시키는 것이므로, 그것은 필연적으로 사람의 무력감과 수동성을 강조하는 쪽으로 치우칠 수밖에 없다. '인류(혹은 일반화된 개념으로서의 사람) 대 세계'는 타당한 철학적, 심리학적 대립범주이자 고찰 단위이지만, '주체(한 개인) 대 객체(전체 세계)'는 마치 종로 대 미국 같은 잘못된 대립범주인 것이다.

쾌락-불쾌라는 대립범주는 갈등이론과 직접적으로 연결된다. 이때 불쾌를 피하려고 하는 것은 물론이고 어느 경우에나 갈등은 불쾌감정을 유발하게 마련이므로 쾌락을 추구하는 존재인 사람은 어떻게든 그러한 갈등상황에서 벗어나려 한다. 그러다보니 방어기제를 이용하기도 하고 회피나 타협과 같은 다양한 해결책을 사용하게 되는데, 그것에 의해 정신현상의 본질과 특징이 결정된다.

'능동성-수동성'은 주체가 대상을 상대하는 방식이나 태도에 관련되는 대립범주로서 후에는 '남성성-여성성'이라는 범주로 확대되었다. 하지만 이 대립쌍은 그 개념의 모호성으로 인해 그다지 의의 있

---

185 프로이트, 1915, 「본능과 그 변화」, 프로이트 전집 제11권, 123쪽.

는 이론적 결과물을 산출하지 못했다.

프로이트의 세 가지 고찰단위 중에서 이론적으로 가장 중요하며, 갈등이론의 중핵을 이루는 것은 '쾌락-불쾌'의 대립범주이다. 좀 과장해 말하면 바로 그것이야말로 정신분석학의 시작이자 끝이라고 해도 좋을 만큼 중요한 대립범주인 것이다.

갈등하는 힘의 주체, 동기

본능 생활 속에서 서로 반대되는 힘이 존재한다….[186]

갈등이론가 프로이트가 언급했던 반대되는 두 개의 힘, 다시 말해 서로 갈등하는 두 개의 힘은 어디에서부터 나오는 것일까? 그는 여러 저작들을 통해서 이성 대 감정, 이성 대 본능, 충동 대 억압, 자아 대 이드, 자아 대 초자아와 같은 여러 가지 대립범주를 선보이고 있다. 하지만 아무리 다양한 개념이나 범주들로 변형되어 사용되더라도 '힘'이란 본질적으로 '동기'와 관련될 수밖에 없는 것이어서, 프로이트 역시 '힘'을 그런 의미로 사용하고 있다. 예컨대, 그는 정신병을 욕구 간의 갈등에 의해 유발되는 정신현상이라고 설명한다.

환자의 마음속에 어떤 욕구가 일어나고 있는데, 이에 대해 다른 강력한 욕구들이 저항하고 있다고 생각해보자. … 이로 인해 발생하

186 프로이트, 1932, 「불안과 본능적 삶」, 전집 제2권: 새로운 정신분석 강의, 138쪽.

✚ 프로이트는 정신을 가동시킬 수 있는 힘을 가진 것은 동기밖에 없다고 강조했다. 따라서 마음속에서 갈등하는 주체는 특정한 동기와 그것에 반대되는 동기일 수밖에 없다

는 정신적 갈등….[187]

반대되는 힘이 본질적으로 동기 사이의 충돌에서 비롯되고 있음은, 갈등이론에 대한 그림을 프로이트가 처음으로 그리기 시작했던 것이 특정한 욕구에 반대되는 힘을 발견하면서부터라는 사실을 통해서도 알 수 있다.

이 욕망이 나타날 때마다 불편한 긴장이 함께 나타난 것으로 보아, 어디선가 이 욕망에 반대하는 힘이 작용하고 있었음을 알 수 있다.[188]

---

187 프로이트, 1925, 「나의 이력서」, 전집 제15권, 230쪽.

188 프로이트, 1909, 「쥐 인간—강박 신경증에 관하여」, 전집 제9권, 19쪽.

여러 곳에서 이 반대되는 힘의 존재를 발견하게 되자, 프로이트는 무척이나 궁금했을 것이다. 특정한 힘(동기)을 반대하는 그 힘이 어디에서 오며, 그 정체는 무엇인지….

> 그런 식으로 다른 것을 방해할 수 있는 의도나 경향은 도대체 무엇이며, 방해하는 경향과 방해받는 경향 사이에는 어떤 관계가 존재합니까?[189]

위의 질문에 대답하기 위해 연구에 연구를 거듭한 끝에, 프로이트는 그 반대하는 힘의 본질 역시 본능—정확히 말하자면 동기에 속하는 여러 욕구와 요구—이라고 결론을 내렸다. 즉, 어떤 동기가 작용하면 그것을 반대하는 동기가 나타나 둘 사이에 갈등이 벌어진다는 것이다.

> 리비도적 충동을 거슬러서 반론을 제기하는 힘들은 어떤 것들입니까? … 우리는 이를 〈자아 본능들(Ichtriebe)〉이라고 정리합시다. … 병인으로 작용하는 갈등은 결국 자아 본능과 성 본능 사이의 갈등입니다.[190]

동기, 감정, 사고 사이의 관계를 살펴보더라도 동기적 힘에 반론을 제기하는 힘 혹은 대립되는 힘은 같은 종류의 것일 수밖에 없음을 알 수 있다. 즉 동기적 힘을 반대할 수 있는 힘은 다른 동기로부터 나

---

189 프로이트, 1917, 「정신분석 강의」, 전집 제1권, 57/58쪽.

190 프로이트, 1917, 「정신분석 강의」, 전집 제1권, 473쪽.

오지 감정이나 사고에서는 나올 수 없다는 것이다. 어떤 공무원이 특혜를 대가로 수억 원의 뇌물을 제공하겠다는 제안을 받았다고 해보자. 워낙 큰 돈인 데다 생계까지 쪼들렸다면 경제적 동기가 자극되지 않을 수 없을 것이다. 그래서 그는 두 눈 딱 감고 그 돈을 받아버릴까 하는 유혹에 흔들리게 되었다. 하지만 그에게는 도덕적 동기(양심의 욕구)가 있었기에, 내면에서는 계속 '그건 더러운 돈이야. 절대 받으면 안 돼'라는 경계의 목소리가 울려나온다. 결국 경제적 동기에 의해 뇌물을 받으려는 힘이 발생하자 도덕적 동기에 의해 뇌물을 받지 않으려는 힘이 나타나 두 힘이 서로 갈등을 벌이게 된 것이다. 만일 경제적 동기가 생성한 힘이 더 크다면 그 공무원은 뇌물을 받겠지만 도덕적 동기의 힘이 더 크다면 뇌물을 받지 않을 것이다.

어떤 이들은 경제적 동기에 따르려는 활동이 죄책감이나 수치감 같은 감정에 의해 저지될 수 있으므로, 〈동기 대 감정〉을 서로 반대되는 힘으로 간주해도 되지 않느냐고 물을지 모른다. 또한 다른 이들은 '그건 더러운 돈이야'라는 사고(판단)도 동기의 힘을 가로막는 데 어느 정도 작용을 할 수 있으니까 〈동기 대 사고〉라는 반대되는 힘도 가능하지 않느냐고 말할지 모른다. 그러나 뒤에서 자세히 살펴보겠지만, 도덕적 동기—여기서는 배를 곪을지언정 뇌물을 받지 않으려는 동기—가 없다면 죄책감이나 수치감 같은 부정적인 감정을 느끼지조차 못하며, 뇌물에 대한 부정적인 견해—뇌물은 나쁜 것이라는 도덕관념—를 가지고 있더라도 그것이 경제적 동기의 힘과 갈등을 일으키지 못했을 것이다.

특정한 대상 쪽으로 사람의 활동을 지향시키면서 그 활동의 강도를 정하는 것은 전적으로 동기의 몫이다. 예를 들면 식욕과 수면욕은 각각 음식물과 잠이라는 질적으로 다른 대상을 선택하고 그것을 지향하게 함으로써, 사람의 활동 방향과 내용을 판이하게 만든다. 그리고 배가 얼마나 고픈가, 음식물에 대한 갈망이 얼마나 강한가에 따라 음식물을 지향하는 정신적 힘의 강도가 달라진다. 쉽게 말해 배가 많이 고프면 고플수록 강한 힘이, 배가 덜 고프면 고플수록 약한 힘이 촉발되는 식이다. 이렇게 사람의 모든 활동과 그것을 뒷받침하는 힘—사람이 아닌 유기체의 경우에는 생물학적 동기만이 존재한다는 차이가 있을뿐 사정은 똑같다—은 동기에 의해 규정되고 발동되므로, '대립되는 두 힘'은 오로지 동기에 의해서만 유발될 수 있다고 해야 이치에 맞다.

주체를 기준으로 서술할 때는 '반대 의지(Gegenwille)',[191] 꿈을 기준으로 할 때는 '검열을 실행하는 경향성',[192] 환자나 치료를 기준으로 할 때는 '저항'이라고 각각 다르게 표현하곤 했으나, 프로이트가 언급했던 본능, 욕구, 반대의지, 검열경향, 저항 등은 모두 동기라는 범주에 속한다. 결국 갈등이론의 핵인 '반대되는 두 가지 힘'에서 두 가지 힘은 항상 동기에서 비롯되며 따라서 갈등의 두 주체는 항상 동기인 것이다. 그렇기 때문에 프로이트는 정신적 힘, 즉 심리적 에너지가 본능을 비롯한 동기에서 비롯된다고 명확히 못 박고 있다.

이드 속에 있는 모든 에너지들은 본능들에서 나옵니다.[193]

그러나 그는 사람의 기본 본능이 생물학적 본능이라고 생각했기에 대부분의 심리적 에너지가 본능의 주체이자 담당자인 신체기관에서

---

191 프로이트, 1901, 「일상생활의 정신병리학」, 전집 제5권, 208쪽.

192 프로이트, 1917, 「정신분석 강의」, 전집 제1권, 194쪽.

193 프로이트, 1926, 「비전문가 분석의 문제—공정한 사람과의 대화」, 전집 제15권, 323쪽.

생산된다고 잘못 주장했다.

> 정신적인 장치를 행동으로 몰고 가는 힘이 육체적인 욕구의 표현으로서의 신체기관에서 생산된다고 가정합니다. … 〈배고픔과 사랑이 세계를 움직이는 것이다.〉[194]

사람에게는 사회적 동기가 있을 뿐만 아니라, 그것이 생물학적 동기보다 훨씬 더 중요하다. 그런데 사회적 동기는 생물학적 동기와는 달리 특정한 신체기관이 아니라 사회역사에서 생산된다. 따라서 사회적 동기는 그 원천을 굳이 사람이라는 단위로 환원한다 하더라도 어떤 신체기관이 아니라 세계를 반영하고 있는 사회의식(혹은 정신 속의 세계)에서 생산된다고 해야 한다. 어쨌든 '거의 모든 에너지는 타고난 본능충동에서 생긴다'[195]는 프로이트의 말에서도 유추할 수 있듯이, 생물학적이든 사회적이든 동기야말로 심리적 에너지를 발생시키고 활동하게 만드는 원천이다. 물론 때로는 감정 자체가 동기의 역할을 하는 경우도 있으므로, 감정이 심리적 에너지를 촉발할 수 있지 않느냐는 의문을 가질 수도 있다. 그러나 프로이트는 '어떤 느낌(감정: 편집자 주)이 에너지의 원천이 될 수 있으려면, 그 느낌 자체가 강한 욕구(동기: 편집자 주)의 표현이어야'[196] 한다면서, 에너지의 원천이 될 수 있는 감정이란 본질적으로 '강한 욕구의 표현'일 뿐이라고 강조했다. 즉 에너지의 원천이 될 수 있는 것을 원칙적으로 '동기' 하나로 제한하고 있는 것이다.

---

194 프로이트, 1926, 「비전문가 분석의 문제—공정한 사람과의 대화」, 전집 제15권, 322쪽.
195 프로이트, 1920, 「쾌락원칙을 넘어서」, 전집 제11권, 274쪽.
196 프로이트, 1930, 「문명 속의 불만」, 전집 제12권, 243쪽.

소원 이외에 우리의 정신기관을 가동시킬 수 있는 것은 없기 때문이다.[197]

심리적 에너지의 정체

사람이 어떤 활동을 할 수 있으려면, 특정한 동기가 있어야 할 뿐만 아니라 그 동기에 의해 발생하는 '힘'이 필요하다.

내가 그 길을 가도록 결정하게 만드는 데는 어떤 동기가 필요합니다. 그 외에도 이 길을 갈 수 있도록 만드는 힘이 필요합니다.[198]

그렇다면 이 동기에 의해 발생하는 힘은 과연 무엇일까? 프로이트의 논리를 따라가며 이 문제를 검토해보기로 하자.

첫째, 동기가 촉발하는 힘이란 곧 심리적 에너지다. 상식적으로 따져보면, 정신적이든 육체적이든 간에 어떤 활동이 가능하려면 '심리적 에너지'가 있어야 한다. 축구공을 차려고 해도 그 활동을 가능하게 해주는 에너지가 있어야 하고, 어려운 수학문제를 풀려고 해도 그 활동을 뒷받침해 주는 에너지가 있어야 하기 때문이다. 물론 이러한 심리적 에너지 혹은 정신적 힘이란 그 어떤 관념적인 개념이 아니며, 뇌를 포함하는 신체 내에서의 생리학적 운동—이것은 물리화학적, 전기적 운동을 자체 내에 포함한다—을 토대로 하는 실제적

---

197 프로이트, 1900, 「꿈의 해석」, 전집 제4권: 꿈의 해석, 655쪽.

198 프로이트, 1917, 「정신분석 강의」, 전집 제1권, 61쪽.

인 개념이다.

험한 산을 오르던 등산객이 너무 지쳐서 자리에 털썩 주저앉게 되었다. 계속 등산을 하고 싶은 동기를 상실했고 그에 따라 그럴 수 있는 힘도 사라졌기 때문이다. 그런데 바로 그때 누군가가 가까이 보이는 산을 가리키며, '저곳이 정상이래' 하고 소리쳤다. 그 말을 듣자 그는 자리에서 벌떡 일어나 다시금 산에 성큼성큼 오르기 시작한다. 산 정상에 거의 다 왔다는 사실이 그에게 등산을 계속할 동기를 유발했고, 그 결과 심리적 에너지가 발동되었기 때문이다. 여기에서 알 수 있듯이, 사람이 특정한 목표와 방향을 갖게끔 하는 동기는, 그와 동시에 심리적 에너지를 발동시키며 그 강도를 결정하는 역할을 한다. 다시 말해 특정한 동기에 따라 활동의 목표와 방향이 정해지면, 그것을 실현할 수 있는 정도의 심리적 에너지가 발생하게 된다는 것이다. 일찍이 프로이트는 '모든 본능들의 일반적이고 필수불가결한 속성'으로 '운동을 촉발하는 능력으로 기술될 수 있는 본능적인 〈밀고 나아가려는〉 성격', 즉 '운동 촉발 능력'[199]을 들었다. 그런데 그것이 무엇이든 간에 운동은 에너지나 힘이 없이는 발생·발전할 수가 없으므로 동기(본능)가 운동을 촉발한다는 것은 곧 동기가 에너지를 촉발한다는 말과 같다고 할 수 있다. 한마디로 동기는 에너지를 발생시킴으로써 운동을 촉발하는 역할을 한다는 것이다. 이 때문에 프로이트는 '무의식적인 충동이 꿈의 원래적인 창조자이고 꿈의 형성을 위한 심리적 에너지를 산출한다는 사실에는 의심의 여지가 없'[200]다면서, 꿈 형성에서 차지하는 무의식적 동기의 역할을 자본가에 비유

---

199 프로이트, 1909, 「다섯 살배기 꼬마 한스의 공포증 분석」, 전집 제8권, 174쪽.
200 프로이트, 1932, 「새로운 정신분석 강의」, 전집 제2권, 28쪽.

하기도 했다.

> 꿈-형성에 있어서 자본가의 역할을 하는 것은 항상 무의식적인 소원입니다. 그것은 꿈-형성을 위한 심리적 에너지를 제공합니다.[201]

이런 식으로 다종다양한 동기들은 정신현상 혹은 활동을 가능하게 해주는 심리적 에너지를 촉발하는 역할을 한다. 따라서 필연론자 프로이트에 의하면 동기가 없는 그 어떤 정신현상도 존재할 수 없다.

둘째, 에너지는 양적 속성을 가진다. 동기는 심리적 에너지를 발생시키는 역할을 하며 에너지의 강도를 규정하지만 에너지 그 자체는 아니다. 예컨대 어떤 영화를 몹시 보고 싶어 하는 동기는 커다란 양의 심리적 에너지를 촉발하고 그것을 영화관람을 지향하는 활동에 집중하도록 만들 뿐이지, 그러한 동기 자체가 에너지는 아닌 것이다. 또한 동기는 밥을 많이 먹고 싶다거나 혹은 약간 먹고 싶다는 식으로 그것이 얼마나 강하냐에 따라 에너지의 양적 속성에 간접적으로 영향을 미칠 수 있다. 하지만 동기 그 자체가 이 양적 속성의 증감과 직접적으로 연결되어 있지는 않다. 반면에 심리적 에너지는 마치 온도계의 눈금이 올라가고 내려가는 것처럼 연속적인 선상에서 커지고 작아지며, 누적되고 소진되는 식으로 증감하는 양적 속성을 가진다. 따라서 기본적으로 동기는 에너지의 질을 규정함으로써 특정한 감정이 발생하게끔 하고, 그 감정을 통해 간접적으로 에너지의 양을 통제한다고 할 수 있다. 예를 들면, 이성을 향한 사랑의 욕구가 연애와 관련된 에너지를 촉발하면 그리움이라는 연애감정이 생기는데, 그때

---

201 프로이트, 1917, 「정신분석 강의」, 전집 제1권, 310쪽.

만일 사랑의 대상이 떨어져 있으면 그리움이라는 감정 에너지의 양이 커지게 되는 식이다.

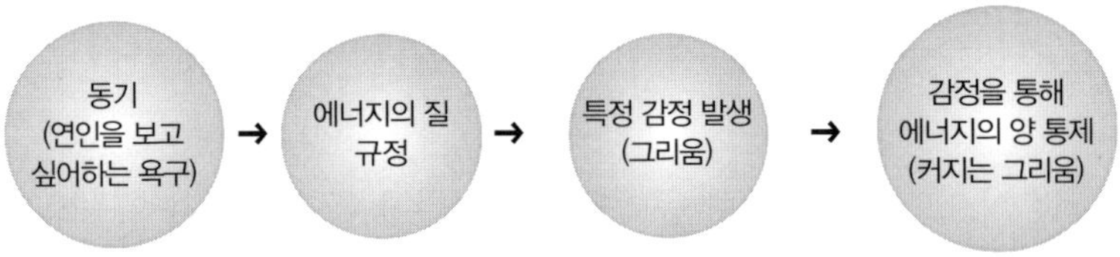

감정의 주요기능 중 하나를 '심리적 에너지의 역할'로 보는 까닭은 동기, 감정, 사고 중에서 감정만이 '양'을 매우 중요한 속성으로 가지고 있는 독특한 의식(마음)이기 때문이다. 프로이트가 '전환 히스테리'를 감정의 양이 신체증상으로 전환된 것이라고 정의한 것만 보더라도, 감정에 있어서는 양적인 속성이 매우 중요함을 잘 알 수 있다.

> 무의식 상태에 붙들려 있는 이러한 정신과정들은 그 나름의 정서적 중요성을 적절하게 표현하기 위해—발산될 기회를 얻기 위해—애쓰며, 히스테리의 경우에는 그것들이 신체적인 현상으로, 즉 히스테리 증상들로 표현된다.[202]

비록 명확히 표현하지는 않았지만 여기에서 프로이트가 언급했던 '정신과정'이란 감정의 양적인 증감을 의미한다. 따라서 '발산될 기회'를 얻기 위해 애쓰는 것은 양적으로 증가되는 감정 에너지일 수밖에 없는 것이다.

---

202 프로이트, 1905, 「성욕에 관한 세 편의 에세이」, 전집 제7권, 56쪽.

기억을 돕기 위해 지금까지의 논의를 요약해보면 다음과 같다. 첫째, 오직 동기만이 심리적 에너지를 발동시킴으로써 정신을 가동시킬 수 있다. 둘째, 심리적 에너지의 역할을 할 수 있는 것은 감정이다. 셋째, 동기에 의해 발생하는 힘이란 '감정의 양'을 의미한다.

감정의 양과 심적 외상

절대적인 양의 차이를 강조하든—'항상 양적인 차이가 관건'[203]—아니면 상대적인 양의 차이를 강조하든—'모든 것이 상대적인 양의 문제'[204]—간에, 프로이트는 감정(심리적 에너지)의 양을 매우 중시했다.

프로이트가 감정의 양에 특히 주목했던 것은 그것이 통상적인 정신활동으로 처리할 수 있는 수준을 넘을 정도로 큰가 그렇지 않은가에 따라 정신활동이 크게 달라진다고 보았기 때문이다. 통상적인 정신활동으로는 도저히 처리할 수 없을 정도로 커지는 감정의 양은 필연적으로 긴장을 야기할 것이므로, 그것은 불쾌를 피하려는 쾌락원칙에 따라 방출되어야만 한다. 그리고 그렇게 하기 위해서는 통상적이지 않은 특별한 혹은 비정상적인 정신활동이 필요하다.

> 이 목표(쾌락원칙: 편집자 주)는 심리적 기제 속에서 작용하는 흥분의 양(자극의 양)을 통제하고, 불쾌감의 원인인 정체 현상을 지연시켜야 하는 과제를 의미합니다.[205]

—

203 프로이트, 1908, 「히스테리의 심리치료」, 전집 제3권: 히스테리 연구, 351쪽.

204 프로이트, 1932, 「불안과 본능적 삶」, 전집 제2권: 새로운 정신분석 강의, 127쪽.

205 프로이트, 1917, 「정신분석 강의」, 전집 제1권, 505쪽.

이런 식으로 프로이트는 감정(심리적 에너지)을 주로 양적인 측면에서 고찰하면서, 그것이 양적으로 축적되어 커지면 정신이 감당하지 못해 정체현상이 나타나므로, 양적으로 누적된 감정은 반드시 방출되거나 어떻게든 처리되어야 한다는 관점을 일관되게 견지했다.

〈정신적 에너지〉와 〈방출〉의 개념, 그리고 정신적 에너지를 양적인 척도로 취급하는 것은 정신 병리학적인 사실들을 철학적으로 해석하기 시작한 이래로 나의 사고습관이 되어왔다.[206]

프로이트에 의하면 어떤 고통스러운 경험이 심적 외상(Trauma)이 되느냐 그렇지 않느냐 하는 문제 역시 그것이 야기하는 감정의 질보다는 양과 관련이 있다. 간단히 말해 어떤 경험이 통상적인 정신활동으로 처리할 수 있는 수준을 초과하지 않는 정도의 양을 촉발하면 그것은 외상이 되지 않지만, 통상적인 정신활동으로는 도저히 감당할 수 없을 정도로 그 감정의 양이 크다면 외상이 된다고 할 수 있다.

경험이 심적 외상의 형질을 획득하는 것은 양적인 요인에 의한다….[207]

프로이트는 통상적인 정신활동으로 처리할 수 없는 감정의 양이 단지 정신장애만이 아닌 정상적인 정신활동도 촉발할 수 있다고 주장했다. 예를 들면 벌컥 화를 내거나 웃음을 터뜨리는 것도 양적으로

---

206 프로이트, 1905, 「농담과 무의식의 관계」, 전집 제6권, 188쪽.
207 프로이트, 1939, 「인간 모세와 유일신교」, 전집 제13권, 347쪽.

축적된 감정을 방출하는 활동이라는 것이다.

> 정신의 특정한 통로들에 집중되었던 일정량의 에너지를 사용할 수 없게 되어, 그것이 자유롭게 방출될 때, 웃음이 발생한다고 말하고 싶다.[208]

사실 심적 외상이 될 정도로 커다란 양만 아니라면, 감정의 축적과 방출은 통상적인 정신활동에 속하며 때로는 〈카타르시스〉라고 하는 즐거움의 원천이다. 공포영화를 볼 때나 롤러코스터를 탈 때처럼 감정의 양이 빠르게 증가하는 데 따라 긴장이 심해지다가 그 감정이 일시에 방출되면 카타르시스를 느끼게 되는 것이다. 한마디로 카타르시스는 통상적인 정신활동으로 처리하지 못해 정체된 감정, 양적으로 비대한 감정을 방출하는 정신현상이라고 할 수 있다.

> 치료받는 중에 〈카타르시스〉는 의식으로의 통로가 열리고 정상적으로 감정이 해방될 때 일어난다.[209]

비록 그것이 다는 아니지만, 프로이트에게 있어서는 치료 역시 통제 불가능했던 감정 에너지를 다시 통제하게 되거나 억압된 감정에너지를 해방시켜 방출하고 사용하는 성스러운 행위에 다름 아니었다.

> 우리는 억압으로 인해 그의 무의식 속에 갇혀서 사용할 수 없는 에

---

208 프로이트, 1905, 「농담과 무의식의 관계」, 전집 제6권, 187쪽.

209 프로이트, 1923, 「〈정신분석학〉과 〈리비도 이론〉—두 개의 백과사전 항목」, 전집 제14권, 137쪽.

너지들과 이러한 억압을 유지하려는 무익한 노력 속에서 그의 자아가 배제한 에너지들을 자아가 활용할 수 있도록 함으로써 그의 내부적 근원에서부터 그들을 더욱 풍부하게 하고자 하는 것이다. 이러한 활동은 어휘가 가지는 가장 적절한 의미에서 성직자의 일이라고 할 수 있다.[210]

역동적 관점과 양가감정

지금까지의 논의에 기초해 프로이트의 갈등이론을 예를 들어 도식화하면 다음과 같이 정리할 수 있다.

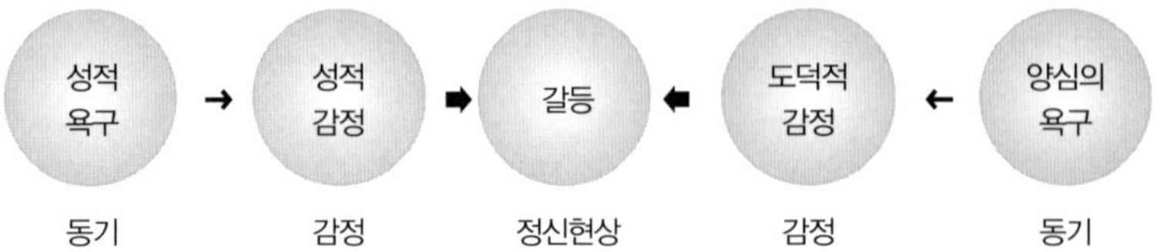

이 도식에서 알 수 있듯이 갈등이론의 핵심은 의미 있는 정신현상의 본질을 반대되는 동기가 충돌한 결과—프로이트는 동기들이 협동하는 경우를 배제하지 않았다—로 보는 관점인데, 프로이트는 그것을 힘(감정 에너지의 양)의 움직임(갈등)을 중시한다는 의미에서 '역동적인 관점'이라고 명명했다.

현상들을 단순히 묘사하거나 분류하는 데 그치지 않고 그것들을 영

---

210 프로이트, 1926, 「비전문가 분석의 문제—공정한 사람과의 대화」, 전집 제15권, 397쪽.

혼 속에서 힘이 상호작용하는 징조로 해석하고, 함께 혹은 서로 대립하는 방향으로 움직이면서 목표를 향해 나아가는 경향들의 표현으로 이해하려는 것입니다. 우리는 정신적 현상들의 〈역동적인 해석〉을 위해 노력하고 있습니다.[211]

프로이트는 어떤 정신현상의 배후에 있는 반대되는 동기의 충돌이나 갈등을 찾아내는 것—혹은 어떤 정신현상을 만들어내는 협동적인 다중동기를 찾아내는 것—이 그 정신현상의 본질을 규명하는 지름길이라고 믿었다. 그런데 엄밀히 따지고 들자면, 어떤 동기가 그것에 반대되는 동기와 직접 충돌하거나 갈등할 수는 없다고 봐야 한다. 왜냐하면 동기가 심리적 에너지의 역할을 하는 감정을 생성해야만 비로소 어떤 활동이나 운동이 가능해지기 때문이다. 따라서 동기 사이의 갈등이란 표현을 사용하는 게 가능하기는 하지만, 실제에 있어서 그것은 동기가 유발하는 반대되는 감정이 충돌하는 것을 의미한다. 그렇기 때문에 반대되는 동기의 갈등이란 감정적 차원에서 그리고 실제적으로는 프로이트가 매우 중시했던 양가감정이 되는 것이다. 양가감정의 원천이자 본질이 반대되는 동기임은 양가감정에 관한 프로이트의 설명을 통해서 명백히 알 수 있다.

이 성적인 조직의 형태는 또한 반대되는 본능의 쌍들이 거의 동등하게 발달된다는 사실로 특징지어지는데, 블로일러는 이 상태를 〈양가감정〉이라는 용어로 적절하게 표현했다.[212]

---

211 프로이트, 1917, 「정신분석 강의」, 전집 제1권, 90쪽.

212 프로이트, 1905, 「성욕에 관한 세 편의 에세이」, 전집 제7권, 98쪽.

프로이트가 지적했듯이, 양가감정이란 원칙적으로 반대되는 동기 사이의 갈등이 유발한 감정적 상태—반대되는 감정이 양적으로 서로 비슷해서 팽팽히 맞서고 있는 상태—일 뿐이다. 프로이트는 평생에 걸쳐 아버지에 대한 아들의 양가감정을 끈질기게 강조한 바 있는데, 그것을 설명하기 위해 '아버지에 대한 증오의 여러 전형적인 동기들'[213]을 언급하고 있다. 이는 아들의 양가감정이란 결국 갈등하는 동기에 의해 탄생되고 지탱되는 감정적 파생물임을 의미한다. 다시 말해, 한편으로는 아들의 성기를 거세하려는 아버지에 대한 아들의 '증오' 그리고 다른 편으로는 아버지에 대한 '애정'과 성적인 경쟁자인 아버지의 죽음을 원하는 데 따른 아들의 '죄책감'이 양적으로 엇비슷해 아버지에 대한 애증의 양가감정을 형성하게 된다는 것이다.

이왕 말이 난 김에 아들의 양가감정에 대해 조금만 더 언급해보겠다. 프로이트는 부모관계에서 비롯되는 양가감정만이 아니라 유전적으로 물려받는 양가감정도 있다고 주장했다.

> 현재를 살아가는 현대인에게서 가장 두드러지게 드러나는 본능적인 양가감정은 아마 고대로부터 물려받은 유산의 일부일 것이다.[214]

프로이트의 이론이 제공하는 논리의 흐름을 존중하려면—대립동기에 의해 양가감정이 생성된다는 논리—특정 대상에 대한 반대되는 동기가 유전될 수 있다는 전제가 성립해야만, 양가감정이 유전된다

---

213 프로이트, 1923, 「17세기 악마 신경증」, 전집 제14권, 482쪽.
214 프로이트, 1915, 「본능과 그 변화」, 프로이트 전집 제11권, 120쪽.

는 주장을 받아들일 수 있다. 그러나 어떤 대상, 특히 프로이트가 반복적으로 강조했던 아버지에 대한 서로 반대되는 두 가지 동기가 유전된다는 증거는 존재하지 않는다. 사정이 이렇다 보니, 프로이트 자신도 막연한 추측만 내놓을 뿐, 유전적인 양가감정에 대해서는 사실 아무 것도 알지 못한다고 실토할 수밖에 없었다.

> 나는 기회 있을 때마다, 본래적 의미에서의 감정의 양가성, 즉 동일한 대상에 대한 애증의 병존은 문화형식의 중요한 바탕을 이룬다고 지적해 왔다. 그러나 이 감정의 양가성에 대해서는 아무것도 알지 못한다. … 감정의 양가성은 우리의 감정생활 어디에서 유래한 것이 아니라 인류가 지니고 있던 아버지 콤플렉스라는 맥락을 통하여 인류가 획득한 것이 아니겠느냐는 것이다.[215]

누군가에 대해 서로 모순되거나 조화를 이루기 힘든 동기를 순차적으로 혹은 동시에 가지는 것은 정상적이며 흔한 일이기도 하다. 부모를 사랑하는 자식들도 어떨 때는 부모한테 매우 화가 날 수 있듯이, 우리는 사랑하는 누군가에 대해 서로 상충되거나 협동적인 다양한 동기들을 갖게 마련인 것이다. 그렇기 때문에 부모나 연인을 사랑하는 감정이 지배적인 반면, 그것에 반대되는 감정이 그다지 심각하지 않은 경우—정상적이고 건강한 대인관계가 대부분 여기에 해당된다—에는 양가감정이라는 말을 함부로 사용하면 안 된다. 왜냐하면 흰 털이 약간 섞여 있더라도 까마귀는 검다고 해야 하며, 검은 털이 조금 섞여 있더라도 백로는 희다고 해야 하기 때문이다. 이를 철학적

---

215 프로이트, 1913, 「토템과 터부」, 전집 제13권, 235쪽.

용어로는 '지배적인 요소나 속성이 사물현상의 질을 규정'하는 법칙이라고 한다. 사실 프로이트도 이런 법칙을 나름 이해하고 있었기에 성욕 이외에도 여러 동기들이 존재한다는 걸 잘 알면서도, 성욕을 기본동기(기본본능)라고 과감하게 주장—오류이긴 하지만—할 수 있었을 것이다.

만일 반대되는 동기나 감정이 존재하는 것만으로는 양가감정이 만들어질 수 없다면, 그것은 어떤 경우에 탄생하는 것일까? 양가감정이 만들어지려면 서로 반대되는 두 개의 동기가 있어야 할뿐만 아니라 그것이 촉발하는 감정의 양이 거의 비슷해야 한다. 즉 한쪽 감정은 100만큼 큰데 다른 쪽 감정은 10밖에 안 된다면, 설사 적대적인 동기가 있다손 치더라도 양가감정이 생길 수 없다는 것이다. 왜냐하면 100의 크기를 가지는 지배적인 감정이 10의 크기를 가지는 부차적인 감정을 압도하거나 파묻어버릴 것이기 때문이다. 따라서 아버지를 사랑하는 감정이 아버지를 증오하는 감정과 양적으로 엇비슷해 두 개의 감정이 팽팽하게 맞서야만, 그 어느 쪽 동기도 실현되지 못해 정신적 갈등이 만성화되고 그 결과 양가감정을 갖게 되는 것이다.

반복적으로 말하지만, 누군가에 대해 어느 정도 또 때때로 양가감정을 느끼는 것은 정상이라고 할 수 있다. 이 말을 뒤집으면 다소 심하거나 만성적인 양가감정은 병적인 상태라는 뜻이 된다. 정말 그럴까? 아무래도 프로이트는 심리치료자였으니, 그런 양가감정을 정상이라고 우기기는 좀 힘들었던 것 같다.

> 두 가지 상반되는 감정이 오래 남아 있는 것은 아주 이상한 병적인 상태에서나 가능한 일이며, 무의식에서 일어나는 작용이 협력해야만 있을 수 있는 일이다. 사랑이 미움을 깨뜨리지는 못하고 무의식

으로 밀어내는 것이다.[216]

비록 정신건강이라는 측면에서는 양가감정을 좋게 보지 않았지만, 프로이트는 양가감정을 인류의 숙명이자 인류문명의 원천이라고까지 말하면서 그것을 자기 이론의 근간으로 삼았다. 그는 모든 사람이 부모관계, 특히 아버지와의 관계로부터 양가감정을 갖게 될 뿐만 아니라 그것을 유전적으로도 물려받게 된다고 믿었다. 인류는 스스로를 고통스럽게 만들 뿐인 심적 갈등, 양가감정을 마치 원죄처럼 떠안은 채 살아야 한다고 보았던 것이다. 하지만 누누이 지적했듯이 양가감정은 보편적인 심리현상이 아니다. 구태여 '성장의 결과'라는 설명을 달기는 했지만, 정상인에게서는 양가감정이 거의 나타나지 않는다는 사실을 프로이트가 인정했던 것은 그래서가 아니었을까.

우리는 정서적 리비도 집중의 이중성이 보편타당한 법칙이라고는 주장할 수 없다. 또 증오의 감정 없이는 대단한 사랑의 감정도 있을 수 없다고, 혹은 사랑이 없으면 증오도 없다고 주장할 수는 없다. 정상적인 성인은 의심할 바 없이 그 두 감정의 태도를 서로 분리할 수 있으며, 따라서 반드시 그들의 사랑의 대상을 증오하거나 그들의 적을 사랑해야 한다는 식의 이중경향 속에 빠지지는 않는다. 그러나 이것은 성장의 결과일 것이다.[217]

---

216 프로이트, 1909, 「쥐 인간—강박 신경증에 관하여」, 전집 제9권, 92쪽.
217 프로이트, 1931, 「여성의 성욕」, 전집 제7권, 350쪽.

'양'만 편애하고 '질'은 차별한 프로이트

✚ 프로이트는 감정의 양을 중시한 반면 질은 무시했다. 그러나 감정의 질을 무시하고 그것을 양적으로만 비교하는 것은 잘못이다

갈등이론가인 프로이트가 무엇보다 중시했던 것은 반대되는 감정의 양적인 차이, 그것도 상대적인 차이였다. 따라서 그는 갈등의 주체인 반대되는 동기를 찾는 것만으로는 부족하며, 그 동기가 촉발한 반대되는 감정의 양을 서로 비교해보는 관점이 중요하다고 말했다. 한마디로 역동적인 관점만으로는 부족하므로, 그것을 경제적인 관점으로 보완해야 마땅하다고 주장한 것이다.

> 바로 문제의 관건인 에너지들의 양, 즉 에너지의 크기라는 요인입니다. 우리는 이 요인을 도처에서 고려해야만 합니다. 병인론적 조

> 건들에 대한 질적인 분석만으로는 충분하지 않습니다. 혹 달리 표현한다면, 이 심리적 과정들을 단지 〈역동적인〉 관점에서만 파악하는 것만으로는 부족합니다. 즉 〈경제적인〉 관점에 입각해서 파악할 필요가 있다는 것입니다.[218]

역동적 관점이 서로 질을 달리하는 반대되는 동기와 그것이 야기하는 감정의 양(힘)을 규명하는 것이라면, 경제적 관점이란 여러 가지 감정의 양을 상호 비교하거나 덧셈뺄셈을 해보는 것—감정의 양을 경제적 효율성이나 효용을 기준으로 살펴보는 것—이라고 할 수 있다.

> 쾌락의 과정들에서 문제의 모든 운명적 관건은 심리적 자극의 양들, 즉 심리 에너지의 양에 달려 있기 때문에, 우리는 이런 유형의 관찰을 경제적 관찰이라고 표현했습니다.[219]

이쯤에서 논의를 좀 더 진전시키기 위해, 감정의 질과 양에 대해 잠깐이라도 살펴보고 넘어갈 필요가 있을 듯하다. 우선 감정의 '질'이란 감정에 대해 붙이는 언어적인 이름에 의해 구분되는 차이를 말한다. 감정의 질에 따라 유머의 종류를 구분하자고 제안했던 프로이트의 다음 발언을 보면 무슨 뜻인지 쉽게 이해할 수 있을 것이다.

> 유머의 종류는 유머를 위해 절약된 감정적 흥분이 연민이냐, 화냄이냐, 아니면 고통이나 감동이냐에 따라 아주 다양하다.[220]

---

218 프로이트, 1917, 「정신분석 강의」, 전집 제1권, 505쪽.

219 프로이트, 1917, 「정신분석 강의」, 전집 제1권, 481쪽.

220 프로이트, 1905, 「농담과 무의식의 관계」, 전집 제6권, 286쪽.

우리가 통상적으로 지칭하는 기쁨, 슬픔, 사랑, 증오, 희열, 분노 등이 모두 다 감정을 질적 차이에 따라 구별하고 정의한 것이라고 할 수 있다. 반면에 감정의 양이란 통상적으로 질적으로 다른 각각의 감정들이 가지는 양적인 크기를 의미한다. 따라서 커다란 기쁨, 상당한 기쁨, 보통 기쁨, 약간 기쁨 등으로 기쁨이라는 감정을 양적 차이에 따라 다시 분류할 수 있는 것이다. 그리고 '기쁨보다 슬픔이 더 크다'는 표현이 말해주듯 질적으로 다른 감정들을 양적으로 비교할 수 있으며, 때로는 여러 감정들을 양을 기준으로 분류할 수도 있다.

모든 사물현상이 다 그렇지만, 어떤 사물현상이 가지는 질과 양이라는 속성은 밀접히 연관되고 하나로 통일되어 있어서 그 두 가지를 인위적으로 분리할 수 없다. 즉, 감정의 질에서 독립적인 감정의 양이란 관념상으로는 존재할 수 있을지 몰라도 현실적으로는 존재하지 않는다는 것이다. 그럼에도 불구하고 프로이트는 질과 양을 별개의 독립적인 속성처럼 이해했다. 특별한 '질'이 없어서 자유로운, 치환가능한, 중립적인 에너지가 존재한다고 믿었던 것이다. 프로이트는 왜 그런 견해를 가지게 된 것일까? 아마도 그는 자연계에 존재하는 '양질전화의 법칙'을 염두에 두면서 그것을 정신현상에 그대로 대입하려 했던 것 같다.

> 연구는 화학자들에게서와 같이 우리에게서도 진행되었다. 물질들의 큰 질적 차이는 동일한 원소들의 결합 비율에서의 양적 변화에 원인이 있다는 생각이 그것이다.[221]

---

221 프로이트, 1925, 「나의 이력서」, 전집 제15권, 259쪽.

양질전화의 법칙을 설명하기 위해 흔히 사용되는 예는 물의 온도와 그 존재형태의 변화이다. 액체상태의 물을 끓이면 99도까지는 질적인 변화가 없으나 100도를 넘어서면 기체로 변하기 시작한다. 임계점을 넘어서는 양적인 변화가 고체, 액체, 기체라는 존재형태의 질적 변화를 야기하는 것이다. 이렇게 누적되는 양적 변화에 의해 질적 변화가 일어나는 것을 양질전화의 법칙이라고 한다. 그러나 여기에서 우리는 양적 변화가 존재형태의 변화는 가져올 수 있지만, 물을 불이라는 질이 전혀 다른 존재로는 바꾸지 못한다는 사실에 주의해야 한다. 즉 물 온도의 증가라는 양적 변화는 물의 또 다른 속성들 중 하나인 존재형태를 바꾸는 것일 뿐이지 물이라는 존재 자체를 완전히 새로운 질을 가진 다른 존재로는 바꾸지 못한다는 것이다. 이렇게 질적으로 완전히 다른 존재로의 변화는 대부분 단순한 양적 변화에 의해서는 가능하지 않으므로, 어떤 양적인 변화가 존재 그 자체를 바꾸는지 아니면 존재의 일부에서만 어떤 질적 변화를 가져오는지를 면밀히 고찰할 필요가 있다.

그렇다면 감정의 경우에는 어떨까? 어떤 감정에서의 양적 변화가 그 감정을 아예 질이 다른 감정으로 바꿀 수 있을까? 예컨대, 쾌락의 감정이 양적으로 계속 커지면 불쾌의 감정이 되거나 반대로 불쾌의 감정이 증가하면 쾌락의 감정이 될 수 있을까? 감정을 구분하는 가장 큰 범주는 '쾌락'과 '불쾌'이다. 이 두 가지 감정은 가장 일반적이고 보편적인 범주라서 다른 모든 감정들은 쾌락이 아니면 불쾌에 속하게 되는 것이다. 그런데 쾌락과 불쾌라는 감정은 질적으로 완전히 다른 감정이라서, 이 감정들의 양이 아무리 변하더라도 그것은 질이 전혀 다른 반대 감정으로는 바뀔 수 없다. 그러므로 쾌락이냐 불쾌냐 하는 것은 양의 증감이 아니라 질적인 차이에 의해서 결정된다.

✚ 프로이트는 성적 동기가 탈성화되어 다른 욕구로 바뀔 수 있다고 믿었다. 그러나 성적 동기는 탈성화될 수도, 사회적 동기로 바뀔 수도 없으므로 성욕의 승화는 불가능하다

> 쾌락과 불쾌는 양의 증감과 관련지을 수 없다. 물론 그럴 가능성이 상당히 존재하지만 말이다. 그들은 이와 같은 양적인 요소보다는 질적인 요소라고 말할 수밖에 없는 그것의 어떤 특성에 의존하고 있는 것처럼 보인다. 만약 우리가 이 질적인 특성이 무엇인지 말할 수 있다면, 심리학은 훨씬 더 발전할 것이다.[222]

프로이트도 인정하고 있듯이, 환희나 슬픔과 같은 감정의 정체성(혹은 성격)은 질에 의해 규정되는 것이지 양에 의해 규정되는 것이 아니다. 분노감정이 양적으로 줄어들면 행복감이 되었다가 양적으로

---

222 프로이트, 1924, 「마조히즘의 경제적 문제」. 전집 제11권, 419쪽.

늘어나면 수치심이 되는 식으로 감정의 양적 변화에 따라 감정의 질이 이리저리 바뀌는 법은 없다. 분노감정은 그 양이 크건 적건 간에 항상 분노감정으로 있는 것이다. 따라서 감정의 질과 무관한 양적인 변동 혹은 감정의 질을 상실해버린 중립적인 감정의 양—프로이트식으로 표현하면 중립적인 에너지—이란 현실에는 존재하지 않으며 존재할 수도 없다. 하지만 프로이트는 그것이 존재할 뿐만 아니라 보편적이라고까지 주장했다. 중립적인 에너지가 있고 어떤 동기에 의해서도 그 에너지가 이용될 수 있다는 잘못된 주장을 했던 것이다.

> 우리는 마치 마음속에 치환 가능한 에너지가 있는 것처럼 생각했다. 그 에너지는 그 자체로서는 중립적이라서 질적으로 분화된 성적 충동이나 혹은 파괴적 충동에 부착되어 그것의 전체 리비도 집중의 양을 증가시킨다. 이런 종류의 치환 가능한 에너지의 존재를 전제하지 않고서는 우리는 한 발짝도 앞으로 나갈 수 없다. … 본능 충동의 질의 문제와 그 충동이 여러 가지 양상으로 변하는 가운데서도 그 질이 유지되는 문제는 아직 불투명한 상태로 남아 있으며 현재까지 공략된 바가 거의 없다.[223]

프로이트는 태초에 중립적인 에너지—대부분은 탈성화된 에너지일 것이다—가 존재하므로 그것이 다양한 동기를 실현하는 데 사용될 수 있을 거라고 생각했다. 다음과 같은 순서를 그렸던 것이다.

---

223 프로이트, 1923, 「자아와 이드」, 전집 제11권, 387쪽.

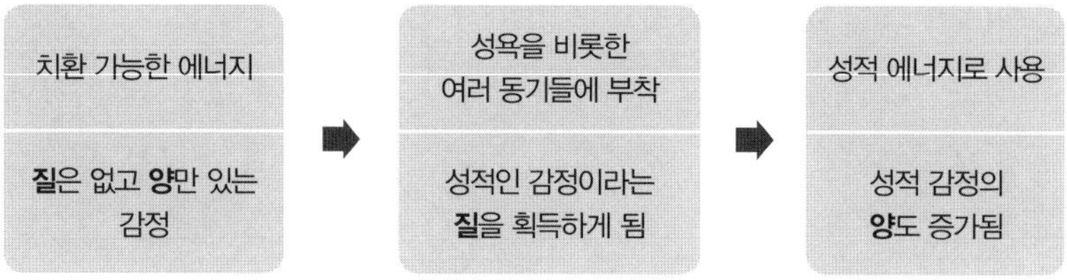

우리는 앞에서 오로지 동기(본능)만이 심리적 에너지를 발생시킬 수 있음을 확인한 바 있다. 물론 그것은 프로이트 그 자신이 강력하게 주장한 바이기도 하다. 여기에 근거해 순서를 정해보면 다음과 같다.

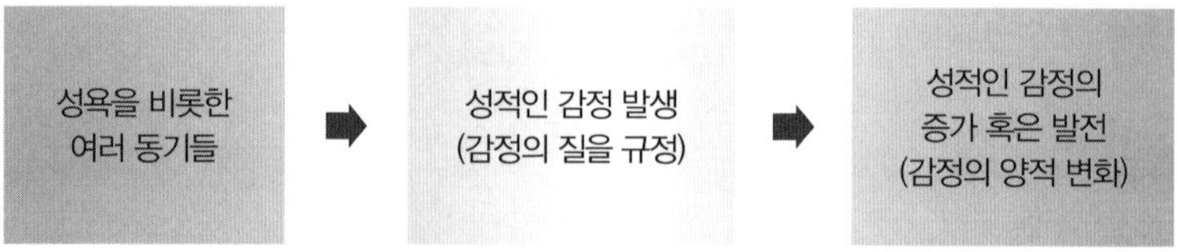

콩 심은데 콩 나고 팥 심은데 팥 나듯이, 특정한 동기는 반드시 특정한 감정을 낳고 그렇게 결정된 감정의 질은 양적인 변화에도 불구하고 그대로 유지된다. 따라서 성욕에서 발생한 성적 감정(에너지)이 특별한 이유 없이 탈성화됨으로써 중립적인 감정(에너지)으로 바뀌는 것은 불가능하다. 물론 동기와 감정은 밀접히 연관되어 있으며, 경우에 따라서는 상호 전화하기도 한다. 그러나 현재의 논의에서 중요한 것은, 감정의 질이 기본적으로 본능을 포괄하는 동기의 질적 차이에 의해 규정된다는 사실이다. 따라서 동기가 완전히 다른 것으로 변하지 않는 한 감정적 차원에서 사랑이 증오로, 증오가 사랑으로 직접 변형되는 따위의 일은 절대로 발생할 수 없다.

우리는 이 중 어느 경우에서도 증오가 사랑으로 직접 변형된다는 가설을 세울 필요를 느끼지 않는다. 그것은 두 부류의 본능 사이에 존재하는 질적인 구별과 양립불가능한 것이 될 것이다.[224]

성 본능과 사회적 본능은 질적으로 다르므로 서로 뒤바뀔 수 없다. 이와 마찬가지로 사랑과 증오와 같은 질적으로 다른 감정들도, 양적인 측면에서 어떤 변화가 있건 간에 그것들이 서로 뒤바뀌는 일은 있을 수 없다. 한마디로 동기가 달라지면 질이 다른 감정이 새롭게 발생하는 반면 동기가 그대로이면 감정의 질 역시 그대로인 것이이다.

심리적 에너지의 역할을 하는 것이 감정, 특히 감정의 양적 속성이므로 질과 무관한 중립적 에너지란 애초부터 존재할 수가 없다. 어떤 감정에서 질은 그냥 놔둔 채 양적인 속성만을 강제로 분리해낼 수는 없기 때문이다. 그럼에도 불구하고 프로이트가 치환가능한 중립적 에너지라는 개념에 어리석을 정도로 집착했던 것은, 만일 그것을 포기하면 '승화'라는 개념을 포기해야 하고, 그 결과 성욕으로 사회현상을 설명하려는 시도가 불가능해지기 때문이었을 것이다. '치환가능한 에너지의 존재를 전제하지 않고서는 우리는 한 발짝도 앞으로 나갈 수 없다'는 프로이트의 말에서 우리는 그의 고충을 나름 읽어낼 수 있다. 만일 성욕의 승화—탈성화된 성욕과 그에 따라 발생하는 중립적인 성 에너지—가 불가능하다면, 성욕설은 동물의 세계가 아닌 사람의 세계는 설명할 수 없는 초라한 이론으로 전락하게 된다. 이는 정신분석학이라는 거대한 탑을 밑에서부터 무너뜨릴 수 있는 강력한 지진과도 같았을 테니, 프로이트는 현실에는 존재하지도 않는 '중립적인 에너지'라는 개념을 끌어안고 죽을 때까지 놓지 못했던 것이다.

—

224 프로이트, 1923, 「자아와 이드」, 전집 제11권, 387쪽.

> 만약 이렇게 치환가능한 에너지가 탈성화된 리비도라면, 그것은 또 한 〈승화된〉 에너지라고 말해도 좋을 것이다.[225]

치환가능한 에너지와 탈성화된 리비도? 에너지는 본질적으로 감정의 양이고 감정의 양은 그 질에서 분리될 수 없으므로, 그런 건 없다. 성적인 감정은 성욕에 의해 발생한 것이고 성욕을 위해 사용되는 것이므로, 탈성화될 아무런 까닭이 없는 것이다. 따라서 프로이트가 말하는 식의 〈승화〉는 존재하지 않는다. 모든 정신현상은 동기라는 원인에 의해 발생된 결과라고 믿었던 필연론자 프로이트, '양'에 대한 편애를 극복함으로써 원인과 결과 사이의 '질적인 관계'에도 응당한 관심을 기울일 수 있었더라면 얼마나 좋았을까.

> 이 경험이 나의 주장, 즉 (물리적인 장에서와 마찬가지로) 정신적인 장에서도 원인과 결과 간의 양적인 관계가 있을 것이라는 주장에 부합한다는 점이다.[226]

감정이란 무엇인가?

> 감정은 정당합니다. 죄책감 자체가 틀린 것은 아니죠. 다만 그 죄책감이 어디에서 연유한 것인가가 알려져 있지 않은 것뿐이니(무의식), 찾도록 해야 합니다. 당신이 알고 있는 이유가 반드시 정당한

---

225 프로이트, 1923, 「자아와 이드」, 전집 제11권, 389쪽.

226 프로이트, 1908, 「히스테리의 심리치료」, 전집 제3권: 히스테리 연구」, 370쪽.

이유라고는 볼 수 없습니다. 우리는 보통 아무 이유 없이 강한 감정을 느끼지 않죠. 그래서 이유를 알지 못하면 어떻게든 그럴듯한 이유를 붙잡죠.[227]

감정의 양적 속성이 심리적 에너지의 양과 직접적으로 연관되어 있다, 즉 감정이 심리적 에너지의 역할을 한다는 사실을 명확히 이해하려면 감정에 대해 좀 더 살펴볼 필요가 있다. 프로이트는 감정을 어떻게 이해하고 있었을까?

첫째, 감정은 신체적 변화 혹은 신체 내적 운동을 포함한다. 사람들한테 감정을 어디에서 느끼느냐고 물어보면, 거의 다 가슴이나 몸으로 느낀다고 대답한다. 왜 그렇게 말을 하는가 하면 심장이 평소보다 세게 뛰거나 가슴이 답답해지는 것과 같은 신체적 변화—그것이 크건 작건 간에—가 있을 때, 사람들은 그것을 감정이라고 판단하기 때문이다. 다시 말해 신체변화를 수반하는 체험이라야 감정으로 인정한다는 것인데, 정말 그럴까? 프로이트는 신체변화를 수반하는 감정의 특징을 운동과 비교하면서 다음과 같이 말했다.

감정은 근본적으로 외부세계와는 상관없이 주체 자신의 신체 내의 (내적) 변화만을 초래하는 어떤 운동 배출작용(배설이나 혈관수축 운동)으로 표출된다. 반면에 운동은 외부세계의 변화를 꾀하는 행동이다.[228]

감정은 외부세계의 변화를 인식하거나 외부세계를 변혁하는 활동

---

227 프로이트, 1909, 「쥐 인간—강박 신경증에 관하여」, 전집 제9권, 30쪽.
228 프로이트, 1915, 「무의식에 관하여」, 전집 제11권, 179쪽.

과는 관계없는 주체의 내적 운동체험을 반영한다. 즉 감정은 외부세계를 인식하거나 개조하는 활동이 아닌, '주관적 체험'에 속한다는 것이다. 아무튼 프로이트가 '신체 내의 변화'라고 표현했던, 감정체험의 생리적 기제는 대뇌피질의 통제를 받는 피질하신경과정과 관련이 있다. 이를 도식화하면 다음과 같다.

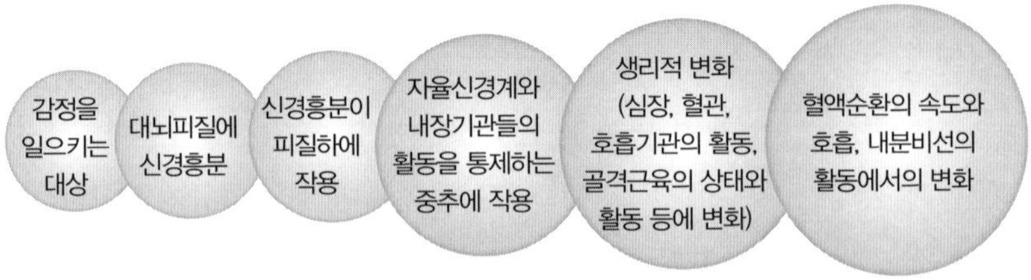

김태형, 2009, [새로 쓴 심리학], 세창출판사, 57~58쪽 참고

감정이 심리적 에너지의 역할을 한다는 명제를 신체변화를 기준으로 하는 생리학적 용어로 번역해보면 이렇게 될 것이다. 사람의 몸은 프로이트가 '항상성의 원칙'이라고 명명했던 것처럼, 일정한 신체상태를 유지하려고 한다. 체온이 기준점 이상으로 오르면 낮추려 하고 기준점 이하로 떨어지면 올리려 하는 식으로…. 평상시의 기분과는 다른 특정한 감정체험은 신체상태의 변화를 수반하는데, 이러한 변화는 사람에게 쾌감을 줄 수도 있고 불쾌감을 줄 수도 있다. 아무튼 감정에 의해 바뀐 신체상태가 그 상태 그대로 머물러 있을 수는 없으므로, 사람의 몸은 어떻게 해서든 평상시의 신체상태로 돌아와야만 한다. 이를 위해 사람은 웃음을 웃거나 눈물을 흘리는 등의 활동을 하게 되고, 그런 활동을 통해 신체는 평상시의 상태로 돌아온다. 지

금까지 논의한, 감정이 심리적 에너지의 역할을 하는 과정을 생리적 용어로 도식화하면 다음과 같다.

생리적인 측면에서만 보면, 심리적 에너지의 본질은 결국 평상시의 신체상태로 돌아가고자 하는 압력이라고도 할 수 있다. 아주 웃기는 얘기를 들으면 급격한 신체적 변화가 일어나는데 그것을 원래의 상태로 돌려야만 하기 때문에 손뼉을 치며 크게 웃는 등의 특정한 활동을 하게 되며, 그러고 나면 신체가 다시 평소상태로 돌아가는 식이

다. 이렇게 감정체험의 생리적 기초인 변화된 신체상태가 평소의 기준점을 향해 빠르게 되돌아오는 과정을, 프로이트는 심리학적 용어로 '방출'이라고 표현했다. 감정이 '특정한 운동기관의 신경자극이나 방출 등을 포함'[229]한다고 말했던 것은 이런 생리학적 과정을 염두에 두었기 때문일 것이다.

감정은 신체 내부의 변화에 대한 주관적 체험이므로 인류가 감정을 몸으로 느낀다고 말해왔던 것은 전적으로 타당하다. 한마디로 감정은 몸으로 체험하는 독특한 심리현상인 것이다. 신체의 내적 변화나 운동은 즉각 뇌에 의해 포착—물론 신체내적 변화를 의식적으로 파악하는 건 아니지만, 무의식적으로는 모두 포착한다—된다. 우리는 자기 몸에서 무슨 일인가가 벌어지고 있다는 걸 즉시 알게 된다는 것이다. 바로 그렇기 때문에 프로이트는 감정이 '이미 발동한 운동성의 행위들에 대한 지각'—신체 내부상태의 변화 혹은 내적 운동을 뜻한다—을 포함하는 '특정한 감각들을 함축'[230]한다고 강조했다.

둘째, 신체변화에 해석이 더해져야 감정이 명확한 질을 획득한다. 프로이트는 감정을 인지하지 못할 가능성은 없다고 단언했다.

> 분명한 것은 감정의 본질이 우리가 그것을 인지하는 데 있다는 것이다. 다시 말해, 그 감정이 의식에 알려진 것이 되어야 한다는 뜻이다. 따라서 감정, 정서, 느낌의 경우 그것들이 무의식의 속성을 지니고 있을 가능성이 완전히 배제된 셈이다.[231]

---

229 프로이트, 1917, 「정신분석 강의」, 전집 제1권, 533쪽.
230 프로이트, 1917, 「정신분석 강의」, 전집 제1권, 533쪽.
231 프로이트, 1915, 「무의식에 관하여」, 전집 제11권, 176쪽.

이를 단순하게 풀이하면, 뇌를 포함하는 몸에 이상이 있지 않고서는 신체변화를 못 느낄 수가 없으니, 감정은 반드시 인지하게 되어있다는 말이다. 따라서 만일 무의식이라는 용어를 '주체가 인지하지 못하는 것'을 칭하는 의미로 사용한다면, 감정은 절대로 무의식적일 수가 없다는 결론이 나온다. 그런데 프로이트가 여기에서 말하고 있는 감정이란 감정의 한 요소인 신체변화를 뜻한다는 사실에 주의해야 한다. 감정은 신체변화를 수반하는 주관적 체험이기는 하지만, 신체변화 그 자체는 아니다. 즉 '감정≥신체변화'는 맞지만 '감정=신체변화'는 틀리다는 것이다.

프로이트는 감정이라는 개념을 명확하게 규정한 적이 없다. 그러다 보니 불가피하게 어떤 곳에서는 감정의 한 측면을 근거로 논의를 전개하고, 다른 곳에서는 다른 측면에 기초해 논의를 전개하고 있다. 어쨌든 그는 감정의 한 요소인 신체변화는 반드시 인지하게 되어 있지만 감정이 질적인 속성을 가지려면, 즉 정상적인 감정이 되려면 그것에 더해 신체변화에 대한 인지적 해석이 꼭 필요하다고 말했다.

> 감정의 발달은 무의식 조직에서부터 직접 이루어질 수 있다. … 그 본능충동(감정)은 종종 의식조직에서 대체표상을 찾아낼 때까지 기다려야 한다. 대체표상을 찾아내고, 그런 다음에야 그 표상에서부터 감정의 발달이 계속 이루어질 수 있기 때문이다. 따라서 대체표상의 속성이 무엇이냐에 따라 감정의 질적 성격이 결정되는 것은 당연한 것이다. … 실제로는 의식조직 내에서 새로운 표현물(표상)을 찾아내는 일이 이루어지지 않는 한 감정은 일어나지 않는다.[232]

---

232 프로이트, 1915, 「무의식에 관하여」, 전집 제11권, 180쪽.

'의식(조직) 내에서 새로운 표현물을 찾아내는 일이 이루어지지 않는 한 감정은 일어나지 않는다'는 말에서 알 수 있듯이, 프로이트는 감정이 단지 신체변화에 대한 지각만이 아니라 그것에 대한 해석까지 포함해야 한다고 생각했다. 이런 견해는 감정에는 신체적 각성과 인지적 해석이 함께 포함되어 있다고 주장했던 스탠리 샥터(Stanley Schachter)의 '각성-인지 이론'과 본질적으로 같다. 아무튼 프로이트의 고전적인 견해를 따르더라도 감정은 무의식적인 신체변화를 필수적으로 전제하는데, 그 신체변화가 야기하는 느낌을 의식적으로 정의(해석)하지 못하면 감정은 명확한 질을 가질 수가 없어서 계속 발달하기가 어렵다. 쉽게 말해 신체적으로 뭔가 이상한 느낌은 있는데 그것이 어떤 감정인지 해석이 안 되면, '내 기분 나도 몰라'라고 말할 수 밖에 없으니 감정에 맞는 행동을 선택할 수 없고 감정 방출도 어려워진다는 것이다. 반면에 자기를 칭찬하는 말을 듣자 어떤 신체변화가 일어났는데, 그것에 대해 '이건 만족감이야'라고 해석—프로이트 식으로 말하면 '새로운 표상'을 찾아내는 일—했다면, 감정은 명확한 질을 획득함으로써 계속 발달할 수 있게 된다.

비록 신체변화를 적절히 해석해야만 감정이 명확한 질을 획득할 수 있다는 게 사실이라고는 해도, 사람은 대체로 특정한 신체변화가 좋은 것인지 아니면 나쁜 것인지는 간단히 판별할 수 있다. 다시 말해 몸에서 일어나는 변화가 좋은 것인지 아니면 나쁜 것인지에 대한 기본적인 판별은 쉽게 또 자동적으로 할 수 있다는 것이다. 프로이트가 '특정한 감각'의 하나로 '직접적인 쾌감이나 불쾌감'을 들고, 이 '쾌감과 불쾌감'을 '감정의 기본적인 정서'[233]—두 개의 근본감정이

—

233 프로이트, 1917, 「정신분석 강의」, 전집 제1권, 533쪽.

라고 개념화하면 좋을 듯하다—라고 말했던 것은 그래서이다. 신체적 각성에 인지적 해석을 더해 도식으로 정리해보면, 다음과 같은 쾌감이나 불쾌감을 야기하는 신체변화를 해석함으로써 감정의 질이 결정되는 흐름을 알 수 있다.

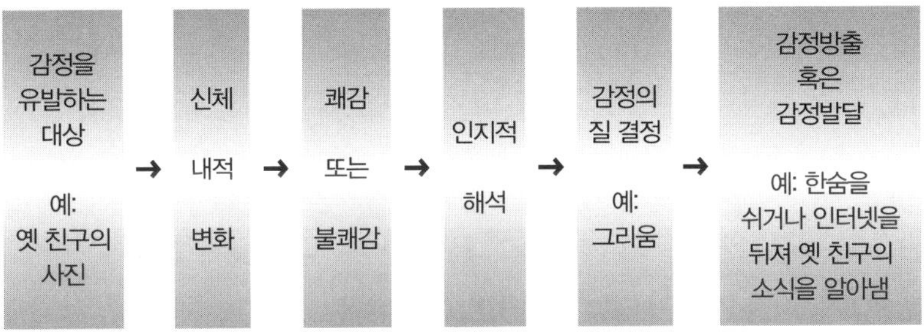

셋째, 감정은 동기에 의해 규정된다. 어떤 대상이 신체상태의 변화를 야기할 때, 그것이 쾌감으로 느껴지면 사람은 그 대상에 대해 호감을 가지는 반면 불쾌감으로 느껴지면 그 대상에 대해 비호감 혹은 혐오감을 갖게 된다. 이런 특정 대상에 대한 호-불호의 입장을 태도(attitude)라고 한다. 그런데 대부분의 사물현상은 그것이 크건 작건 간에 쾌감이나 불쾌감 중 하나로 분류할 수 있는 신체변화를 일으키기 때문에, 사람은 거의 모든 대상에 대해 호-불호의 태도를 갖게 된다.

감정은 '태도에 기초해 형성되는 신체적 변화를 수반하는 주관적 체험'[234]인데, 감정이 '태도에 기초해 형성'되는 것은 바로 이 때문이다. 순서적으로 말하면 감정은 긍정적인 신체변화를 유발하는가 아

---

234 김태형, 2009, 《새로 쓴 심리학》, 세창출판사, 54쪽.

니면 부정적인 신체변화를 유발하는가에 따라 어떤 대상에 대한 태도가 정해지고, 그것을 인지적으로 해석함으로써 한층 구체화되고 발달하는 심리현상인 것이다.

그렇다면 태도를 결정하는 것은 무엇일까? 태도에는 여러 가지가 영향을 미치지만 가장 중요한 것은 동기를 기준으로 따지는 이해관계라고 할 수 있다. 즉 사람은 동기를 실현하는 데 이익이 되는 대상에는 호감, 동기실현에 해로운 대상에는 비호감의 태도를 갖는 것이다. 동기는 이런 식으로 태도를 규정함으로써 감정을 규정한다.

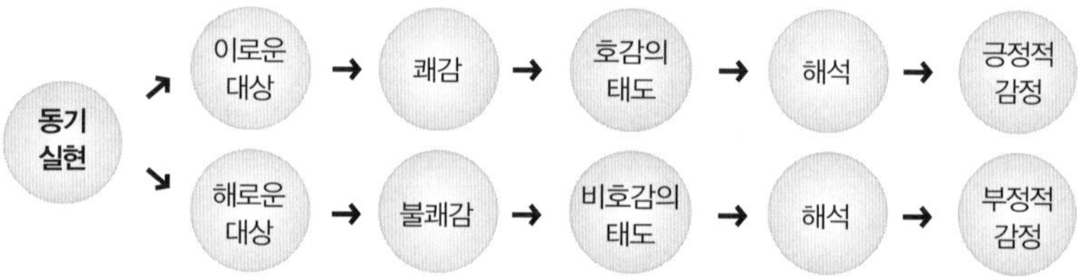

프로이트는 감정을 매우 중시한 이론가여서 '감정은 항상 옳다'고 강조하기도 했다. 그런데 감정이 항상 옳다는 게 무슨 뜻일까? 상식적으로 해석하면 사람은 자기 감정을 숨길 수 없다는 뜻이라고 할 수 있다. 하지만 좀 더 정확한 해석을 원한다면, 정신분석학이 숨겨진 동기를 규명하는 학문이라는 사실을 환기할 필요가 있다. 정신분석학의 목표는 숨겨진 동기를 찾는 것이므로, 어떤 것이 동기와 일대일로 대응함으로써 그것을 찾는 데 도움을 주어야만 '옳다'고 말 할 수 있다. 이런 맥락에서 보면 감정이 항상 옳다는 말은 감정이야말로 숨겨진 동기를 정확하게 반영하고 있는 신호 혹은 길잡이라는 의미로 해석할 수 있다.

> 신경증에서 감정의 강도는 주의력의 전위에 의해 상승할 수 있지만, 적어도 질에 있어서는 항상 옳다. … 정신분석은 감정을 정당한 것으로 인정하고, 대체되어 억압된 원래의 표상을 찾아내면서 그들에게 올바른 길을 제시한다.[235]

'적어도 질에 있어서는 항상 옳다'는 말은, 동기의 질과 감정의 질이 강하게 연관되어 있다는 뜻이다. 다시 말해 성욕은 성적 감정을 발생시키지만 양심의 욕구는 도덕적 감정을 발생시키는 식으로 A라는 동기의 질은 A라는 감정의 질을 낳는다는 것이다. 그러니 동기와 감정의 이런 관계를 아는 심리치료자라면 아내에 대해 심한 질투감정을 드러내는 남편이 '나는 아내를 믿거든요'라고 말하더라도, 그 말을 믿지 않고 남편의 진정한 동기를 찾으려 들 것이다. 아무튼 특정한 동기는 반드시 그에 상응하는 특정한 감정을 유발하므로, 감정의 질을 알게 되는 것은 숨겨진 동기를 규명할 수 있는 열쇠를 얻는 것과 마찬가지다. 동기와 감정 사이의 이러한 밀접한 연관 때문인지는 몰라도, 프로이트는 본능충동과 감정을 거의 동일한 것으로 취급하기까지 했다. 그러나 충동은 소원, 소망, 희망처럼 의식(혹은 정신)에 반영되는 동기(본능)의 한 형태일 뿐 그 자체가 감정은 아니다.

프로이트는 '분노라는 것은 그 자체로서는 꿈을 만들어낼 수없'[236]다고, 즉 감정은 꿈을 창조할 수 없으며 그것은 '오로지 소원에서 심리적인 원동력을 얻을 수 있다'[237]고 강조했다. 한마디로 정신현상 혹은 정신활동의 시발점이 될 수 있는 것 그리고 심리적 에너지를 발

---

235 프로이트, 1900, 「꿈의 해석」, 전집 제4권: 꿈의 해석, 540/541쪽.
236 프로이트, 1917, 「정신분석 강의」」, 전집 제1권, 308쪽.
237 프로이트, 1900, 「꿈의 해석」, 전집 제4권: 꿈의 해석, 569쪽.

생시킬 수 있는 것은 오직 동기뿐이라고 단언했던 것이다. 또한 비록 명확하게 밝히지는 못했지만 그는 감정이 '심리적 움직임', 다시 말해 활동을 뒷받침하는 심리적 에너지로서 기능한다는 사실을 어느 정도는 이해하고 있었다.

> 심리적 움직임에 있어서 중요한 것은 오히려 감정들이다. 모든 정신적 힘들은 감정을 자아내는 가능성에 의해서만 의미를 갖게 되는 것이다.[238]

동기는 활동의 목표와 방향, 강도 등을 규정하며 그것을 실현하는 데 기여하는 감정을 촉발한다. 그러면 특정한 질을 가진 감정이 발생해 신체내적 운동의 심리적 표현이라고도 할 수 있는 감정의 양적인 변화를 통해 목표를 실현하기 위한 활동을 심리적 힘으로 뒷받침한다. 이것이 바로 사람의 활동에서 차지하는 동기와 감정의 기본적인 역할이다.

동기와 감정 그리고 사고

동기와 감정은 거의 동전의 양면처럼 붙어 다닌다고 할 수 있다. 그렇다면 이 동기와 감정은 사고와는 어떤 관계를 맺고 있을까? 이 주제를 논하려면 우선 사고가 무엇인지부터 살펴보아야 한다. 심리학에서 사고는 주로 두 가지 의미로 사용된다. 첫째는 사물현상의 본

---

238 프로이트, 1907, 「빌헬름 옌젠의 《그라디바》에 나타난 망상과 꿈」, 전집 제14권, 62쪽.

질과 그 운동발전의 합법칙성을 체계화하여 반영하는 의식으로서의 '지식'이다. 이때 객관세계의 법칙을 정확히 반영한 지식은 과학적 지식, 즉 프로이트가 열렬히 사랑했던 과학이 될 수 있다. 둘째는 추상적이고 간접적인 인식활동으로서의 '사고'이다. 이것은 사유라는 철학적 개념과 내용적으로 같다. 전자가 사고를 내용적인 측면에서 정의한 것이라면, 후자는 기능적인 측면에서 정의한 것이라 할 수 있다. 이 외에도 사고라는 말을 '머릿속에 떠오르는 생각'이라는 통상적이고 포괄적인 뜻으로 사용하는 경우도 있다. 그런데 사고라는 개념을 이렇게 정의하면 그 개념 안에 동기나 감정이 포함될 수 있어서 세 가지 심리 사이의 경계선이 모호해진다. 따라서 여기에서는 사고를 동기나 감정과는 구별되는, 지식 혹은 사고활동이라는 두 가지 의미로만 사용할 것이다.

동기와 감정은 사고와 어떤 식으로 연관되어 있는 것일까?

① 동기와 감정이 사고활동을 추동한다.

사람이 동물한테는 없는 놀라운 지적 능력을 갖게 된 것은 왜일까? 사람만이 가지고 있는 강한 지적 호기심은 도대체 어디에서 유래한 것일까? 머나먼 옛날 인류의 조상들은 파괴적이고 위협적인 자연의 힘에서 벗어나기 위해 자연을 지배하고 통제하려는 욕구를 갖게 되었을 것이다. 그런데 자연 나아가 세계를 지배하려면 그것에 내재해 있는 법칙들을 반드시 알아야만 한다. 객관적인 법칙을 활용해야만 비로소 세계를 지배할 수 있기 때문이다. 이렇게 인류의 지적 욕구는 통제 욕구에 의해 추동되었을 것으로 추정되는데, 프로이트도 지적 능력이나 호기심이 세상을 통제하려는 욕구에서 기인했을 거라는 견해를 표명했다.

나중에 무언가를 지배하기 위해서는 우선 그것을 이해해야 하고(정신적 지배는 물리적 지배를 위한 준비단계다), 자신이 이해하고 싶은 것을 모두 인간화하는 것은 사실상 자연스러운 일이다.[239]

그 기원에 있어서나 현실에 있어서나 통제 욕구에 의해 발생하고 강화되는 지적 욕구는 사람의 사고능력, 사고활동을 추동한다. 동기는 모든 활동의 진앙지이자 촉발자인 것이다. 사고활동이라고 해서 예외가 될 수는 없다. 즉 활동의 주체가 동기를 의식하건 의식하지 못하건 간에 동기가 없는 사고활동이란 존재할 수 없다는 것이다. 프로이트에 의하면 동기가 사고활동을 추동한다는 법칙은 그저 상식일 뿐이다.

당신은 인간의 사고활동이 이해관계가 없는 단순한 호기심의 표현일 뿐 실제적 동기는 전혀 갖지 않는다고 생각하는가? 그것은 거의 있을 법하지 않은 일이다.[240]

감정능력을 손상—생리학적으로 설명하면 눈 바로 위쪽 뇌의 일부인 전전두피질의 세 번째 하부인 안와전두엽피질(orbitofrontal cortex)의 손상—당한 환자들을 연구했던 안토니우 다마지우(Antonio Damasio)는 감정능력이 없는 환자들은 어떠한 결정도 내리지 못한다고 보고했다. 그런 환자들은 사고능력에 아무런 이상이 없어서 지능검사나 사회규범이나 도덕원리에 관한 인식에서는 정상적인 능력을 보인다.

---

239 프로이트, 1927, 「환상의 미래」, 전집 제12권, 188쪽.
240 프로이트, 1927, 「환상의 미래」, 전집 제12권, 188쪽.

하지만 그들은 '밥을 먹을까 아니면 빵을 먹을까'와 같은 간단한 결정조차 내리지 못하므로 활동의 목표 나아가 삶의 목표를 정하지 못한다.[241] 이런 식으로 선택을 하지 못하거나 결정을 내리지 못한다면, 그 어떤 활동도 할 수가 없다. 다시 말해 감정이 없는 활동이란 불가능하다는 것이다. 감정이 사람의 활동을 가능하게 하는 심리적 에너지의 역할을 한다고 말하는 것은 그래서이다. 아무튼 사고활동은 결정이나 판단을 필수적으로 포함하고 있으므로, 사고활동을 진행하기 위해서는 감정이 꼭 필요하다. 역으로 말하면 감정에 의해 결정과 판단을 내릴 수 있어야 사고활동이 비로소 가능해진다고 할 수 있다. 정신분석학의 경제적 관점에 입각해, 감정이 사고활동을 추동하는 과정을 도식화하면 다음과 같다.

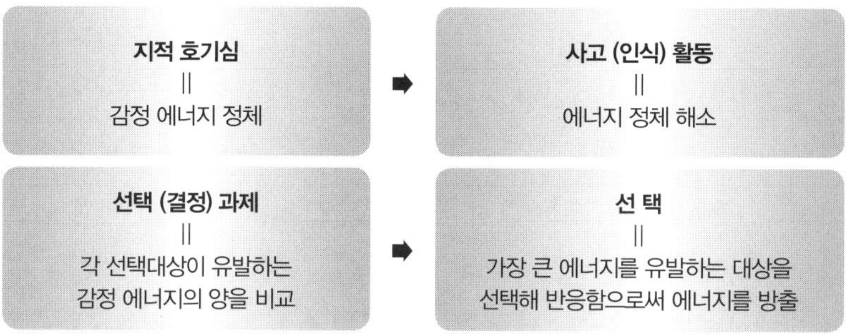

프로이트는 사고활동이 심리적 에너지의 운동과정과 밀접히 연관되어 있다고 강조했는데, 심리적 에너지가 곧 감정의 양적 속성이라

---

241 마이클 가자니가(Michael Gazzaniga), 2009, 《왜 인간인가》, 추수밭, 163쪽.

는 사실을 염두에 두고 다음 말을 살펴보면 그가 주장하는 바를 이해하기 쉬울 것이다.

> 유희의 특징은, 장애물을 설정하여 〈정신적 에너지의 정체상태〉를 만들어낸 다음 그것을 인식작용을 통해 제거함으로써 재인식의 기쁨을 충족시킨다는 데 있다. … 나는 정신적 비용의 경감이라는 점에서 인식은 그 자체로 즐거운 것이며, 이 쾌락에 바탕을 둔 유희는 자신의 기여를 더 극대화하기 위해서 〈정체〉의 기제를 사용한다는 더 단순한 생각을 수정할 만한 이유가 없다고 본다.[242]

당연한 말이겠지만, 감정의 양적인 속성만이 아니라 질적인 속성도 사고활동에 영향을 미친다. 프로이트는 실수 행위의 하나인 실언을 '마음속에 품고 있던 기분이 잘못 말하기라는 형태로 나타나서 의도하지 않은 우스꽝스러운 말이 된 것'[243]이라고 설명했다. 그는 이런 식으로 감정의 양이 심리적 에너지의 역할을 함으로써 사고에 영향을 미친다면, 감정의 질은 사고의 주제와 내용을 규제함으로써 영향을 미친다고 생각했다. 우선 환희, 감격, 분개, 격노, 공포, 절망과 같은 짧고 강하게 체험되는 감정상태인 격정은 사람들로 하여금 격정을 일으킨 대상에 주의를 집중하며 감정에 따라 말하고 행동하게 함으로써 사고를 규제한다.[244] 다음으로 격정만이 아니라 비교적 오랫동안 지속되는 그리 강하지 않은 감정인 기분도 사고에 영향을 미친다.

---

242 프로이트, 1905, 「농담과 무의식의 관계」, 전집 제6권, 158쪽.
243 프로이트, 1901, 「일상생활의 정신병리학」, 전집 제5권, 116쪽.
244 김태형, 2009, 《새로 쓴 심리학》, 세창출판사, 61쪽 참조.

> 어떤 정서에 대한 경향이 주도적인 요소로 자리 잡게 되면 꿈-형성에 참여할 수 있다. … 기분은 상응하는 사고 흐름을 동반하게 된다.[245]

분개하면 그 감정을 일으킨 대상을 비판하거나 공격하게 되고, 기분이 좋으면 긍정적인 생각을 하게 되며 기분이 나쁘면 부정적인 생각을 하게 된다. 이렇게 감정 역시 사고에 강하게 그리고 암묵적으로 영향을 미치게 되는 것이다.

결론적으로 '감정은 소원의 은폐가 아니라 소원과 부합한다'[246]는 말이 보여주듯, 동기와 감정은 마치 일심동체와도 같다. 그렇기 때문에 이 동기와 감정은 밀접한 연관 속에서 협력하며 사고를 촉발하고 이끄는 역할을 한다.

② 동기와 감정이 사고 내용을 지배한다.

프로이트는 동기와 감정이 사고 내용을 규정한다는 것을 다음과 같이 재미있게 표현했다.

> 내 어린 딸은 먹으라고 주는 사과가 먹고 싶지 않으면, 맛을 보지도 않고 쓰다고 주장한다.[247]

사람은 감정적으로 좋으면 그에 합당한 논리를 선택하고, 감정적으로 싫으면 또 그에 합당한 논리를 선택하는 경향이 있다는 것이다. 사람은 객관적인 진리성과 논리성에 의해 사고 내용을 바로바로 유

---

245 프로이트, 1900, 「꿈의 해석」, 전집 제4권: 꿈의 해석, 569쪽.
246 프로이트, 1900, 「꿈의 해석」, 전집 제4권: 꿈의 해석, 542쪽.
247 프로이트, 1900, 「꿈의 해석」, 전집 제4권: 꿈의 해석, 184쪽.

연하게 바꾸는 그런 존재가 아니다. 예컨대 프로이트에 의하면 편견을 극복하는 것이 힘든 까닭 역시 그것이 '정서적인 힘들에 의해서 고착된 것'[248]이기 때문이다.

> 매우 이성적인 어떤 환자가 특별히 사리에 맞지 않는 이유로 어떤 가정을 부정하게 되면 이러한 논리의 허약함은 결국 저항할 수밖에 없는 특별히 강한 동기가 거기에 존재한다는 것을 드러낼 뿐입니다. 그것은 정서적인 형태의 것이며 감정적으로 결합된 그 무엇일 것입니다.[249]

사람은 자신이 속해 있는 사회집단—혹은 소속되기를 원하는 사회집단—의 이해관계에 따라 서로 다른 동기를 가질 수 있고, 그에 따라 다른 감정을 체험하게 된다. 대폭적인 임금인상은 노동자 집단에게는 이익이 되지만 자본가 집단에게는 손해이다. 따라서 노동자들은 큰 폭의 임금인상을 주장하는 논리나 이론에 대해서 좋은 감정을 느끼게 되지만 자본가계급은 나쁜 감정을 느끼게 된다. 아무리 타당한 논거가 있어도 자본가계급이 큰 폭의 임금인상을 지지하는 이론을 잘 받아들이지 않는 것은 그래서이다. 결국 어느 정도의 임금인상을 할 것이냐는 어떤 사회제도를 세워야 하느냐 하는 문제처럼, 본질적으로 논리적인 설득의 문제가 아닌 대립하는 사회집단의 이해관계가 충돌하는 문제라는 것이다.

사회경제적 이해관계에 따라 결정되는 동기와 감정에 충성을 다하

---

248 프로이트, 1917, 「정신분석 강의」, 전집 제1권, 26쪽.
249 프로이트, 1932, 「세계관에 대하여」, 전집 제2권: 새로운 정신분석 강의, 229쪽.

는 이론과 논리를 선택하는 것은 지식층에게서 특히 두드러진다. 이는 제국주의나라 지배층의 이익을 위해 침략적이고 약탈적인 이론과 비과학적인 궤변을 생산하고 유통시키는 선봉에 서고 있는 숱한 지식인들의 모습만 보더라도 잘 알 수 있다.

> 과학은 냉정한 공평무사함을 잃어버렸다. … 인류학자들은 적을 열등하고 퇴화한 존재로 선언해야 한다는 충동을 느끼고 있으며, 정신과 의사들은 적이 정신병에 걸렸다는 진단을 내리고 있다.[250]

그렇다면 사람은 동기나 감정의 힘으로부터 자유로운 공평무사한 사고활동을 할 수 없다는 것인가? 결론부터 말하자면 할 수 있다. 다만 그러려면 그 무엇보다 '현실을 왜곡하려는 동기'가 없어야 한다. 세상이 현재 상태 그대로 유지되기를 바라는 기득권층, 보수층은 자기들한테 불리한 진리가 발견되면 극렬하게 저항한다. 중세시대의 교회가 '지동설'을 강력하게 탄압했던 것처럼. 이와는 대조적으로 세상을 변혁하려는 민중, 진보세력은 진리를 있는 그대로 인정하려는 동기를 가진다. 왜냐하면 객관적인 법칙을 있는 그대로 인정하지 않고서는 현실을 변혁할 수가 없기 때문이다. 돌이 물에 뜬다고 믿어 돌로 배를 만들어 강을 건너려고 하거나, 부적을 몸에 붙이면 적탄이 피해간다는 말을 믿고 싸움에 나선다면 실패를 면치 못할 것이다.

물론 진실을 왜곡하려는 동기의 원인은 사회집단의 이해관계 외에도 여러 가지가 더 있을 수 있다. 에를 들면 나르시시스트의 자기를 과시하려는 동기처럼 본인은 의식하지 못하는 무의식적인 동기 중에

---

250 프로이트, 1915, 「전쟁과 죽음에 대한 고찰」, 전집 제12권, 38쪽.

서도 현실을 왜곡하도록 이끄는 것들이 있는데, 이런 동기들은 더욱 위험하다. 왜냐하면 건강하지 못한 무의식적 동기는 자기도 모르게 현실을 왜곡하게끔 만들면서도, 의식적으로는 자기가 공평무사한 태도로 진리를 추구하고 있다고 믿게 하기 때문이다. 따라서 철두철미 건강한 동기를 가져야만 객관적이고 과학적인 사고활동이 가능하다고 할 수 있다. 아마 이것에 성공한 이들이야말로 프로이트가 말했던 '이상적으로 균형 잡힌 정신을 소유한 소수의 사람들'에 해당될 것이다.

> 오직 이상적으로 균형 잡힌 정신을 소유한 소수의 사람들만이, 지각한 외부의 인상이 지각하는 주체의 정신적 특이성을 통과하면서 겪게 되는 변형으로부터 현실의 실상을 보존할 수 있을 것이다.[251]

고상하고 아름다운 동기로 무의식까지 꽉 채운 건강한 마음을 가진 사람이 존재한다는 사실은 의심할 나위가 없으나, 그런 사람은 결코 흔하지 않다. 따라서 학자를 포함하는 절대다수의 사람들은 자기의 무의식적인 동기가 무엇인지 또 그것이 사고활동에 어떤 영향을 미치는지를 똑바로 인식하려는 노력을 게을리 하지 말아야 한다. 이를 프로이트 식으로 법칙화하면 '자기분석에 철저한 사람일수록 진리에 더 가까이 다가설 수 있다'가 될 것이다. 프로이트는 정신분석가에게는 끝없는 자기분석이 필요하다고 강조했는데, 그것은 자기의 무의식적인 동기를 정확히 알고 있지 못한 심리치료자의 사고는 불가피하게 왜곡될 것이므로 치료작업이 실패할 수밖에 없다고 믿었기

---

251 프로이트, 1901, 「일상생활의 정신병리학」, 전집 제5권, 305쪽.

때문이다.

결론적으로 병적인 동기나 감정은 합리적이고 과학적인 사고활동을 방해하기 때문에 지적 능력이나 학력 수준이 아무리 높다 하더라도 건강한 동기를 갖지 못하면 아무 소용이 없다. 지적이고 학력이 높은 강박증 환자들이 미신적 사고에서 벗어나지 못하는 현상을 이를 입증하는 하나의 사례로 들 수 있을 것이다.

> 강박신경증 환자들은 대다수가 뛰어난 판단력의 소유자들인데도 불구하고 이 같은 미신적 경향을 보인다.[252]

사고는 어차피 동기와 감정이 가리키는 길을 벗어날 수 없으며, 굳이 벗어나려고 노력할 필요도 없다. 문제는 동기와 감정이 사고내용을 결정한다는 데 있는 게 아니라 병적인 동기와 감정 그 자체에 있기 때문이다. 그러니 모든 사람이 항상 자기 내면의 동기와 감정을 용감하게 들여다보고 그것을 솔직하게 공개한다면 불필요한 논쟁이나 거짓, 위선 따위는 크게 줄어들 수 있을 것이다.

③ 동기와 감정이 주의집중과 정보선택을 좌우한다.

'뭐 눈에는 뭐만 보인다'는 속담처럼, 배가 고픈 사람에게는 식당 간판만 보이고 술이 고픈 사람에게는 술집 간판만 보이는 법이다. 이렇게 특정한 동기는 특정한 대상을 향해 주의를 집중하도록 이끈다. 프로이트는 언젠가 길거리에서 마주치는 모든 상점의 간판을 〈골동품상〉이라고 읽은 적이 있었는데, 그는 이 실수 행위의 원인을 다음

---

252 프로이트, 1913, 「토템과 터부」, 전집 제13권, 144쪽.

과 같이 설명하고 있다.

> 여기에는 수집가의 모험에 대한 욕구가 표현되고 있다.[253]

마찬가지로 동기와 단짝인 감정도 주의집중에 영향을 미치며 특정한 정보에 주목하거나 무시하도록 이끈다. 사람은 긍정적인 감정을 유발하는 정보에는 주의를 집중하고 그것을 받아들이는 반면, 부정적인 감정을 유발하는 정보는 회피하고 무시하는 식으로 반응하는 것이다. 프로이트는 감정이 정보선택을 좌우하는 이런 경향에 대해 다소 허탈한 어조로 '어떤 것에 반감을 가질 때는 그것을 옳지 않은 것으로 간주해버리려 하는 것이 인간의 본성인 것 같습니다'[254]라고까지 말하고 있다. 반감 혹은 부정적인 감정이 주의집중이나 정보선택을 방해하는 것을 본성이라고는 할 수 없지만, 그것이 보편적인 심리법칙임은 분명하다. 아무튼 솔직히 그리고 객관적으로 말하면, 사람은 논리적으로나 이치적으로가 아니라—그런 사람이 없다는 말이 아니다—감정적인 기준에 의해 어떤 주장이나 견해를 받아들이거나 말거나 하는 경향이 있다.

> 그는 무언가 마음에 안 들면 날카롭게 반항하고 비판적인 모습을 보입니다. 그러나 무언가 자기 마음에 들면, 그것에 대해서는 아주 쉽게 믿는 경향을 보입니다. 아마 우리들 자신도 별로 다르지는 않을 것입니다.[255]

---

253 프로이트, 1901, 「일상생활의 정신병리학」, 전집 제5권, 153쪽.
254 프로이트, 1917, 「정신분석 강의」, 전집 제1권, 29쪽.
255 프로이트, 1917, 「정신분석 강의」, 전집 제1권, 399쪽.

새로운 진리가 처음에는 잘 수용되지 않는 까닭도 본질적으로는 감정적 거부감에 있다고 할 수 있다. 특히 진리가 자기들의 기득권을 타격하거나 손상시키는 경우, 그런 사회집단의 감정적 반감이야말로 새로운 진리를 가장 가혹하고 잔인하게 탄압하도록 이끄는 진리의 천년숙적이다.

> 새로운 진리는 감정적 저항을 일깨운다. 이 때문에 생기는 논쟁에서는 이 인기 없는 이론을 지지하는 증거는 논파당하고, 의견대립은 상당한 세월이 흐르도록 계속된다.[256]

동기와 감정이 주의집중과 정보선택을 좌우한다는 것은 곧 그것이 기억을 좌우한다는 말이기도 하다. '우리의 기억작용이 예기치 못한 목적성을 갖는다'[257]는 말을 통해서 알 수 있듯이, 프로이트는 기억활동이 목표를 설정하도록 만드는 동기와 관련이 있다고 보았다. 즉 그는 동기가 기억될 내용을 정하거나 기억을 회상하는 데 상당한 영향을 미친다고 보았던 것이다. 어린 시절이 행복해야만 한다고 믿는 사람, 다시 말해 자기의 어린 시절이 행복하기를 바라는 동기를 가진 사람은 행복했던 일들만 기억하는 법이다. 또한 현재가 너무 힘들어서 고통으로부터 도망치고 싶은 사람도 과거의 기억을 행복했던 일화들로만 가득 채워넣을 수 있다. 좀 심하게 말하면 동기는 자기 입맛에 맞게 기억에다 이런저런 덧칠을 한다고 말할 수 있는 것이다.

감정 역시 기억을 왜곡, 각색, 망각하도록 함으로써 기억에 영향을

---

256 프로이트, 1939, 「인간 모세와 유일신교」, 전집 제13권, 338쪽.
257 프로이트, 1901, 「일상생활의 정신병리학」, 전집 제5권, 65쪽.

미친다. 우선 감정은 과거의 기억을 억압하고 각색하고 변형해 착오를 일으킬 수 있다. 좋은 감정은 기억을 한층 아름답게 윤색하는 반면 나쁜 감정은 기억을 더욱 칙칙한 색으로 칠해버리는 것이다.

> 하나하나의 착오 뒤에는 뭔가 억압된 것이 있다 … 억압된 것들로 인해 기억이 변형된 것이다.[258]

감정은 또한 과거의 기억들에 부착되어 그것이 얼마나 오래 또 얼마나 선명하게 기억될 것인지를 규제한다. 브라운과 쿨릭(Brown & Kulik)이 언급한 '섬광기억(flashbulb memory)'[259]—두 사람은 감정적으로 중요한 사건에 대한 기억은 극히 선명하고 상세하며 본질적으로 영구적이라고 주장했다—이 이런 기억에 대한 감정의 영향력과 관련이 있다. 비록 커다란 감정적 에너지를 보유한 기억이 반드시 세부적으로도 정확하다고는 할 수 없으나, 그런 기억이 매우 본질적이고 선명하며 영구적일 가능성은 충분히 있다. 아무튼 분명한 것은 감정이 없이는 어떠한 결정이나 선택도 할 수 없었던 것처럼, 감정적 에너지가 없는 기억은 현재와 미래의 사고활동에 여하한 영향도 미치지 못한다는 사실이다.

> 감정이 없이 기억되어 있는 내용은 거의 다시 생각되는 일이 없고, 또 환자의 정신작용에 거의 아무런 영향도 미치지 않기 때문이다.[260]

---

258 프로이트, 1901, 「일상생활의 정신병리학」, 전집 제5권, 291쪽.

259 섬광기억에 대한 논의는 김태형, 2009, 《새로 쓴 심리학》, 세창출판사, 216~217쪽을 참고하라.

260 프로이트, 1909, 「쥐 인간—강박 신경증에 관하여」, 전집 제9권, 50쪽.

유쾌한 기억은 선명하게 만들어 오래도록 되새김질하게 하지만 불쾌한 기억은 망각하도록 강요하는 감정의 작용은 쾌락원리에 따른 결과이다. 쾌감은 추구하고 불쾌감은 회피하려고 하는 쾌락원리가 감정을 매개로 기억활동에 영향을 미치는 것이다. 그리고 이러한 불쾌감을 피하려는 동기 혹은 불쾌감을 회피하려는 쾌락원리는 사고활동 나아가 실천활동을 왜곡시키는 가장 큰 원인으로 작용한다.

> 어떤 것을 떠올리는 기억에 대한 거부감으로서 그 기억은 유쾌하지 못한 느낌과 관련되어 있어서 그것을 재생할 경우 이러한 불쾌감이 다시 되살아날 우려가 있습니다. 기억 혹은 다른 심리적 행위에서 발생하는 불쾌감을 피하려는 이런 의도는 불쾌감에서의 심리적 도피로 이름 망각뿐 아니라 다른 많은 실수 행위, 즉 하던 일의 중단, 오류, 그 밖의 다른 것들에 작용하는 결정적인 동기로 인정해도 좋을 것입니다.[261]

프로이트의 쾌락원리에 따르자면, 그것이 무엇이든 간에 불쾌감과 결부되어 있는 기억은 망각될 가능성이 있을 것이다. 나아가 주체가 감당할 수 없을 정도로 큰 불쾌감이 부착된 기억—융은 이를 콤플렉스라고 개념화했다—은 단순히 망각되는 것이 아니라 소위 억압당할 가능성이 있다.

지금까지의 논의를 잘못 이해하게 되면, 사람의 사고능력이나 기억능력을 신뢰할 수 없다는 엉뚱한 결론을 내릴 수도 있다. 하지만 동기, 감정과 직접적으로 연관되어 있지 않은 사고활동은 객관적이

---

261 프로이트, 1917, 「정신분석 강의」, 전집 제1권, 101쪽.

고 논리적인 법칙을 따라 진행된다. 또한 자기의 무의식적인 동기와 감정까지 알게 되면 그것이 사고활동에 미칠 수 있는 악영향을 능히 통제할 수 있다. 나아가 인류는 사고활동과 기억활동의 오류를 줄이기 위해 컴퓨터나 기록장 같은 계산이나 기록을 도와줄 수 있는 무수히 많은 도구들을 발명해 활용해왔다. 따라서 전반적으로 사람의 사고능력이나 기억능력은 충분히 신뢰할 만하다는 결론을 내려도 무방하다. 그러니 정신적으로 큰 문제가 없는 한, 보통 사람들은 프로이트가 인용했던, 다윈의 자서전에 나오는 다음과 같은 원칙을 깊이 명심한다면 사고활동에서의 오류를 방지할 수 있을 것이다.

> 나는 수년 동안 나의 일반적인 관찰결과들과 상충되는 출판물이나 새로운 관찰, 혹은 사상이 나오면 언제든지 그것을 즉각 기록한다는 황금률을 준수했다. 왜냐하면 나는 경험을 통해 그런 사실들과 사상들은 내가 좋아하는 것들에 비해 훨씬 멀리 내 기억에서 떨어져나가려 한다는 사실을 깨달았기 때문이다.[262]

잘못된 전통의 충실한 계승자

'대개 서구의 지성사적 전통에서 인간의 마음은 이성적인 차원과 비이성적인 차원으로 구성되어 있는 것으로 간주되어 왔다.'[263]

---

262 프로이트, 1901, 「일상생활의 정신병리학」, 전집 제5권, 201쪽.

263 임홍빈/홍혜경, 1999, 「프로이트 후기 사상: 쟁점과 반론」, 전집 제2권: 새로운 정신분석 강의, 277쪽.

이 말처럼 약간씩 강조점이나 기준을 달리 했을 뿐, 서구의 지성사에는 사람의 마음을 다음과 같은 〈이성 대 비이성〉의 대립구도로 파악하는 뿌리 깊은 전통이 있다.

	이성	비이성
철학적 기준	이성, 사유	본능, 감정
심리학적 기준	사고	동기, 감정
정신분석학적 기준	의식, 자아, 과학	무의식, 이드, 본능
정신문화적 기준	지식, 계몽	무지, 야만
논리학적 기준	논리, 합리	비논리, 불합리
윤리적 기준	도덕, 절제	타락, 방탕

이성 쪽과 비이성 쪽을 비교해보면 금방 알겠지만 서구인들은 대체로 후자를 나쁜 걸로 보았기에, 그것이 반드시 이성에 의해서 통제되어야 한다고 생각했다. 나아가 사람이 동물에 비해 우월한 까닭 역시 이성을 가지고 있다는 사실에서 찾았다. 그런데 흥미로운 것은 서구의 지적 전통에서 자유로울 수가 없어서였는지, 기존의 주류학계를 뒤흔들었던 풍운아 프로이트조차 이런 견해와 관점을 그대로 수용해 자기 이론에 반영하고 있다는 사실이다.

정신분석학에서 이성의 대변자가 자아(ego) 혹은 문명이라면 비이성의 대변자는 이드(id) 혹은 본능이라고 할 수 있다. 프로이트가 자아를 이성의 대변자로, 이드를 비이성의 대변자로 간주했음은 다음과 같은 '기수와 말'의 비유에 잘 나타나 있다.

자아는, 열정을 포함하고 있는 이드와는 대조적으로, 이성과 상식이라고 붙여질 수 있는 것을 대변한다. … 이드와의 관계에 있어서 자아는 말 등에 타고 있는 사람과 같다. … 말을 탄 사람은 말에서 떨어지지 않으려면 말이 가고자 원하는 곳으로 이끌어야 한다. 마찬가지로 자아도 이드의 의지를, 마치 그것이 자신의 의지인 양 행동으로 나타내는 습관이 있다.[264]

이렇게 프로이트는 사람의 마음을 '자아 대 이드', 사회를 '문명 대 본능'이라는 대립구도에 기초해 살펴봄으로써, '이성 대 비이성'이라는 전통적인 대립구도를 충실히 계승하고 있다. 그러나 대부분의 서구 이론들이 이성의 힘을 과대평가한 반면 비이성을 깔봤다면, 프로이트는 비이성의 힘이 더 강하다는 소수파 진영에 위치해 있다.

옛날부터 인간의 본성을 연구하는 학자와 철학자들은 인간의 지성을 독립적인 능력으로 보고, 지성이 감정에 의존해 있다는 사실을 간과하는 것은 잘못이라고 가르쳐왔다. 이들의 가르침에 의하면, 우리의 지성은 강한 감정적 충동의 영향에서 벗어났을 때에만 비로소 믿을 만하게 기능을 발휘할 수 있다. 그러지 않으면 지성은 단지 의지의 도구로서만 기능하고, 의지가 요구하는 결론만 내놓는다. … 이성적 논쟁이 이해관계를 조정하는 일에서는 그토록 성과를 거두지 못하는 것도 바로 그 때문이다. 정신분석적 경험은 이 주장의 정당성을 더욱 분명히 확인해주었다.[265]

—

264 프로이트, 1923, 「자아와 이드」, 전집 제11권, 364쪽.
265 프로이트, 1915, 「전쟁과 죽음에 대한 고찰」, 전집 제12권, 52쪽.

프로이트는 사람의 기본동기(기본본능)를 성욕으로 보았기 때문에 동기나 감정이 비이성 진영에 속한다고 보았다. 반면에 사고, 생각, 표상, 관념 등은 이성 진영으로 보내버렸다. 그런데 이런 분류법을 사용하면 어쩔 수 없이 이성보다 비이성 쪽이 힘이 세다는 결론을 내릴 수밖에 없다. 왜냐하면 그는 이성이 동기나 감정의 영향에서 벗어날 수 있는 특별한 경우에만 자기 기능을 다 할 수 있을 뿐, 기본적으로는 동기와 감정이 사고를 좌우한다고 굳게 믿고 있었기 때문이다.

> 현대인의 경우에도 순수 이성적 동기는 열정적 충동에 대해 거의 억제효과를 발휘하지 못한다.[266]

일반적으로 이성은 비이성의 야만적이고 광폭한 힘을 이겨내지 못한다고 생각하면서도, 프로이트는 '본능을 다스릴 수 있는 수단은 오직 지성뿐이'[267]라고 말하면서 언젠가 이성이 승리하는 날이 오기를 희망했다. 하지만 인류가 발전시켜온 이성 중의 이성이라고 할 수 있는 '과학'은 당시까지만 해도 결함투성이로 볼품이 없었다.

> 과학은 여전히 인간의 사고가 그렇게도 염원하는 완결성, 불변성, 무오류성의 성질을 결여하고 있습니다. 그러나 과학이 그와 같은 것이라도, 과학은 우리가 가질 수 있는 전부입니다.[268]

프로이트가 보기에 사람, 인류는 비이성과의 전쟁에서 계속 연전

---

266 프로이트, 1927, 「환상의 미래」, 전집 제12권, 212쪽.
267 프로이트, 1927, 「환상의 미래」, 전집 제12권, 219쪽.
268 프로이트, 1926, 「비전문가 분석의 문제—공정한 사람과의 대화」, 전집 제15권, 310쪽.

연패해왔고 가까운 장래에도 승리할 거라고 낙관할 수가 없었다. 하지만 과학에 모든 걸 다 걸었던 프로이트로서는, 막연하게 '과학만이 살길이다'라고 외치는 것 외에 다른 방법이 없었다. 과연 그런 날이 올 거라고 그가 진심으로 믿었는지는 좀 의심스럽지만….

> 우리는 과학적 연구를 통해 세계의 현실을 어느 정도 알 수 있고, 그 지식을 통해 우리의 힘을 강화할 수 있으며, 그 지식에 따라 우리의 삶을 조정할 수 있다고 믿는다.[269]

하지만 과학이나 지성 같은 이성 진영의 선수들이 언젠가는 동물적 본능을 이기게 될 거라는 프로이트의 주장은 근거가 박약하다. 그가 내세운 근거라고는 비록 이성이 힘은 약하지만 끈질기다는 것 하나뿐이기 때문이다. 어쨌든 프로이트에 의하면 비이성은 이성을 해머로 한 번씩 후려갈기면서 지배하려 하지만, 이성에게는 바늘로 쉴 새 없이 코끼리를 찔러대 굴복시키는 놀라운 특징이 있다.

> 지성이 본능에 비해 무력하다는 것은 아무리 강조해도 좋고, 이 점에서는 우리의 주장이 옳을 것이다. 그러나 이 약점에는 독특한 특징이 있다. 지성의 목소리는 낮고 부드럽지만, 주인이 들어줄 때까지 쉬지 않는다. … 지성이 우위를 차지하는 날은 머나먼 미래일 게 분명하지만, 〈끝없이〉 먼 미래는 아닐 것이다. 지성은 인간이 서로 사랑하고 삶의 고통이 줄어드는 것을 목표로 설정할 것이다.[270]

---

269 프로이트, 1927, 「환상의 미래」, 전집 제12권, 228쪽.
270 프로이트, 1927, 「환상의 미래」, 전집 제12권, 226쪽.

그런데 이성과 과학의 숭배자 프로이트도 때로는 이성을, 사람을 '많은 쾌락의 가능성으로부터 억류'하고 있는 사람의 '적'[271]이라고 신랄하게 비판하기도 했다. 하지만 그런 비판은 본질적으로 이성(사고)에 대한 것이라기보다는 앞에서 살펴본 대로 프로이트 당대를 지배했던 위선적인 엄숙주의나 과도한 금욕주의를 질타하는 것일 뿐이므로, 그가 무분별한 쾌락주의를 지지했다는 일각의 주장은 명백한 오해이다. '자아가 이드의 모든 부분들에 접근하여 자신의 영향력을 행사할 수 있다면, 모든 일이 잘 될 것'[272]이라는 말이 보여주듯, 심리치료자 프로이트는 이성(의식, 자아, 합리적 사고능력)을 강화함으로써 그것이 비이성(무의식, 이드, 본능)의 영역을 지배할 수 있게 만드는 것을 '정신분석의 치료적 노력'의 중요 내용으로 삼았다.

> 그것의 의도는 자아를 강화시키고 … 그의 지각범위를 확장하고 그 조직을 확대하여 이드의 새로운 부분을 자기 것으로 할 수 있도록 하는 것입니다. 이드가 있었던 곳에 자아가 생성되어야 합니다. 그것은 조이더(Zuider)만 근처의 바다를 간척하는 것과 같은 문화적 작업입니다.[273]

이는 한마디로 이성의 대변자이자 합리적인 사고능력을 가진 자아를 강화해 비이성적인 본능충동을 대변하는 이드를 통제해야만 마음을 치유할 수 있다는 주장이다. 결국 평소에는 비이성이 이성을 압도—이는 무의식적인 현상이다—하고 있지만, 특별한 노력을 기울여

---

271 프로이트, 1932, 「새로운 정신분석 강의」, 전집 제2권, 47쪽.

272 프로이트, 1926, 「비전문가 분석의 문제—공정한 사람과의 대화」, 전집 제15권, 324쪽.

273 프로이트, 1932, 「심리적 인격의 해부」, 전집 제2권: 새로운 정신분석 강의, 109쪽.

이성의 힘을 키우면 비이성을 정복할 수 있으며 또 그래야만 한다고 주장했다는 점에서 프로이트는 이성을 찬미했던 서구의 계몽주의, 합리주의적 전통을 충실히 계승하고 있는 것이다.

〈이성 대 비이성〉이 아닌 〈사람 대 동물〉

사람의 마음을 〈이성 대 비이성〉이라는 양대 진영으로 나누고 나서 이성을 찬미하거나 이성의 승리를 기원하는 서구의 지적 전통은 단지 철학자만이 아니라 프로이트를 포함하는 서구 심리학자들의 인간관, 심리관에 막대한 영향을 미쳤다. 얼마 전까지만 해도 상당수의 서구 심리학자들이 사람의 정신과 컴퓨터가 본질적으로 똑같을 거라고 믿었던 것은 그래서이다. 그들은 컴퓨터의 논리나 계산방식을 통해 사람의 정신을 이해하려고 했으며 최고의 사유능력, 즉 최고의 이성을 가지도록 컴퓨터를 프로그래밍 함으로써 사람의 정신과 똑같은 인공지능을 만들어내려고 모진 애를 썼다. 하지만 그런 허황된 시도들은 모조리 실패로 끝나고 말았다. 왜냐하면 그들은 서구 지성사에서 이성으로 간주되어왔던 사람의 사유능력은 과대평가한 반면 동기와 감정이 차지하는 지위와 역할은 지나치게 과소평가했기 때문이다.

서구사회의 지성들이 대부분 동의해온 것과는 달리 사람의 정신 혹은 마음은 이성과 비이성으로 구분될 수 없으며, 사람을 사람답게 만드는 것 역시 이성이 아니다. 우선 동기와 감정과 사고는 마음속에서 하나로 밀접히 통일되어 있다. 아주 단순화시켜 말하면 동전의 양면처럼 움직이는 동기와 감정은 반드시 의식에 반영되므로 그것에 부합되는 사고가 형성된다고 할 수 있다. 다음의 표는 동기, 감정, 사

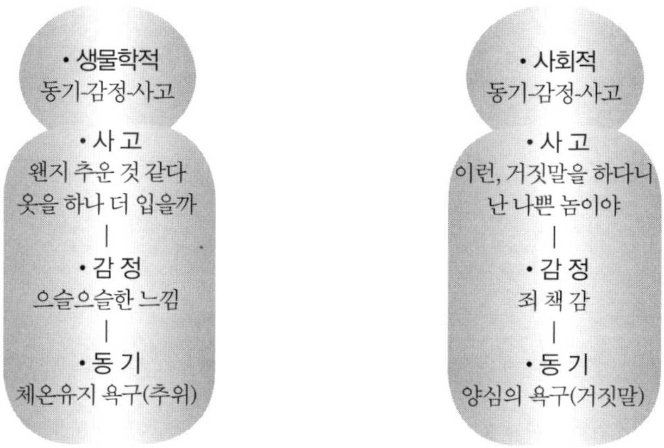

고의 관계를 예를 들어 도식화한 것이다.

질적으로 같은 동기, 감정, 사고는 하나의 단위로 뭉쳐 움직이면서 질적으로 다른 동기-감정-사고 단위와 협력하거나 갈등한다. 즉 성욕은 그것이 촉발한 성적 감정, 성적 사고와 하나로 뭉쳐져 움직이고 특정한 사회적 욕구는 사회적 감정, 사회의식과 하나가 되어 움직인다는 것이다. 프로이트의 다음 말에서도 알 수 있듯이, 만일 이 세 가지가 같이 놀지 않고 따로 놀기 시작하면 정신적으로 문제가 생길 수 있다.

> 정서와 표상이 종류와 강도에서 서로 부합하지 않으면, 우리의 깨어 있을 당시의 판단은 자신감을 상실하게 된다.[274]

아마 칼 융이 인간의 마음이 관념과 감정이 복합되어 있는 '콤플렉

---

274 프로이트, 1900, 「꿈의 해석」, 전집 제4권: 꿈의 해석, 539쪽.

스' 단위로 구성되어 있다고 주장했던 것도 이와 관련이 있을 것이다. 아무튼 프로이트는 실제적으로는 하나의 단위로 움직이는 동기-감정-사고를 관념 속에서 갈기갈기 찢어놓고는 서로를 뒤섞어놓았다. 그래서 그는 사고가 동기(감정)와 대립하고 투쟁한다고 주장할 수 있었는데, 이를 도식으로 표현하면 다음과 같다.

동기(감정) – 성욕(성적 에너지)	⟺	사고 – 도덕적 사고
예: 형부와 결혼하고 싶다는 욕구		예: 부도덕한 욕망에 대한 죄의식

이 대립구도를 전혀 인정할 수 없는 것은 그가 동기를 사고와 대립시키고 있어서이다. 다시 말해 〈성적 욕구 대 양심의 욕구〉처럼 동기는 동기와 대립시켜야 함에도, 뜬금없이 성적 욕구를 도덕적 사고와 대립시키는 것은 잘못이라는 것이다. 이것은 마치 어떤 사람의 팔을 다른 사람의 팔과 비교하지 않고 그것을 다른 사람의 다리와 비교하면서 '어때, 서로 다르지?' 하고 외치는 것과 같은 어리석은 행동이라고 할 수 있다. 프로이트도 정당하게 지적하고 있듯이, 대립하는 두 가지 사고나 감정은 본질적으로 갈등하는 두 가지 동기를 표현하는 것일 뿐이다.

> 관념들 사이의 대립은 단지 다양한 본능들 사이에서 벌어지는 투쟁이 표현된 것에 지나지 않습니다.[275]

---

275 프로이트, 1910, 「시각의 심인성 장애에 관한 정신분석학적 견해」, 전집 제10권, 86~87쪽.

특정한 방향으로 움직이려는 지향성을 가진 갈등의 주체는 원칙적으로 동기만이 될 수 있다. 감정이나 사고는 그런 동기와 단단히 결부됨으로써 심리적 대립과 갈등관계에 참가할 수 있다. 한마디로 동기-감정-사고는 현실적으로 하나의 단위처럼 기능하므로 동기와 사고를 대립시켰던 프로이트의 그림은, 다음과 같이 A(A라는 동기-감정-사고의 복합체)와 B(B라는 동기-감정-사고의 복합체)가 갈등하는 그림으로 바뀌어야 한다.

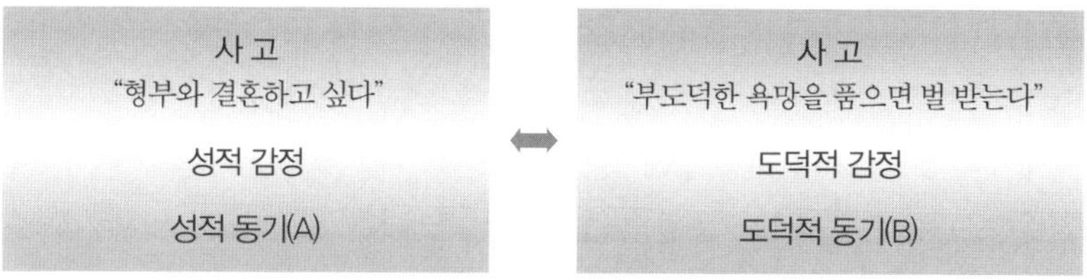

결론적으로 〈동기 대 감정〉, 〈동기 대 사고〉, 〈감정 대 사고〉처럼 차원이 다른 의식을 뒤섞어 대립관계로 고찰하는 것은 잘못이다. 설사 그런 갈등이나 대립이 가능한 것처럼 비치더라도 그것들은 모두 다 다양한 동기들 사이의 투쟁 혹은 갈등을 이러저러하게 표현하는 것일 뿐이다. 따라서 심적 갈등은 〈동기 대 동기〉, 〈감정 대 감정〉, 〈사고 대 사고〉처럼 동일한 의식 차원에서 고찰해야 한다.

말이 나온 김에 페스팅거의 '인지 부조화'이론에 대해 잠깐 언급하고 넘어가기로 한다. 페스팅거는 사람이 인지 부조화를 견디지 못한다고만 했지 왜 그런지에 대해서는 명확히 밝히지 않았다. 그런데 프로이트에 의하면 인지부조화 혹은 지적 모순은 감정적인 반응을 유발하게 되어있다. 다시 말해 기존의 견해와 다른 새로운 견해는 긍정적인 것이든 부정적인 것이든 간에 반드시 감정적 반응을 일으키게 되어 있다는 것이다.

> 이 새로운 것에 대한 인정은, 그가 바라던 것과 모순된다는 것을 알게 되는 순간부터 그에게 소중하던 몇 가지 확신에 충격을 준다. 이때부터 이 사람은 이 새로운 것을 인정하기를 주저하면서 이 새로운 것에 던져지는 의혹을 합리화할 구실을 찾는다. … 자아의 지적 작업이 강력한 정서적 반응과 함께 제출되는 항의를 극복하는 데는 다소 시간이 걸린다….[276]

인지부조화가 창피감이나 수치감 같은 부정적인 감정을 야기하는 경우 사람들은 그것이 동반하는 비참한 느낌을 모면하기 위해, 즉 프로이트 식으로 말하면 '무의식적인 동기를 숨기기 위해 〈합리화〉를 한다.'[277] 합리화는 이렇게 인지 부조화나 지적 모순이 유발한 부정적인 감정으로부터 도피하거나 그것을 방어하려는 '(무)의식적인 동기'의 작품이다. 사족으로 인지부조화가 야기하는 부정적인 감정에도 불구하고 합리화를 하지 않는 사람들도 많이 있다는 말을 추가하고 싶다.

〈사고 대 동기〉라는 대립구도가 잘못된 것이라면 〈이성 대 비이성〉이라는 전통적인 대립구도 역시 잘못된 게 아닐까? 일단 '사고=이성', '동기(본능)와 감정=비이성'이라는 등식부터가 잘못임을 지적하지 않을 수 없다. 사람에게는 이성적이고 합리적인 사고능력이 있지만

---

276 프로이트, 1939, 「인간 모세와 유일신교」, 전집 제13권, 339쪽.
277 프로이트, 1914, 「정신분석 운동의 역사」, 전집 제14권, 110쪽.

모든 사고가 이성적이라거나 합리적이라고는 할 수 없다. 동시에 사람의 동기와 감정은 지식이나 사고능력과는 차원이 다른 것이지만 그렇다고 해서 그것을 비합리적이라거나 비이성적이라고 단죄할 수는 없다. 사람은 동물과는 달리 사회적 동기와 감정을 가진 존재인데, 그런 사회적 동기와 감정은 비이성 쪽으로 분류되어서는 안 된다. 따라서 사람의 마음을 〈이성 대 비이성〉으로 양분하는 관점 그리고 그것의 정신분석학적 버전인 〈자아 대 이드〉의 대립구도는 오류이다. 사람이 사람인 것은 서구의 사상가들이 줄기차게 주장해온 것처럼 '이성'이 있어서가 아니다. 사람이 사람인 것은 기본적으로 사람에게 '사회적 동기'가 있어서이다. 사람은 세상을 통제하려는 사회적 동기를 갖게 되었기 때문에 동물계에서 분리되었고 '이성'을 창조하고 활용하게 된 것이다. 따라서 과학적인 사고능력이 사람의 중요한 특징임은 분명하나 사람을 사람으로 만드는 본질적인 특성은 사회적 동기에 있는 것이다. 헐리웃의 공상과학 영화들에 등장하는 로봇이나 컴퓨터가 결코 사람이 될 수 없으며 사람처럼 행동할 수도 없는 것은 기계는 그 어떤 동기도 가질 수 없기 때문이다.

〈이성 대 비이성〉이 마음을 구분하는 기본단위가 아니라면, 심리학이 고려하고 해명해야 하는 기본문제 역시 〈이성과 비이성〉 혹은 〈사고와 동기〉 사이의 관계가 아니다. 오히려 그것은 프로이트가 주목했던 〈자아와 이드〉에 가깝다고 할 수 있는 〈사회적 동기와 생물학적 동기〉 혹은 〈사회적 속성과 생물학적 속성〉 사이의 관계라고 해야 한다. '이드'를 동물적 본능이라고 본 것은 옳다고 할 수 있으나, 프로이트는 사회적 동기(본능)에 대해 올바로 해명하지 못함으로써 과학적인 심리학 이론을 정립하지 못했다.

> 정신분석학은 이드의 심리학으로 특징지어질 수 있다. 따라서 정신분석학은 모든 지식영역에서 기여할 수 있지만, 이 기여는 자아의 심리학에 의거해서 보완되어야 한다.[278]

정신분석학이 이드의 심리학이라는 프로이트의 말은 곧 정신분석학이 동물적 본능에 초점을 맞춘 생물학적 심리학이며 동물심리학에 머무르고 있다는 자기고백이다. 그렇기 때문에 그는 이드의 심리학이라고 할 수 있는 정신분석학은 반드시 자아의 심리학에 의해 보완되어야 한다고 생각했다. 그러나 프로이트는 물론이고 그의 많은 후계자들도 올바른 자아 심리학 정립이라는 과업에서는 실패를 면치 못했다. 그리고 그런 실패의 중심에는 '사회적 동기'에 대한 놀라운 무지가 자리하고 있다.

프로이트의 생물학적 본능이론

> 이드의 욕구긴장의 배후에 있다고 가정되는 힘을 우리는 본능(Trieb)이라 부른다. 이 힘은 정신생활에 대한 신체적 욕구를 대변한다.[279]

프로이트의 애매모호한 정의와는 달리, 본능이란 원칙적으로 '태어날 때부터 가지고 있는 동물의 성질 또는 능력'을 말한다. 즉 본능은 개체 또는 종 유지의 목적에 맞게 주위환경의 변화에 대처하여 무

---

278 프로이트, 1924, 「정신분석학 소론」, 전집 제14권, 198쪽.
279 프로이트, 1940, 「정신분석학 개요」, 전집 제15권, 417쪽.

의식적으로 행동하게 하는 선천적인 능력, 성질인 것이다. 새들이 둥지를 만들어 알을 품으며 새끼를 먹여 키운다든가 개미들이 개미집을 짓는 것과 같은 행동은 선천적이며 무의식적인 본능적 활동이다. 이처럼 본능에 의한 행동은 목적의식적인 활동과는 구별되는 맹목적인, 무의식적인 활동이라고 할 수 있다. 본능에는 먹는 본능, 방어 본능, 성적 본능, 모성 본능 등이 있다.

본능은 유기체의 몸에서 인위적으로 제거할 수 없는 선천적인 성질 혹은 능력이기 때문에, 프로이트는 그것이 '항시적인 힘처럼 작용'하며 '그로부터 달아날 수가 없'다고 말했다.

> 본능적인 자극은 외부세계에서 발생하는 것이 아니라 기관의 내부에서 발생한다 … 본능은 외부에서 작용하는 것이 아니라 신체 내부에서 작용하는 것이기 때문에 그것을 피하는 일이 불가능하다. 이 본능적인 자극을 더욱더 적절히 표현하자면 〈욕구〉라고 하는 편이 나을 것이다.[280]

그는 또한 본능의 원천이 '신체적인 것 속에 있는 흥분의 상태'이고, 본능의 목적은 그 '흥분을 제거하는 것'이라고 말했다. 다시 말해 본능이란 특정한 신체기관 혹은 신체부위에서 발생한 흥분상태를 원래대로 되돌리려는 힘—프로이트가 강조했던 '항상성의 원칙'에 해당된다—이라는 것이다.

> 본능의 근원은 어떤 기관에서 일어나는 흥분과정이며, 본능의 직접

---

280 프로이트, 1915, 「본능과 그 변화」, 프로이트 전집 제11권, 103쪽.

적인 목적은 그 기관의 자극을 없애는 데 있다.[281]

프로이트는 본능이 주로 입이나 성기와 같은 신체기관의 흥분에 의해 유발된다고 보았지만, 오늘날의 연구들은 그것이 특정한 신체기관과 관련되는 게 아니라 신경계통의 기능이며 내분비계통과도 밀접히 연관되어 있음을 말해주고 있다. 즉 특정한 신체기관의 흥분은 본능의 원인이 아니라 신경계통과 내분비계통의 활동을 통해 표현되는 본능의 결과 중 하나라는 것이다. 이를 도식화해 비교해보면 다음과 같다.

• 프로이트의 잘못된 주장

• 올바른 경로

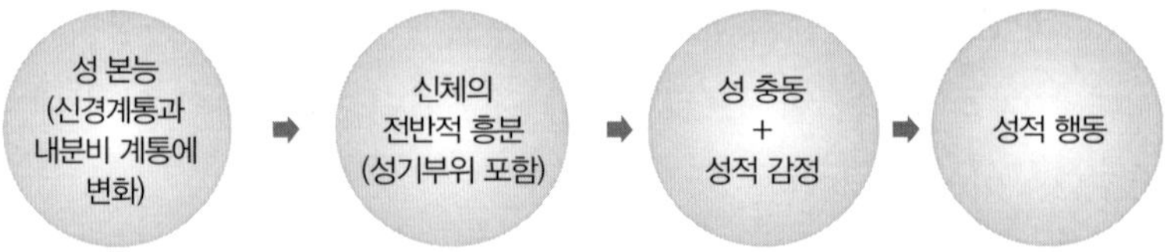

---

281 프로이트, 1905, 「성욕에 관한 세 편의 에세이」, 전집 제7권, 61쪽.

본능은 당연히 사람에게도 있다. 그러나 동물과는 달리 사람의 활동은 단순히 본능에 의하여 지배되지 않는다. 왜냐하면 사람에게는 동물적 본능보다 더 중요한 사회적 욕구와 요구들이 있기 때문이다. 나는 사람에게 고유한 일련의 사회적 욕구들을 사회적 본능[282]이라고 명명했다. 내가 '본능'이라는 개념을 사용한 것은 사회적 욕구가 선천적이라서가 아니라 사람이 사회에서 태어나고 자라나 사회적 존재로 성장하는 한 그런 욕구를 인위적으로 제거할 수 없으며, 그런 욕구에 따른 행동들이 대체로 무의식적이기 때문이다.

프로이트는 동물적 본능이 '신체 내부에서 작용하는 것이기 때문에 그것을 피하는 일이 불가능하다'고 강조했는데, 그것에 견주어 말하자면 사회적 본능 역시 '(사회역사에 의해) 정신 내부에서 작용하는 것이기 때문에 그것을 피하는 일은 불가능하다'고 말할 수 있다. 유전적으로 프로그래밍된 동물적 본능이 숙명이듯 사회가 프로그래밍해주는 사회적 본능 역시 숙명이다. 육체가 없는 사람은 존재할 수 없으므로 동물적 본능에서 자유로운 사람은 있을 수 없다. 마찬가지로 사회역사—이것이 일단 의식에 자리를 잡고 나면 로빈슨 크루소처럼 무인도에 가서 혼자 살더라도 사회역사에서 분리될 수가 없다—를 떠난 사람은 존재할 수 없으므로, 사회적 본능에서 자유로운 사람도 있을 수 없는 것이다.

프로이트는 동물적 본능은 과대평가한 반면 사람에게 고유한 사회적 동기(사회적 욕구와 요구)는 지나칠 정도로 무시했다. 이런 편향된 이론을 주장하게 된 결정적인 원인은 그가 생물학적 개념과 틀에 기초해 사람과 세상을 바라본데 있다.

---

282 사회적 본능에 대해서는 김태형, 2009, 《새로 쓴 심리학》, 81/107~108쪽을 참고하라.

생물학적인 용어와 관점이 정신분석 작업을 지배하지 않도록 하려는 모든 노력에도 불구하고, 우리는 우리가 연구하는 현상들을 기술할 때조차 그 용어들을 사용하지 않을 수 없다. 우리는 심리학 분야와 생물학 분야 사이의 경계에 있는 개념으로서 〈본능(Trieb)〉이라는 용어를 고려하지 않을 수 없다.[283]

'혹시 성 본능보다 더 강력한 사회적 본능이 있는 것은 아닐까?' 나의 막연한 추측이긴 하지만, 프로이트도 가끔씩은 이런 의문을 품었던 것 같다. 그러나 생물학적 개념과 틀을 가지고서는 사회적 본능을 제대로 찾아낼 수 없고 그 지위와 역할을 정확히 규명할 수도 없다. 그러다보니 프로이트는 동물적 본능 하나만으로 사람과 사회를 설명해야 하는 어려운 과제를 수행해야만 했고, 마침내 본능의 질이 마구잡이로 바뀔 수 있다는 비과학적인 주장까지 하게 된 것이 아닐까.

신체에서 발생하여 정신에 영향을 미치는 여러 상이한 본능들이 서로 다른, 상이한 〈특질들〉을 지니고 있다고 가정할 수 있을까? 그리고 그렇기 때문에 여러 본능들이 우리의 정신적 삶에 질적으로 서로 다른 방식으로 작용하는 것이라고 가정할 수 있을까? 이런 가정은 타당하지 않은 것 같다. 오히려 좀 더 단순한 가정, 즉 모든 본능은 질적으로 동일하며, 다만 본능에 수반된 자극의 강도에 따라, 혹은 그 이외에 그런 자극의 강도가 갖는 어떤 기능에 따라 각 본능의 작용이 다를 뿐이라는 가정만으로도 충분하다. 개별 본능에 따라 심리적 결과가 다르게 나타나는 것은 각 본능의 근원이 다르다

---

283 프로이트, 1913, 「과학과 정신분석학」, 전집 제14권, 33쪽.

> 는 점에서 찾을 수 있다. 어쨌든 우리는 본능의 질에 따른 문제와 그 의미는 나중에 더 분명하게 다루도록 하겠다.[284]

유감스럽게도 프로이트는, 죽을 때까지 '본능의 질에 따른 문제와 그 의미'를 분명하게 밝히지 못했다!

본능은 프로이트가 믿었던 것처럼 특정한 신체기관에서 발생하는 게 아니라 유전자 속에 기록된 일련의 명령에 따라 신경계통과 내분비계통이 작동하고, 바로 그것에 의해 필요한 신체기관이 흥분함으로써 발생한다. 따라서 설사 생물학적 본능만을 두고 따진다고 해도 먹는 본능, 방어 본능, 성적 본능, 모성 본능 등이 가지는 엄연한 질적 차이를 무시하고 그것을 성적 본능(리비도)이라는 단 하나의 본능으로 일원화하는 것은 명백한 오류이다. 나아가 생물학적 본능과는 질적으로 차원이 다른 사회적 본능에 대해서는 제대로 언급조차 하지 않은 것 역시 크나큰 잘못이다.

물론 프로이트의 눈에도 사회적 본능이 보이기는 했을 것이다. 하지만 생물학주의라는 비좁은 깔대기를 통해 사람을 보았기에 그는 사회적 본능을 '우리가 충분히 알지 못하고 있기 때문에 잠정적으로 〈자아 본능〉이라고 기술하고 있는 다른 본능들'이라고 얼버무릴 수밖에 없었다. 프로이트는 자기의 본능이론이 몹시 엉성하다는 것을 다음과 같이 우회적으로 인정하기도 했다.

> 본능의 일반적 특성과 있을 수 있는 변별적 자질을 대략적으로 파악하는 것보다 진정한 심리적 과학의 기초로서 더 가치 있는 지식

---

284 프로이트, 1915, 「본능과 그 변화」, 전집 제11권, 109쪽.

은 없을 것이다. 그러나 심리학의 어느 영역보다도 이 분야에서 우리는 제일 어둠 속을 헤매었다.[285]

적을 물리치기 위해 무기를 들고 싸우는 것, 선거일에 투표를 하는 것, 직장에 나가 일하는 것, 학교에 가서 공부하는 것, 친구들을 만나 술을 마시는 것, 아이들과 함께 동물원에 놀러가는 것 등은 각각 질적으로 다른 동기에 의한 다양한 활동들이다. 그러므로 사람의 거의 모든 활동은, 프로이트의 상상 속에서나 존재하는, 그 어떤 것으로도 자유롭게 변할 수 있는 마치 요술단지와도 같은 성 본능(리비도)이 만들어내는 활동들은 절대로 아닌 것이다.

사회적 본능은 동물적 본능을 조절하고 통제한다. 즉 사람은 동물적 본능을 능히 조절 · 통제할 수 있으며, 필요한 경우에는 그 발현을 억제하고 극복할 수 있다는 것이다. 따라서 본능에 의해서만 규제되는 동물의 활동은 무의식적으로 주위환경에 개체를 적응시키는 활동이지만, 사회적 동기를 가지고 있는 사람의 활동은 목적의식적으로 세상을 개조하고 통제해나가는 활동이다.

본능은 의식할 수 있는가

프로이트는 생물학적 본능을 의식할 수 없다고 주장했으나, 그것은 사실이 아니다. 생물학적 동기이건 사회적 동기이건 간에 원칙적으로 본능을 포함하는 모든 동기는 의식될 뿐만 아니라 의식되어야

---

285 프로이트, 1920, 「쾌락원칙을 넘어서」, 전집 제11권, 326쪽.

만 한다. 만일 먹는 본능을 의식할 수 없다면, 즉 배고픔을 면하기 위해 뭔가를 먹으려고 하는 욕구를 의식하지 못한다면 사람은 굶어죽게 될 것이다. 따라서 먹는 본능, 성적 본능과 같은 생물학적 본능들을 의식할 수 없었다면 인류는 진작 굶어죽거나 씨가 말라서 멸종했을 것이다.

그런데도 프로이트는 왜 본능(혹은 동기)을 의식할 수 없다는 이상한 주장을 했던 것일까?

첫째, 대부분의 본능이 무의식적으로 작용하기 때문이다. 눈앞으로 돌이 날아오면 방어 본능에 따라 자동적으로 피하거나 손으로 돌을 쳐내게 된다. 본능에 따르는 이런 순간적인 행동을 하면서, 그 본능을 의식하는 것은 불가능하며 또 그럴 필요도 없다. 마치 숨쉬기를 의식하지 않은 채 숨쉬기를 하고 있듯이, 대부분의 본능은 무의식적으로 작용한다. 그러니 본능은 의식할 수 없다고 하더라도, 크게 틀린 말은 아니라고 할 수 있다. 하지만 그렇다고 해서 본능은 의식할 수 없다는 말이 맞다고는 할 수 없다. 왜냐하면 자율신경계의 운동이나 무조건반사와 같은 예외적인 경우를 제외한다면, 모든 본능은 의식에 반영되어 어떤 식으로든 신체적 운동을 일으킴으로써 비로소 실현될 수 있기 때문이다. 다시 말해 사람은 본능을 의식하고 그것을 실현하기 위해 의도적인 신체적, 정신적 활동을 벌여야 그 본능이 제기하는 목표를 실현할 수 있다는 것이다. 게다가 굳이 의식할 필요가 없어서 그렇지, 본능에 주의를 기울이면 그것을 능히 의식할 수 있다. 원칙적으로 의식할 수 없는 본능이란 없는 것이다.

둘째, 본능을 신체적인 것과 관념적인 것으로 인위적으로 분리해 고찰했기 때문이다.

> 우리는 본능의 대표자를 본능에서 발산된 특정한 양의 정신적 에너지(리비도 혹은 관심)가 집중적으로 발현된 하나의 표상, 혹은 표상의 집단으로 이해해왔다.[286]

앞에서 지적했듯이 프로이트는 신체기관의 흥분을 본능의 원천으로, 그것이 만들어낸 감정이 의식에 반영된 것을 본능의 대표자로 이해했다. 이를 좀 단순화해 말하면 성기가 흥분해 성적 감정(에너지)이 생기면 의식에서도 야한 생각을 하게 된다는 것이다.

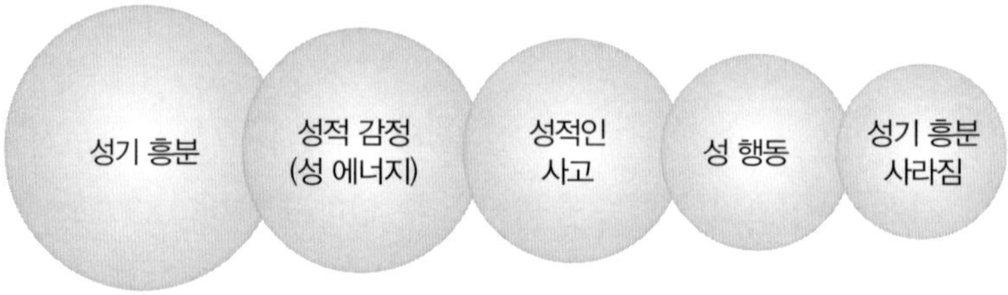

그런데 프로이트에 의하면 사람은 성 본능 혹은 성기의 흥분 그 자체는 의식하지 못한 채, 야한 생각만 하게 된다. 성기의 흥분(을 해소하려는 힘)은 의식할 수 없지만, 성적 감정이 부착된 성적인 사고는 의식할 수 있다는 그의 주장을 도식화하면 다음과 같다.

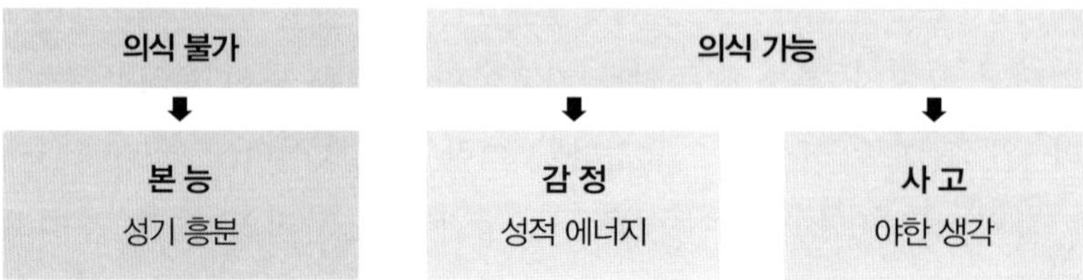

286 프로이트, 1915, 「억압에 관하여」, 프로이트 전집 제11권, 146쪽.

과연 이게 가능한 일일까? 비록 그것이 눈에는 보이지 않는 신체 내적 운동이더라도 의식(뇌)이 그 운동을 인지하지 못하면 감정이라는 정신현상은 존재할 수 없다. 그래서 프로이트도 감정은 의식할 수 있다—몸으로 느끼거나 체험하는 것도 의식되어야만 가능하다—고 분명히 말했던 것이다. 하지만 감정을 의식할 수 있다면 본능도 의식할 수 있어야 하지 않을까? 감정의 생리적 기초인 신체 내적 운동은 의식할 수 있는데, 어째서 특정한 신체기관의 흥분—이는 그 신체기관의 변화나 운동을 필히 동반할 것이다—은 의식할 수 없다는 것인가?

본능과 본능이 만들어낸 사고를 인위적으로 분리하고 나서 후자만을 의식할 수 있다고 우기는 것은 좀 심하게 말하면 말장난에 불과하다고 할 수 있다. 예컨대 감정을 신체적 변화와 그것이 반영된 사고로 나누고 나서 전자는 사고의 형태가 아니므로 의식할 수 없다고 주

멋진 여자

⬇

신체적 변화
가슴이 뛴다

⬇

신체 변화 인지

⬇

의식화
사랑인가?

⬇

감정에 기초한 사고
나는 저 여자를 사랑하나봐

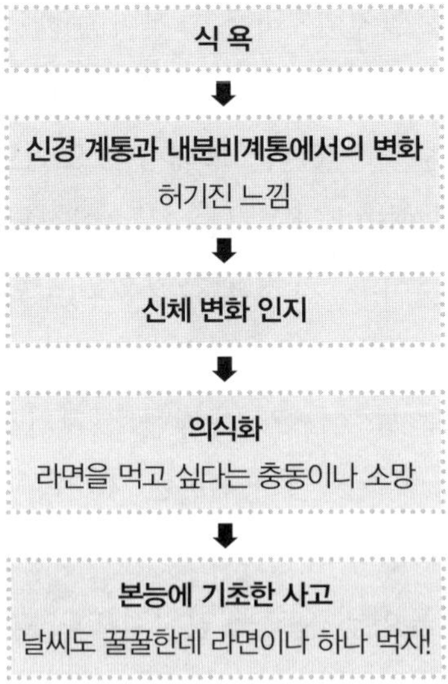

장하는 것은 명백한 오류이다. 왜냐하면 일부러 도식화하여 말한다면 감정이란 '신체적 변화 인지 + 신체적 변화에 대한 판단과 해석(그것에 근거한 사고)'의 총체이기 때문이다.

이와 마찬가지로 본능도 신경계통과 내분비계통의 활동이 야기하는 신체적 변화를 의식하는 것뿐만 아니라 그것에 대한 판단이나 해석 그리고 그것에 기초한 사고까지 포괄하는 것이라고 예상할 수 있다.

원래 본능이나 감정이란 이런 식으로 의식되는 것이지, 그것들이 그 어떤 형상을 가지고 있는 고정적이고 뚜렷한 실체로서 의식되는 게 아니다. 감정이라는 정신현상이 존재하려면 신체 내적 운동을 의식할 수 있어야 하듯이, (생물학적) 본능이라는 정신현상이 존재하려면 신체기관의 흥분을 의식할 수 있어야 한다. 의식이 성기의 흥분을 감지하지 못하고서는 성적인 감정이 촉발하는 성적 표상들이 머리에 떠오를 수 없다는 것이다. 따라서 본능 그 자체는 의식할 수 없지만 본능의 대표자는 의식할 수 있다는 말은 '나는 단지 참새를 보고 있을 뿐이지 새를 보고 있는 것은 아니다'와 같은 궤변이다. 본능이라는 개념은 원칙적으로 본능의 대표자와 인위적으로 분리될 수가 없으며 오히려 그것을 포함하고 있다. 본능을 포함하는 동기는 충동, 소망, 소원 등의 형태로 의식된다. 예컨대 식욕은 위에서 느껴지는 통증 같은 것을 포함하는 특정한 신체 내적 느낌 그리고 그것과 결부된 '뭔가를 먹고 싶다'는 사고—일부 심리학자들은 이를 '소망적 사고'라고 부른다—의 총체로서 의식되는 것이다. 또한 지적 욕구와 같은 사회적 동기도 특정한 감정이나 신체적 느낌을 수반하는 '대학에 가고 싶다'거나 '배우고 싶다'는 소원의 형태로 의식된다. 이렇게 프로이트 식으로 말하더라도 신체기관의 흥분과 그것에 상응하는 사고가 합쳐진 것이 본능이다.

사람이 본능의 대표자 혹은 본능의 표상을 의식한다는 프로이트의 다소 난해한 말은 '본능이 유발하는 감정과 일치하는 생각을 하게 된다'는 간단한 말로 대치해도 무방하다. 즉 그것은 먹는 욕구가 발동하면 먹을 게 생각나고 성적 욕구가 발동하면 야한 게 생각나며 양심의 욕구가 발동하면 나쁜 짓 했던 게 생각나는 식으로 동기, 감정, 사고가 같이 움직인다는 것을 혼란스럽게 표현하고 있을 뿐이다. 물론 병적이고 비정상적인 정신활동에서는 동기는 의식하지 못하고 그것을 상징하는 표상만 의식하는 식으로 동기-감정-사고 사이에 균열이 일어나 그것들이 따로따로 노는 일이 발생할 수 있다. 하지만 통상적이고 정상적인 정신활동에서는 동기, 감정, 사고가 항상 밀접하게 연관되어 있을 뿐만 아니라 하나로 통일되어 의식에 반영되므로, 동기와 감정은 의식하지 못하는데 사고만 의식한다거나 반대로 사고는 의식하지 못하는데 동기나 감정만 의식하는 경우는 거의 없다.

생물학적 '본능의 개념은 정신과 육체 사이의 경계에 놓여 있는 것들 중의 하나'[287]라는 프로이트의 지적은 나름대로 타당하다. 하지만 그는 사회적 본능에 있어서는 완전히 길을 잘못 들었으며, 생물학적 본능에 있어서도 완주를 하지 못했다. 하지만 오류의 가능성을 염두에 두면서도, 완벽한 본능이론을 향해 첫 삽을 뜬 그 용감함만은 높이 평가해야 할 것 같다.

> 본능이론에 대한 최종 결론을 내려줄 다른 과학의 등장을 기다리고 있을 수도 없기에 오히려 〈심리학적〉 현상의 종합을 통해 생물학의 기본문제들을 해명하도록 노력하는 일이 우리의 목적에 더 적합하지 않을까 생각해본다. 물론 오류의 가능성이 있긴 하다.[288]

〈이성 대 비이성〉이라는 서구적 패러다임은 프로이트주의에 그대로 반영되어 〈의식 대 무의식〉, 〈자아 대 이드〉 사이의 대립과 갈등에 관한 이론을 낳았다. 프로이트는 '자아는 또한 이드와 같이 본능의 영향에 종속된다'[289]고 하면서도 자아, 즉 이성이 비이성을 통제할 수 있기를 또 언젠가는 이성이 최종적으로 승리하기를 바랐다. 이런 이성과 비이성에 대한 프로이트의 착잡한 견해는 다음과 같은 '기수와 말'의 비유에 잘 압축되어 있다.

> 전체적으로 자아는 이드의 의도를 수행해야 합니다. … 자아와 이

---

287 프로이트, 1905, 「성욕에 관한 세 편의 에세이」, 전집 제7권, 61쪽.

288 프로이트, 1914, 「나르시시즘 서론」, 전집 제11권, 54쪽.

289 프로이트, 1923, 「자아와 이드」, 전집 제11권, 382쪽.

드의 관계는 기수와 그의 말의 관계와 비교해볼 수 있습니다.[290]

하지만 기수와 말의 비유를 통해 프로이트가 진정으로 말하고 싶었던 것은 바로 이것이 아니었을까? '말은 다 기수 하기 나름이라니까!'

---

290 프로이트, 1932, 「심리적 인격의 해부」, 전집 제2권: 새로운 정신분석 강의, 105쪽.

요약 및 평가

	프로이트	평가
갈등이론	마음속에서의 적대적인 힘들 사이의 갈등과 투쟁에 의해 다양한 심리현상들이 발생 · 발전한다.	프로이트도 인정했듯이, 모든 심리현상이 그런 것은 아니다.
이원론	정신분석학은 사물현상을 두 개의 대립범주나 개념으로 구분하는 이원론적 세계관에 기초하고 있다.	이원론적 틀로 설명할 수 없는 것들도 많다.
동기이론	갈등의 주체는 본질적으로 동기다	동기가 감정과 사고를 규제하므로 타당하다
	동기가 심리적 에너지를 촉발한다	동기가 없는 정신현상은 거의 없다
에너지이론	심리적 에너지의 역할을 할 수 있는 것은 감정이다	감정이 양을 매우 중요한 속성으로 가지기 때문이다
양가감정	반대되는 동기의 갈등은 감정적 차원에서 양가감정으로 표현된다	동기의 힘이란 곧 감정 에너지의 양이다
	양가감정은 인류의 숙명이자 인류문명의 근간이다	만성적인 양가감정은 병적인 상태와 관련된 심리현상일 뿐이다
감정의 질과 양	감정의 질보다는 양이 중요하다	감정의 질도 양 이상으로 중요하다

중립적인 에너지	감정의 질에서 독립적인 중립적인, 치환가능한 에너지가 존재한다	감정의 질과 양은 분리될 수 없으므로 중립적인 에너지는 존재할 수 없다
감정 개념	감정은 신체변화와 이에 대한 해석을 포함한다	기본적으로 타당하다
동기, 감정, 사고	동기와 감정이 사고를 규정한다	기본적으로 타당하다
이성 대 비이성	〈이성 대 비이성〉의 정신분석학적 버전인 〈자아 대 이드〉라는 대립구도에 기초해 마음을 연구했다	〈이성 대 비이성〉이라는 대립구도 자체가 잘못이다
생물학주의	생물학에 기초해 인간심리를 연구했다	인간심리는 생물학이 아닌 사회역사를 포함하는 심리학의 언어로 연구해야 한다
본능의 무의식성	본능의 표상이 아닌 본능 그 자체는 의식할 수 없다	대부분의 본능은 의식할 수 있으며, 의식해야 한다

Chapter 4

정신 구조론

프로이트의 정신 삼국지

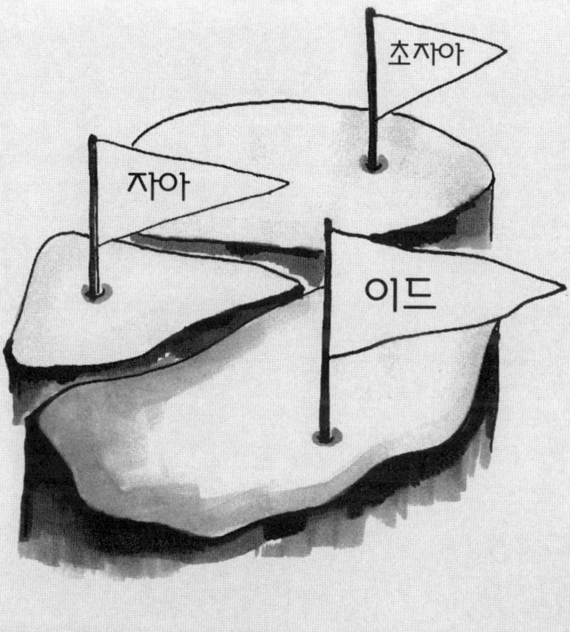

—

사람에게 성욕이 있다고 해서 그것을 '이드'라는 정신기관으로까지 격상시킨 것이 잘못이듯이, 사람에게 양심의 욕구가 있다고 해서 그것을 '초자아'라는 정신기관으로 격상시킨 것 역시 잘못이다. 욕구는 단지 욕구일 뿐이지 정신기관이 아니기 때문이다.

—

무의식의 발견

> 의식에는 부재하는 또 다른 정신활동이 존재한다….[291]

프로이트가 "뭔가 있다!"는, 즉 무의식이라는 것이 존재한다는 영감을 얻게 된 것은 최면 현상을 통해서였다. 예를 들어 피험자에게 최면을 걸어놓고 '최면에서 깨고 난 후에 빨간 우산을 집어 들라'는 명령을 내리면, 그 피험자는 최면에서 깨어난 후에 그 명령을 그대로 수행한다. 하지만 그는 자신이 왜 빨간 우산을 집었는지를 알지 못한다. 즉 피험자는 빨간 우산을 집으라는 명령을 전혀 의식하지 못하지만, 그런 행동을 하는 것이다. 이런 사례들을 보면서 프로이트는 비록 의식되지는 않지만 사람의 마음과 행동에 실제적인 영향을 미치는 '정신현상'이 있다고 생각하기 시작했다.

> 시험대상 인물이 최면 이후에 보이는 행동으로부터 오직 〈무의식적인〉 과정이라고밖에 부를 수 없는 심리적 과정들이 존재한다는 뚜렷한 인상을 받았다.[292]

---

291 프로이트, 1915, 「무의식에 관하여」, 전집 제11권, 168쪽.
292 프로이트, 1924, 「정신분석학 소론」, 전집 제14권, 175쪽.

무의식이 존재한다는 프로이트의 믿음은 다양한 환자들을 치료하는 과정에서 더욱 굳건해졌다. 그가 치료했던 대부분의 신경증 환자들은 본인은 의식하지 못하는—의식을 하지 못하는 가장 큰 원인 중 하나는 억압이다—간절한 동기나 그것이 유발하는 심리적 갈등으로 인해 고통 받고 있었다. 프로이트에게 이런 임상 사례들 역시 의식되지 않는 의식이 존재할 뿐만 아니라 그것이 사람의 마음과 행동에 뚜렷한 영향을 미치고 있는 증거로 보였다.

> 억압을 통해 어떤 표상이 의식의 전면에 나타나지 않을 때 우리는 그 표상이 〈무의식〉의 상태에 있다고 말한다. 그런데 어떤 표상이 무의식의 상태에 있을지라도 그 표상은 의식에 도달하는 표상과 마찬가지로 나름의 영향력을 행사할 수 있다.[293]

편의상 한번 나눠봤어: 서술적 구분

의식과 무의식의 문제를 올바로 이해하려면 이 개념들이 각각 명사와 동사로 사용된다는 점에 유의해야 한다. 명사로서의 의식이란 객관적 물질세계의 반영으로서 '사람의 머릿속에 있는 정신적, 관념적 현상의 총체를 표현하는 범주'이다. 반면에 동사로서의 의식, 즉 '의식한다'는 것은 어떤 정신적 현상이나 과정을 인지하거나 알고 있다는 뜻이다. 예를 들면 완전 초보자가 아닌 이상 자전거를 타면서 페달을 밟는 다리운동을 지휘하고 통제하는 정신과정을 의식하는 경

---

293 프로이트, 1915, 「무의식에 관하여」, 전집 제11권, 161쪽.

우는 없는데, '의식'은 이런 식으로 동사로서 사용된다.

그런데 프로이트가 초기에 생각했던 무의식이란 주로 동사의 의미를 가지고 있었다. 처음에 그는 무의식이라는 개념을 〈의식되지 않는 의식〉이라는, 의식되지 않는다는 좀 단순한 의미로 사용했던 것이다. 이를 표로 표현하면 다음과 같다.

의 식
의식할 수 **"있다"**

무 의 식
의식할 수 **"없다"**

프로이트는 의식(적)이나 무의식(적)이 '순전히 서술적 용어'라고 강조했는데, 여기에서 '서술적'이란 '우리가 전혀 모르고 있지만 그 작용, 그 효과로부터 그 존재를 추론해서 가정할 수밖에 없는 심리적 과정을 지칭하는 것'[294]이라는 뜻을 가지고 있다. 얼핏 들으면 다소 난해한 듯하지만 이 서술적 기준이란 사실상 의식되느냐 그렇지 않느냐라는 기준에 의한 구분이다. 이렇게 초기의 프로이트는 의식과 무의식을 그다지 심각하게 다루지 않고 다음과 같이 단순하게 다루었다.

우리의 의식 속에 존재하면서 우리가 인식할 수 있는 표상을 〈의식적〉이라고 부르고, 이것을 〈의식적〉이라는 용어의 유일한 의미로

---

294 프로이트, 1932, 「심리적 인격의 해부」, 전집 제2권: 새로운 정신분석 강의, 96쪽.

간주하자. 그리고 잠재적인 표상에 대해서는, 만일 그 표상이 정신 속에 존재한다고 가정할 만한 충분한 근거—기억의 경우에서와 같이—가 있다면 그 잠재적 표상에 〈무의식적〉이란 표현을 사용하기로 하자.[295]

아무튼 이런 기준에 의하면 무의식이란 주의를 기울이지 않아서 단순히 의식되지 않는 것이든 아니면 억압에 의해 의식하지 못하게 된 것이든 간에 '의식되지 않는' 정신현상이라고 할 수 있을 것이다. 하지만 초기의 정신분석학에서는 '억압'이 그다지 비중 있게 취급되지 않았으므로, 프로이트는 의식할 수 있느냐 없느냐 하는 문제가 주의를 기울이는 것과 주로 관련된다고 주장했다.

의식된다는 것은 특정한 심리적 기능, 즉 주의력을 기울이는 것과 관계 있다.[296]

또한 의식되느냐 그렇지 않느냐라는 기준에 의해서 의식과 무의식이 구분되므로, 이 두 가지 사이의 경계는 매우 유동적이다. 즉 대부분의 생각은 한때는 의식에 속했다가 다시 무의식에 속하기도 하고, 한때는 무의식에 속했다가 다시 의식에 속하는 식으로 의식과 무의식 사이를 자유롭게 오갈 수 있다.

나의 의식 속에 〈나타난〉 어떤 표상은 다음 순간 〈사라질〉 수도 있

—

295 프로이트, 1912, 「정신분석에서의 무의식에 관한 노트」, 전집 제11권, 28쪽.
296 프로이트, 1900, 「꿈의 해석」, 전집 제4권: 꿈의 해석, 683쪽.

으며, 그러다 일정한 시간이 흐른 뒤 전혀 변화되지 않은 채, 우리 감각에 의해 새롭게 감지된 결과로서가 아니라 기억에 의해 〈다시 나타날〉 수도 있다.[297]

프로이트는 무의식을 '의식되지 않은 정신적인 것',[298] '무의식의 〈의식〉',[299] '무의식적인 지식'[300] 등으로 규정했는데, 이렇게 그에게는 '의식에 도달되지 않는' 것이야말로 곧 〈무의식적인〉[301] 것이었다. 또한 바로 그렇기 때문에 '정신 속에는 존재하면서 의식에는 잠재해 있'는 무의식—의식되지 않은 정신적인 것—은 특별한 저항 없이 언제라도 의식화될 수 있는 그런 것이기도 했다.

〈무의식적〉이라는 표현은 〈잠재적이고 의식화될 수 있는〉이라는 말과 일치한다.[302]

의식과 무의식: 지형적, 역동적, 경제적 관점

프로이트의 견해에 입각해 잠정적으로 인식의 주체를 자아로 지칭한다면, 정신 중에서 자아가 인식할 수 있는 영역은 의식이고 인식할 수 없는 영역은 무의식이라고 할 수 있다. 즉 자아의 입장에서 보면

---

297 프로이트, 1911, 「정신적 기능의 두 가지 원칙」, 전집 제11권, 27쪽.
298 프로이트, 1905, 「농담과 무의식의 관계」, 전집 제6권, 206쪽.
299 프로이트, 1915, 「무의식에 관하여」, 전집 제11권, 167쪽.
300 프로이트, 1917, 「정신분석 강의」, 전집 제1권, 226쪽.
301 프로이트, 1917, 「정신분석 강의」, 전집 제1권, 154쪽.
302 프로이트, 1923, 「자아와 이드」, 전집 제11권, 349쪽.

자기한테서 멀리 떨어진 것일수록, 마치 바다 건너에 있는 낯선 외국 땅처럼 무의식적인 것이 되는 셈이다. 프로이트는 이렇게 의식은 거리상으로 자아와 가까워서 인식하기 쉬운 반면 무의식은 거리상으로 멀어서 인식하기 어렵다고 보았는데, 이런 관점을 '지형적이고 체계적인 의미'라고 정의했다.

> 정신생활의 광대하고 중요한 영역이 보통 자아의 인식범위 밖에 있다 … 정신적인 것의 질을 나타낸다기보다는 어떤 정신적 지역을 의미하게 되었습니다.[303]

그의 말에서 알 수 있듯이, 지형적인 구분은 그 어떤 질적 차이에 의한 구분이 아니다. 그것은 단지 자아로부터의 거리, 다시 말해 인식의 용이성과 관련된 구분일 뿐이다.

프로이트는 또한 '정신의 지형학은 〈현재로서는〉 해부학과 아무런 관련도 없다'[304]는 사실을 명심해야 한다고 강조했다. 뇌에 관한 최신 연구들을 살펴보더라도, 뇌의 특정 영역은 의식이고 또 다른 영역은 무의식이라고 말할 만한 증거는 없으므로, 의식과 무의식의 구분이 해부학과는 관련이 없다는 프로이트의 지적은 지금까지도 여전히 타당하다고 할 수 있다.

프로이트는 신경증 환자들을 치료하는 과정에서, 〈억압〉이라는 정신현상에 대해 점차 심각하게 주목하기 시작한다. 그는 '인간들의 마음속에는 자신이 그것을 알고 있다는 것을 모르면서도 실제로는

---

303 프로이트, 1932, 「심리적 인격의 해부」, 전집 제2권: 새로운 정신분석 강의, 98쪽.
304 프로이트, 1915, 「무의식에 관하여」, 전집 제11권, 173쪽.

알고 있는 정신적인 것이 있다'[305]는 알쏭달쏭한 말을 했는데, 이를 단순하게 풀이하면 머릿속 기억창고 안에 보관되어 있기는 하지만 억압 때문에 의식하거나 접근하지 못하는 정신적 영역이 있다는 의미가 된다. 프로이트는 우선 마음의 병과 관련이 있는 과거의 중요한 경험들은 절대로 잊혀지거나 사라지지 않는다고 보았다.

> 병을 일으키는 데 중요한 역할을 한 경험들, 그리고 그 경험에 따른 주변상황들은 설사 환자가 잊어버렸거나 생각해낼 수 없다고 하더라도 환자의 기억 속에 정확하게 보존되어 있다….[306]

그런데 비록 기억 속에 정확히 보존되어 있더라도, 그것에 접근할 수가 없거나 어떤 이유로 인해 그것을 의식할 수가 없다면 그 기억은 회상될 수 없다. 이런 기억을 프로이트는 소위 억압된 것으로 간주했다.

> 결코 실제로 잊혀졌던 것이 아니라 다만 접근 불가능한 것으로, 즉 잠재적으로 변해버린 것으로서 무의식에 속해 있었던 것입니다.[307]

억압은 무의식적, 자동적으로 작용하는 경우가 많아서 사람들은 보통 과거의 기억들을 아예 잊어버렸다고 생각하기가 쉽다. 하지만 그것은 잊혀져서가 아니라 단지 접근이 불가능해서 기억하지 못하는 것이고, 그렇기에 잊어버렸다고 믿게 되는 것일 뿐이다.

---

305 프로이트, 1917, 「정신분석 강의」, 전집 제1권, 137쪽.
306 프로이트, 1908, 「사례 연구—에미 폰 N. 부인」, 전집 제3권: 히스테리 연구, 149쪽.
307 프로이트, 1917, 「정신분석 강의」, 전집 제1권, 273쪽.

그 기억들은 단지 그에게 접근 불가능한 상태에 있었을 뿐이고 그는 자신이 그것들을 알고 있음을 몰랐을 뿐이며 자신은 그것들을 알지 못한다고 믿었던 것뿐입니다.[308]

이렇게 병을 일으킨 과거의 경험들은 기억의 저장고 안에 정확히 보존되어 있으나 억압 때문에 그것을 의식할 수가 없으므로, 프로이트는 환자들이 과거의 어느 시점에는 알고 있었지만 현재는 의식하지 못하는 기억을 의식화하는 것을 치료의 중요 내용으로 삼았다.

나는 환자들이 병의 원인이 될 만큼 중요한 모든 것들을 이미 알고 있으며 그것들에 관해 이야기하도록 이끄는 것이 관건이라는 전제에서 출발하기로 했다.[309]

프로이트는 억압이론을 무의식을 설명하고 이해하는 데에 적용했다. 그래서 그는 점점 '무의식=억압된 의식'이라는 생각에 빠져들게 되었다.

우리는 억압의 이론으로부터 무의식의 개념을 얻는다. 억압된 것이 무의식의 원형이다.[310]

무엇인가가 억압되었다는 것은 다음과 같은 의미를 갖는다. 첫째 억압당한 것은 힘 혹은 에너지를 보유하고 있다. 억압이 필요하다는

---

308 프로이트, 1917, 「정신분석 강의」, 전집 제1권, 140쪽.
309 프로이트, 1908, 「사례 연구—에미 폰 N. 부인」, 전집 제3권: 히스테리 연구, 146쪽.
310 프로이트, 1923, 「자아와 이드」, 전집 제11권, 350쪽.

✚ 프로이트는 처음에는 무의식을 '의식되지 않는 의식'으로 이해했다. 그러나 억압이론을 도입하면서부터는 무의식을 '억압된 의식'으로 간주하기 시작했다

것은 억압당하는 것이 의식화되려는 힘을 가지고 있다는 뜻이기도 하다. 만일 억압당한 것이 아무런 힘을 가지고 있지 않다면 억압될 필요조차 없을 테니까.

> 〈무의식〉은 일반적으로 잠재적인 생각을 지칭하는 것일 뿐만 아니라 특히 어떤 동태적인 성격을 지닌 생각들, 즉 그 힘의 강도나 활동성에도 불구하고 의식에서 멀리 떨어져 있는 생각들을 가리키기도 하는 것이다.[311]

둘째 억압당하는 것의 핵심에는 동기가 있다. 의식이 거부해야만 하는 어떤 힘이나 에너지를 유발할 수 있는 것은 오직 동기뿐이다.

---

311 프로이트, 1912, 「정신분석에서의 무의식에 관한 노트」, 전집 제11권, 31쪽.

즉 '힘의 강도'를 가지고 있거나 '활동성'이 있는 동태적인 성격을 지닌 생각들은 본질적으로 동기인 것이다. 물론 에너지의 역할을 하는 것은 감정이지만, 특정한 질을 가진 감정을 유발하며 그 강도를 규제하는 것은 동기이므로 억압된 것의 핵심은 동기라고 할 수 있다. 셋째 억압하는 것 역시 최소한 억압당하는 것만큼의 힘은 보유하고 있어야 한다. 만일 억압하는 것이 억압당하는 것보다 힘이 약하다면 억압은 성공할 수 없을 것이다. 또한 억압하는 것의 핵심 역시 동기라고 할 수 있는데, 그것은 어떤 동기의 작용이 없이는 특정한 동기나 감정이 의식화되는 것을 거부할 까닭이 없기 때문이다. 프로이트는 이렇게 감정 에너지를 보유하고 있는 두 개의 갈등하는 동기가 팽팽히 맞서고 있는 현상을 에너지 집중과 에너지 반대집중으로 설명했는데, 이것은 앞에서 살펴보았던 동기의 갈등상황을 감정적인 측면에서 표현한 것이라고 할 수 있다. 아무튼 프로이트는 '때로는 조화롭게 작용하고 때로는 서로 상반되는 다수의 정신적 힘들'이 있다면서, 그런 힘들의 움직임과 대립관계에 주목하는 것을 '역동적(동태적)' 관점이라고 정의했다.

역동적 관점에 따르면, 주로 억압된 의식인 무의식은 강한 힘을 보유하고 있어서 의식으로 밀고 나오려고 하는 반면, 억압하는 의식 역시 강한 힘을 동원하여 그것이 의식화되지 못하도록 압력을 가한다. 이렇게 의식과 무의식—실제적으로는 반대되는 두 개의 동기—은 팽팽한 힘의 균형을 이루면서 대립하고 갈등한다. 이런 점에서 역동적 기준에 의한 의식과 무의식의 구분이란 갈등이론에 기초한 구분이라고 할 수 있다.

무의식 쪽에서의 '에너지 집중' 그리고 이것을 억누르기 위한 의식 쪽에서의 '에너지 반대집중' 사이의 관계나 그 승부의 결과를 살펴보려면 경제적 관점이 필요하다. 즉 '여기에서 양적, 혹은 〈경제적〉 요소가 처음으로 문제시된다'[312]는 프로이트의 말처럼, 어느 쪽 에너지의 양이 더 많은가 혹은 힘이 더 센가 하는 문제를 필히 따져봐야 하는 것이다.

> 〈경제적〉인 관점이란 자극(흥분)의 양이 어떻게 변화되는가를 추적하고, 그 양의 규모를 적어도 〈상대적〉으로나마 평가하려는 노력을 의미한다.[313]

경제적 관점에 기초하면, 억압이 성공할 것인지 아니면 실패할 것인지를 쉽게 알 수 있다. 에너지의 양이 더 많은 쪽, 힘이 더 센 쪽이 무조건 승리하게 될 것이기 때문이다.

프로이트는 '어떤 정신과정을 동태적인 관점과 지형학적인 관점, 그리고 경제적인 관점에서 설명해낼 수 있을 때 그것을 〈초심리학적(metapsychologisch)〉 서술로 부르자고 제의'[314]했다. 다시 말해 그는 지형학(지형적 요소), 역학(역동적 요소), 경제학(경제적 요소)이라는 세 개의 축에 따라 모든 정신과정을 평가하는 고찰방식[315]을 초심리학이라고 정의했다.

프로이트가 언급한 의식과 무의식을 구분하는 몇 가지 기준을 표로 정리해보면 다음과 같다.

---

312 프로이트, 1923, 「자아와 이드」, 전집 제11권, 350쪽.
313 프로이트, 1915, 「무의식에 관하여」, 전집 제11권, 183쪽.
314 프로이트, 1915, 「무의식에 관하여」, 전집 제11권, 183쪽.
315 프로이트, 1925, 「나의 이력서」, 전집 제15권, 262쪽.

	의식	무의식
서술적 기준	의식할 수 있는 것	의식되지 않는 것
지형학적 기준	자아에서 가까운 것	자아에서 멀리 떨어진 것
역동적(동태적) 기준	억압하는 것	억압당하는 것
경제적 기준	에너지 반대집중	에너지 집중

자동행위: 무의식적 정신과정

평생에 걸쳐 무의식에 대한 프로이트의 견해는 계속 변하게 되지만, 그가 무의식의 존재를 발견한 이래 그것은 정신분석학을 특징짓는 핵심범주가 되었다. 어떤 의미에서 정신분석학이란 무의식을 연구하는 학문이라고도 할 수 있는 것이다.

> 정신계를 의식적인 것과 무의식적인 것으로 나누는 것은 정신분석학의 기본전제이다.[316]

일상적으로는 의식되지 않는 무의식적 정신과정이 의식되는 정신과정보다 훨씬 더 많다. 흔히 의식을 수면 위에 조금 나와 있는 '빙산의 일각'에, 무의식을 수면 아래에 잠겨 있는 거대한 빙산덩어리에 비유하는 것처럼, 무의식적 정신과정이 훨씬 더 많다는 것이다.

---

316 프로이트, 1923, 「자아와 이드」, 전집 제11권, 348쪽.

> 정신적 과정들은 그 자체가 무의식적이며, 의식적인 것은 정신활동 전체 중에서 단지 일부분에 지나지 않는다.[317]

그런데 평상시에는 의식적인 정신과정보다 무의식적 정신과정이 더 많다는 것을 사람이 무의식의 지배를 받는다는 말로 잘못 해석하면 곤란하다. 사람은 익숙하지 않은 상황을 맞이하거나 고난도의 수행을 해야 할 때는 의식적인 정신과정을 동원해 문제를 해결한다. 그리고 이것이 몇 번 반복되면 그 의식적인 정신과정은 무의식적인 정신과정, 즉 자동화된 정신과정으로 변화된다. 예를 들어보자. 자전거를 처음 배울 때에는 페달을 밟는 것, 핸들을 움직이는 것, 중심을 잡는 것 등에 일일이 주의를 기울여 연습을 한다. 그런 하나하나의 운동들을 지배하는 정신적 과정을 의식하면서 자전거를 배우는 것이다. 그러나 기본적인 자전거 타기에 익숙해지면 페달을 밟는 다리의 움직임을 전혀 의식하지 않더라도 두 다리는 자동적으로 페달을 밟게 된다. 이렇게 모든 무의식적인 정신과정이 한때는 의식적인 과정이었으며 의식적인 정신과정에 의해서만 더 높은 수행으로 나아갈 수 있으므로, 사람은 무의식의 지배를 받는 존재라고 할 수 없는 것이다.

프로이트는 익숙해진 수행이 무의식적인 정신과정에 의해 자동적으로 벌어지는 것을 '정확성과 신뢰성을 그 특징으로 하는 자동행위'[318]라고 규정했다. 그런데 '자동행위 혹은 자동화된 수행'이 많으면 많을수록 그 사람을 전문가라고 할 수 있다. 프로이트는 자동행위

---

317 프로이트, 1917, 「정신분석 강의」, 전집 제1권, 26쪽.

318 프로이트, 1901, 「일상생활의 정신병리학」, 전집 제5권, 365쪽.

의 장점으로 '주의집중이 불필요'하며, '에너지 소모'가 없다[319]는 점을 꼽았다. 그가 말한 것처럼 자동행위는 힘을 별로 안 들이고 무의식적으로 할 수 있으므로, 남들은 의식적으로 해야만 하는 일을 자동행위로 대치할 수만 있다면 주의력과 에너지를 다른 곳에다 사용할 수 있다. 즉, 자동수행으로 처리할 수 있는 일이 많으면 많을수록 실천력이나 수행력이 높아진다고 할 수 있는 것이다. 예를 들면 건반 누르기에 주의를 기울여 전력을 다하지 않아도 되게 해주는 자동적인 연주능력이 뛰어날수록 전문적인 피아니스트가 될 수 있다. 자동행위의 이점을 보여주는 실험을 하나 살펴보자.

> 실험을 위해 초보 골퍼와 프로 골퍼들에게 각각 두 가지 조건을 제시했다. 하나는 퍼팅하는 데 3초를 주는 것이고, 다른 하나는 원하는 만큼 시간을 쓸 수 있도록 허용하는 것이다. … 초보자는 시간에 쫓기는 상황에서 성적이 좋지 않았고, 타깃 적중률도 떨어졌다. 하지만 놀랍게도 프로 골퍼들은 시간이 넉넉할 때보다 쫓기는 상황에서 높은 적중률을 보였다.[320]

시간이 넉넉할 때보다 쫓기는 상황에서 프로 골퍼들이 더 높은 적중률을 보인 것은, 통속적으로 말해 그들이 생각 없이 막 쳤기 때문이라고 할 수 있다. 그런데 왜 생각 없이 막 친 프로 골퍼들이 생각을 깊이 하면서—주의를 집중하고 에너지를 많이 사용하면서—신중하게 친 초보자들보다 더 좋은 성적을 거둘 수 있었을까? 때로는 무

---

319 프로이트, 1901, 「일상생활의 정신병리학」, 전집 제5권, 235쪽.
320 게르트 기거렌처, 2007, 《생각이 직관에 묻다》, 51쪽.

의식적 행위가 더 좋은 결과를 낳을 수 있는 까닭에 대해 프로이트는 이렇게 설명했다.

> 사실 우리가 흔히 생각하는 일련의 기능들은 기계적으로 수행될 때, 즉 의식적인 주의력을 거의 쏟지 않을 때 가장 정확하게 수행될 것이다.[321]

제한된 짧은 시간은 진지한 의식적 사고가 아니라 무의식적인 사고가 이끄는 자동화된 수행을 하게 만든다. 그런데 프로 골퍼들은 평소에 연습을 통해 골프와 관련된 많은 자동행위들을 습득한 반면 초보자들은 그런 자동행위를 거의 습득하지 못했다. 이렇게 프로 골퍼의 자동행위, 즉 무의식적인 수행은 긴 시간 동안의 피나는 연습을 통해 다듬어진 것인 만큼 좋은 결과로 이어질 수밖에 없는 것이다. 이런 측면에서 보자면, 초보는 '자동행위 혹은 자동화된 수행' 능력이 적은 반면 프로는 그것이 많은 사람이라고도 할 수 있을 것이다.

당연한 말이겠지만 무의식적인 정신과정을 모두 의식할 필요는 없으며 그래서도 안 된다.

> 모든 무의식적 정신과정이 의식적인 것으로 변형될 필요는 없습니다.[322]

만일 사람이 자동수행 없이 모든 정신과정을 일일이 다 의식해야

---

321 프로이트, 1901, 「일상생활의 정신병리학」, 전집 제5권, 181쪽.
322 프로이트, 1917, 「정신분석 강의」, 전집 제1권, 401쪽.

한다면, 건반을 누르는 데 주의를 기울이는 수준을 넘어설 수 있는 사람은 존재할 수가 없으므로 음악을 연주할 수 있는 피아니스트는 탄생할 수 없다. 한마디로 대부분의 정신과정을 무의식화하지 못한다면 사람은 수많은 자동행위를 필수적으로 포함해야만 하는 고차원적인 수행은 할 수 없게 된다는 것이다.

의식은 무슨 일을 하는가?

철학적으로 볼 때 의식이란 곧 정신이라고 할 수 있다. 프로이트 역시 의식을 그런 의미로 사용하기도 한다. 하지만 프로이트가 말하는 의식은 철학적 개념으로서의 의식과는 좀 다르다. 그는 정신을 의식과 무의식으로 구분했으므로, 의식을 수학공식으로 표현하면 '정신-무의식=의식'이 된다고 할 수 있다.

프로이트는 의식이라는 개념을 특정한 정신적 기능을 담당하는 기관이라는 의미로도 사용한다. 그는 의식의 기능으로 '감각, 주의력, 기억, 사고(판단), 행동(운동) 규제'[323] 등을 들고 있다. 그의 견해를 참고해 의식의 기능들을 살펴보면, 그것은 크게 동기와 감정 조절통제, 인식(사고)활동 지휘통제, 신체활동(운동) 지배로 구분된다.

① **동기와 감정 조절통제** : 의식은 동기와 감정을 조절 · 통제하는데, 그 중에서도 가장 주요한 욕구나 요구의 실현을 위해 나머지 욕구들을 조절통제—주요한 동기가 부차적인 동기들을 지배하도록 하

323 프로이트, 1911, 「정신적 기능의 두 가지 원칙」, 전집 제11권, 15~16쪽.

는 것—하는 기능이 특히 중요하다. 프로이트는 사회적 동기의 중요성을 간과했을 뿐만 아니라 기본동기인 성욕을 통제 불가능한 무의식적 본능으로 간주했기에, 의식이 여러 동기들을 조절·통제한다는 사실을 밝힐 수가 없었다. 하지만 의식이 동기의 단짝인 감정을 조절—감정의 조절이 곧 동기를 조절하는 것임에도 불구하고—한다는 점은 인정했다.

> 의식조직이 통상적으로 운동능력뿐만이 아니라 감정도 조절한다…..[324]

② **인식(사고)활동 지휘통제 :** 의식은 감각기관을 지배함으로써 감성적 인식활동을 지휘·통제한다. 또한 이성적 사유법칙, 언어법칙을 활용하는 개념, 판단, 추리 같은 고차적인 사고활동(이성적 인식활동)을 지휘·통제한다. 이 기능은 사회 속에서 성장해야만 정상적으로 발달할 수 있으며, 교육과 훈련에 의해 촉진될 수 있다. 사람이 성장함에 따라 점차 발달하는 것을 의식이라고 하거나, 언어의 영상으로 바뀌어야만 의식이 될 수 있다고 했던 것은, 프로이트가 바로 이 기능을 의식과 동일시하면서 말하고 있기 때문이다.

> 아이들의 의식은 아직 의식의 모든 특징을 갖추지 않았기 때문이다. 아이의 의식은 아직도 발달 중이고, 또 자신을 언어의 영상으로 바꿀 능력을 완전히 갖지 못했다.[325]

—

324 프로이트, 1915, 「무의식에 관하여」, 전집 제11권, 179쪽.
325 프로이트, 1918, 「늑대인간—유아기 신경증에 관하여」, 전집 제9권, 320쪽.

인식활동을 지휘 · 통제하는 데서 특히 중요한 것을 몇 가지 꼽아 보면 다음과 같다.

- **감각기관 지배** : 외부 감각기관은 외부세계에 대한 정보를, 내부 감각기관은 신체 내부의 상태를 알려준다. 의식은 이 감각기관을 통해 외부세계와 자기 자신에 대한 정보를 받아들이는 인식활동을 하게 된다. 인식활동은 대상이 이로운가 아니면 해로운가를 따지는 주체와의 관계를 파악하는 인식과 어떤 대상의 객관적인 속성을 파악하는 인식으로 나눌 수 있는데, 프로이트는 전자를 대상이 유발하는 '쾌락과 불쾌의 특징'을 파악하는 것으로 후자를 대상의 '감각적 특징'을 파악하는 것으로 규정했다.

> 의식은 지금까지 그것의 주된 관심대상이었던 쾌락과 불쾌의 특질들뿐만 아니라 감각적 특질들까지 파악하는 법을 배우게 되는 것이다.[326]

- **기억 규제** : 의식은 인식한 내용과 경험한 내용들을 기억장소에 저장해두고 필요하면 나중에 그것을 회상해낸다. 프로이트에 의하면, 처음에는 단순한 감각기관이었던 의식은 기억조직—최근 심리학의 용어로는 장기기억 혹은 기억능력—을 가지게 됨으로써 사고기관이 될 수 있었다.

> 오로지 지각을 위한 감각기관이었던 의식은 이 기억조직의 특성을

---

326 프로이트, 1911, 「정신적 기능의 두 가지 원칙」, 전집 제11권, 15쪽.

통해 또한 사고 과정의 일부를 위한 감각기관이 된다.[327]

- **현실성 판단 :** 의식은 어떤 사고내용 혹은 정신현상이 실제 현실을 반영한 것인지 아니면 비현실적인 것인지를 구별한다. 이 기능이 손상되면 심각한 정신병에 걸릴 수 있다. 이후에 살펴보겠지만 전의식은 본질적으로 의식과 다르지 않다. 그러므로 프로이트가 언급한 다음의 기능들은 원칙적으로 의식에 속한다고 생각하면 될 것이다.

〈현실성 검사〉는 물론 현실원칙의 적용 또한 이 전의식 조직의 영역에 속한다. 더 나아가 의식적 기억 역시 전적으로 이 전의식 조직에 의존하는 듯이 보인다.[328]

- **주의 집중 :** 사람이 추구하는 정신적, 신체적 활동이 원만히 이루어질 수 있도록 순차적으로 주의를 집중하도록 이끈다. 의식은 한꺼번에 여러 대상에 주의를 집중할 수 없으므로 순차적으로 주의 집중을 배분하는 기능은 매우 중요하다.

③ **신체활동(운동) 지배:** 의식은 수의적 운동을 조절통제함으로써 신체활동을 지배한다. 이 기능 덕분에 사람은 마음먹은 대로, 원하는 대로 몸을 움직일 수 있다. 프로이트는 '어떤 사람의 의식조직이 감정과 운동을 억제하는 한 그의 정신상태는 정상'[329]이라고 평가

—

327 프로이트, 1900, 「꿈의 해석」, 전집 제4권: 꿈의 해석, 664쪽.
328 프로이트, 1915, 「무의식에 관하여」, 전집 제11권, 193쪽.
329 프로이트, 1915, 「무의식에 관하여」, 전집 제11권, 179쪽.

할 수 있다고 말했다. 이때 감정을 억제한다는 것은 곧 그것을 유발한 동기를 억제한다는 말이므로, 이것은 자기의 동기와 신체활동을 통제하고 지배하는 사람이 정상인이라는 의미가 된다. 결국 프로이트는 '동기(감정) 통제'와 '수의적 신체활동 통제'를 정상과 비정상을 가르는 두 가지 기준으로 보았던 것이다.

의식과 작업의식

프로이트는 '의식으로 가는 길이 〈좁은 길〉'이라면서 '한 번에 오직 단 하나의 기억만이 자아의식 속으로 들어갈 수 있다'고 말했다.[330] 간단히 말해 사람은 여러 가지 생각을 동시에 할 수 없기 때문에 한 번에 오직 한 가지 생각만을 떠올려 그것에 집중하고 처리할 수 있다는 뜻이다.

의식의 정보처리 능력이 제한되어 있어서 병렬적 처리가 아닌 순차적 처리를 할 수밖에 없다는 그의 주장은 과연 사실일까? 지금까지의 심리학 연구들에 의하면 의식이 한 번에 처리할 수 있는 정보의 양은 제한적이다. 밀러(Miller)는 사람이 한 번에 기억할 수 있는 최대치가 '7±2'라고 주장했다. 즉 사람은 마법의 수(magic number)로 지

---

330 프로이트, 1908, 「히스테리의 심리치료」, 전집 제3권: 히스테리 연구, 377쪽.

칭되는, 대략 7±2개의 꾸러미(chunking)—꾸러미란 한 묶음으로 취급되는 일종의 정보처리 단위를 말한다. 따라서 꾸러미를 더 잘 만들수록 정보처리의 양이 많아진다—만큼을 머리에다 동시에 떠올려 기억하면서 처리할 수 있다는 것이다. 이런 사실에 기초해 상당수의 심리학자들은 정신 속에서 마치 일종의 작업대처럼 기능하는 이런 정신단위 혹은 기관을 '작업기억'(working memory)으로 부르고 있다. 그리고 나는 이 작업대에서 단지 기억활동만이 아닌 전반적인 정신활동이 모두 다 처리되기 때문에 그것을 '작업의식'으로 부르자고 제안했다.[331] 아무튼 정보(생각)의 순차적 처리를 담당할 뿐만 아니라 일종의 작업대로 기능하면서 정신활동을 총괄하는, 상대적 독자성을 가지는 작업의식이라는 일종의 정신기관이 있다는 것만큼은 분명한 것 같다. 또한 기억이나 정보를 꼭 하나씩만 처리하는 건 아니더라도, 프로이트가 지적했던 순차적 처리 역시 이 작업의식의 중요한 특징이라고 할 수 있다.

작업의식은 마치 신체의 감각기관이나 컴퓨터의 CPU와 비슷한 것이라서, 정보를 잠깐 동안 보관하면서 처리할 뿐 그 정보를 장기적으로 저장해 두지는 못한다. 그래서 작업의식에 의해 처리된 정보는 뇌(의식)의 여러 장소에 저장되는데, 이를 심리학에서는 단기기억(short-term memory)—단기기억이란 기억의 단기성에만 초점을 맞춘 작업기억의 또 다른 이름이다—에 반대된다는 의미에서 장기기억(long-term memory)으로 정의하고 있다. 생리학적 견지에서 보면 장기기억이란 뇌의 기억용량에 의해 좌우되는데, 뇌의 뉴런(신경세포)은 거의 무한대에 가까운 연결이 가능하기 때문에 장기기억 역시 무한대의 용량

---

331 작업의식에 대해서는 김태형, 2009, 《새로 쓴 심리학》, 208~211쪽을 참고하라.

을 가지고 있는 것으로 간주된다.

작업의식과 장기기억—혹은 기억으로서의 의식—사이의 관계에 대해 프로이트는 다음과 같이 설명했다. 그의 다음 설명에서 〈지각 의식〉은 작업의식, 〈기억 조직〉은 장기기억에 각각 대응한다고 볼 수 있다.

> 우리의 정신기관은 새로운 지각을 받아들일 무한한 수용능력을 지니고 있으면서 동시에 그 지각에 대한 영원한 기억흔적을 기록해둔다. … 우리는 〈지각 의식〉의 조직을 갖고 있는데, 이것은 지각을 받아들이기는 하나 이를 영원한 흔적으로 간직하지는 않는다. … 접수된 자극의 영원한 흔적은 지각 조직의 뒤에 놓여있는 〈기억 조직〉 속에 보존된다.[332]

한마디로 감각기관을 통해 인식한 내용들이나 기억창고에서 되살린 내용들은 모두 작업의식에서 진행되는 사고활동을 통해 처리되는 반면, 그 결과는 장기기억에 저장된다는 것이다. 그러므로 비록 작업의식과 장기기억을 정확하게 규명하지는 못했으나 프로이트는 의식을 〈지각 의식〉과 〈기억 조직〉으로 구분했고, 정보를 처리하는 작업의식을 첫 번째 의식으로 그리고 장기기억을 담당하는 의식을 두 번째 조직으로 보았던 것이다.

> 정신기관의 전면에 있는 조직은 감각자극을 받아들이지만 그 자극들의 흔적을 보존하지 못하여 아무 것도 기억하지 못하는 반면, 첫

---

332 프로이트, 1925, 「〈신비스런 글쓰기 판〉에 대한 소고」, 전집 제11권, 437쪽.

번째 조직의 순간적인 흥분을 지속적인 흔적으로 변환시키는 두 번째 조직이 그 뒤에 있다고 가정한다.[333]

정신활동 전반을 지휘하고 통제하는 〈작업의식〉의 존재를 인정하게 되면, 서술적 기준에 의한 의식과 무의식의 구분이 한층 명확해질 수 있다. 즉 정신 중에서 작업의식이 의식(접근)할 수 있는 영역이 의식이 되고, 의식(접근)하기 힘든 영역이 무의식이 되는 것이다.

사람은 작업의식이라는 일종의 정신기관을 이용해 외부세계만이 아니라 내면의 동기와 감정, 기억 등을 인식함으로써 고차적인 활동을 전개해나간다. 또한 그것을 이용해 정신활동과 수의적 신체활동을 조절・통제함으로써 동기를 실현하고 세상을 개조해나간다. 이런 의미에서 작업의식은 의식이라는 포괄적인 범주에 포함되면서도 의식기능을 담당하는 전문화된 영역만을 지칭하는 개념이라고 할 수 있다.

의식이라는 포괄적인 범주를 사용하면 되지 그것에서 굳이 작업의식을 떼어낼 필요가 있느냐는 반론이 있을 수 있다. 하지만 의식과 객관세계와의 관계, 의식과 무의식 사이의 관계 등을 다루는 경우에는 작업의식이라는 개념이 굳이 필요하지 않으나 정보처리 용량이나 방식의 차이 혹은 기억과 사고활동의 메커니즘을 명확히 규명하려면 의식과 작업의식 사이의 구분이 필요하다. 작업의식을 중심으로 한 정신활동을 도식적인 그림으로 표현하면 다음과 같다.

---

333 프로이트, 1900, 「꿈의 해석」, 전집 제4권: 꿈의 해석, 625쪽.

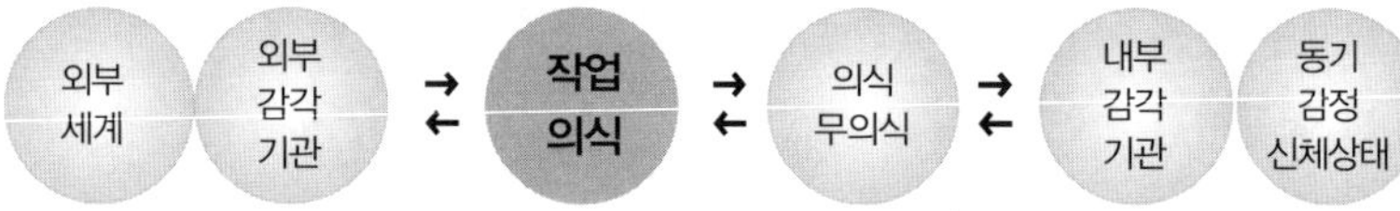

억압이론이 변질시킨 무의식 개념

지금까지 계속 언급해왔듯이 초기의 프로이트는 의식과 무의식 사이의 경계선을 그다지 엄격하게 긋지 않았다. 그는 단지 의식되지 않는 정신현상을 지칭하기 위해 무의식이라는 개념을 사용했을 뿐이다. 따라서 의식과 무의식은 여건만 허락되면 언제라도 서로 상호 전화할 수가 있었다.

> 그 잠재적인 상태를 의식의 정신과정으로 전환시킬 수도 있고 대체할 수도 있으며, 또 표상, 목적, 결의 등 우리가 의식적인 정신활동을 묘사하기 위해 사용하는 여러 범주의 용어들을 그 잠재적인 상태에도 적용할 수 있다. 실제로 그러한 잠재적인 상태들에 관해 언급하면서 우리가 그것들을 의식의 상태와 구분할 수 있는 것은 오로지 그 잠재적인 상태들이 의식에 부재한다는 사실 때문인 것이다.[334]

초기의 프로이트는 이렇게 암묵적으로 '무의식=억압된 의식'보다는 '무의식≥억압된 의식'이라는 공식을 선호했다.

우리가 밝혀두어야 할 것은, 무의식이 전적으로 억압된 것들로만

---

334 프로이트, 1915, 「무의식에 관하여」, 전집 제11권, 165쪽.

채워져 있지 않다는 사실이다. 무의식의 영역은 생각 이상으로 넓으며 억압된 것들은 무의식의 일부에 지나지 않는 것이다.[335]

시간이 갈수록 프로이트는 억압이론에 점점 더 심취했고, 그에 따라 초기의 무의식 개념을 더 이상은 그대로 유지할 수가 없었다. 그렇기 때문에 그는 결국 억압이론에 기초해서 정신구조론을 완전히 뜯어고치게 되었다. 초기에 정립했던 〈의식-전의식-무의식〉의 정신구조론을 포기할지언정 정신분석학의 초석이라고까지 치켜세웠던 억압이론을 도저히 포기할 수는 없었기 때문이다.

억압이론은 정신분석학의 전체 구조를 떠받치고 있는 초석이다. 그것은 정신분석학의 가장 본질적인 부분이다.[336]

억압이론은 자연스럽게 '무의식의 핵심=억압된 의식'이라는 중요한 공식으로 이어졌는데, 이때부터 무의식은 억압될 수밖에 없는 내용으로 가득 차있는 어떤 것이 되어야만 했다. 만일 그렇지 않다면 무의식은 이러저러한 원인으로 의식되지 않을 수는 있어도 굳이 억압될 까닭이 없기 때문이다.

그렇다면 프로이트는 억압될 수밖에 없는 운명을 가진 무의식의 정체를 무엇이라고 생각했던 것일까? 첫째, 무의식은 유아기의 기억들로 채워져 있다. 오래된 기억들은 자연스럽게 망각되기 마련이며, 특히 언어를 배우기 이전에 비언어적 방식으로 저장된 기억들은 주

---

335 프로이트, 1915, 「무의식에 관하여」, 전집 제11권, 161쪽.
336 프로이트, 1914, 「정신분석 운동의 역사」, 전집 제14권, 61쪽.

로 언어적 사고를 하는 성인으로서는 회상하기가 매우 어렵다. 따라서 이런 유아기의 기억들은 굳이 억압을 하지 않더라도 의식화되기가 어려우므로, 무의식의 영역에 머물러 있게 된다. 프로이트가 '정신생활에서 무의식적인 것은 유아적인 것'[337]이라고 말했던 것은 그래서이다.

> 유아적으로 남아 있으면서 소용없는 것으로서 억압된 것은 한 사람의 정신적 소재에 있어서 그의 무의식의 핵심을 형성한다.[338]

둘째, 무의식의 핵심은 동물적 본능이다. 만일 유아기의 기억이 단순한 지식들에 불과하다면 그것은 의식되지는 않을 수 있어도 굳이 억압될 필요가 없다. 따라서 억압을 불러오는 질이 나쁜 무의식의 내용이 따로 있을 것이라는 추정이 가능해진다. 프로이트는 그것을 동물적 본능이 야기하는 강력한 소원충동으로 이해했다. 즉 그에 의하면 이 동물적인 소원충동은 반드시 억압되어야만 하는 반사회적인 어떤 것이다. 프로이트가 '무의식적 소망충동으로 우리를 판단한다면, 우리도 원시인과 같은 살인자 집단이다'[339]라고까지 극언을 했던 것은 바로 이 때문이다.

> 무의식 조직의 핵심은 리비도를 집중 배출하려고 하는 본능적 대표자들로 이루어져 있다. 다시 말해 소원 충동들이 무의식 조직의 중

---

337 프로이트, 1917, 「정신분석 강의」, 전집 제1권, 287쪽.
338 프로이트, 1913, 「과학과 정신분석학」, 전집 제14권, 35쪽.
339 프로이트, 1915, 「전쟁과 죽음에 대한 고찰, 전집 제12권, 66쪽.

심을 이루고 있다는 뜻이다.[340]

대부분의 유아기 기억이 억압되어야 하는 것은 그것이 무의식의 핵심에 자리 잡고 있는 동물적 본능에 단단히 결합됨으로써 무의식의 기본내용을 형성하기 때문이라고 할 수 있다. 그러니 무의식의 핵심은 동물적 본능과 한데 얽혀있는 유아기 기억이라고 할 수 있는 것이다.

> 무의식 조직의 내용은 비유적으로 말하면 우리 정신 속에 거주하는 원주민이라 할 수 있다. 만일 인간에게 유전으로 물려받은 어떤 정신적인 형성체들—동물의 본능과 흡사한 그 무엇—이 존재한다면 그것들이 바로 무의식 조직의 핵심을 구성하는 내용들이다. 차후에는 거기에 어린 시절 동안의 성장과정에서 무용한 것으로 버려졌던 것이 덧붙여질 수 있을 것이다.[341]

지금까지 살펴본 대로 억압이론가 프로이트는 의식과 무의식의 내용이 다르다는 입장을 고수했다. 의식에는 천사나 사람이 살고 있는 반면 무의식에는 악마나 짐승이 살고 있다고 보았던 것이다. 하지만 의식과 무의식의 내용이 질적으로 다르다는 그의 견해는 전적으로 오류이다. 물론 억압된 것이 무의식적이라는 주장은 전적으로 옳다. 그러나 억압될 필요가 없는 동기나 감정, 생각들 역시 무의식적일 수 있다. 예를 들면 어린 시절부터 품고 있던 처절한 소망이나 인생을

---

340 프로이트, 1915, 「무의식에 관하여」, 전집 제11권, 189쪽.
341 프로이트, 1915, 「무의식에 관하여」, 전집 제11권, 202쪽.

걸고 추구하려는 강력한 목표 등은 굳이 의식하지 않아도 될 정도로 강력하게 내면화되어 있기 때문에 무의식적 동기로 작용한다. 다시 말해 기본 동기 혹은 운명적인 동기 등은 무의식에서 동물적 본능을 훨씬 능가하는 큰 자리를 차지하고 있을 수 있다는 것이다.

의식의 내용 중에서 핵심이라고 할 수 있는 동기는 의식적 동기와 무의식적 동기로 구분된다. 지식 역시 의식적 지식과 무의식적 지식—암묵적 지식—으로 구분된다. 감정만은 약간 다른 방식으로 구분되는데, 그것은 감정의 필수적 요소인 신체변화를 느끼지 못하는 경우는 거의 없기에 감정은 항상 의식화된다고 말할 수 있기 때문이다. 그러나 몸에서 일어나는 신체적 변화를 의식적 차원에서 적절히 해석하지 못하면 감정은 질적 성격을 가지지 못하는데,—뭔가 이상한 느낌이나 기분이 들지만 그런 감정이 무엇인지 알지 못한다—그런 감정을 무의식적 감정이라고 할 수 있다. 감정은 이런 기준에 따라 의식적 감정과 무의식적 감정으로 구분될 수 있다. 결론적으로 동기, 감정, 지식(기억) 등은 의식과 무의식에 걸쳐 존재하며, 억압이 없는 경우에는 한쪽에서 다른 쪽으로 이동하는 것에 아무런 제한이 없다. 그렇기 때문에 의식과 무의식의 내용은 원칙적으로 같으며, 억압에 의해서 그 내용이 달라지는 것은 비정상적인 예외에 속한다고 할 수 있다. 이렇게 의식과 무의식이 내용적으로 다른 것은 비정상적인

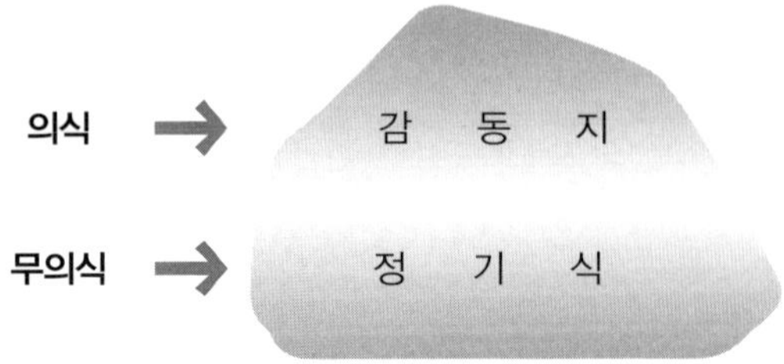

상태이므로, 그것이 정신장애의 원인으로 작용하는 것이다.

아무튼 중요한 것은 무의식의 핵심이 결코 억압된 동물적 동기(본능)가 아니라는 사실이다. 사람의 경우 의식과 무의식의 핵심은 동물적 동기가 아니라 사회적 동기이고 그것은 의식과 무의식에 걸쳐서 존재한다. 그러므로 의식과 무의식은 내용적으로 다르지 않을 뿐만 아니라 내용의 차이에 따라 구분되는 것도 아니다. 의식에는 성인군자가 살고 무의식에는 까칠한 악마가 사는 것은 비정상적인 병리현상인 것이다.

사고방식의 차이로 의식과 무의식을 구별할 수 있는가

프로이트는 의식과 무의식을 내용적 차이만이 아니라 사고방식의 차이에 의해서도 구분했다. 즉 그는 의식적 사고방식과 무의식적 사고방식이 서로 다르다고 보았던 것이다.

> 우리는 잠재적 정신과정의 일부가 우리에게는 아주 낯선, 아니 더 나아가 믿을 수 없는, 그리고 우리가 잘 알고 있는 의식의 속성과는 정반대되는 성격과 특성을 지니고 있다는 사실이 정신분석 연구에 의해 밝혀지고 있다는 것을 고려해야 한다.[342]

프로이트가 생각했던, 의식적 사고방식과는 다른 무의식적 사고방식의 특징은 무엇일까? **첫째, 무의식적 사고방식은 비논리적이다.** 무의

---

342 프로이트, 1915, 「무의식에 관하여」, 전집 제11권, 168쪽.

식적 사고는 의식적인 사고가 이용하는 여러 논리법칙들을 무시한다. 예를 들어 '〈판단〉에 견줄 수 있는 과정이 결여된 무의식적 사고'[343]라는 프로이트의 말에서 알 수 있듯이, 무의식적 사고는 의심이나 비판을 하지 않으며 긍정이나 부정과 같은 '판단'도 하지 않는다.

> 이 무의식 조직에는 부정도 없고 의심도 없으며, 또 확신도 없다.[344]

무의식적 사고는 또한 논리적인 모순을 아무렇지 않게 용인한다.

> 무의식에는 〈아니오〉가 없다. 그리고 반대되는 것들 사이를 구별하지도 않는다.[345]

프로이트는 무의식이 논리적인 사고를 하지 않는다고 강조했지만, 사실은 그렇지가 않다. 그는 무의식을 억압된 동물적 본능으로 보았는데, 그것은 동기이지 논리적인 사고가 아니며 또 논리적인 사고가 될 수도 없다. 그럼에도 불구하고 프로이트는 동물적 본능을 무의식과 동일시했기 때문에 무의식은 논리적 사고를 할 수 없다는 기괴한 결론을 내린 것이다. 의식적이든 무의식적이든 동기는 논리적인 사고와는 구별된다. 즉 동기에 기초해 혹은 동기를 실현하기 위해 논리적 사고를 진행하는 식으로 동기와 사고는 질적으로 다른 정신현상이므로, 동기한테 '너는 왜 논리적인 사고를 하지 않느냐'고 타박하는 것은 어리석기 짝이 없는 일이라는 것이다. 의식과 마찬가지로 무

---

343 프로이트, 1905, 「농담과 무의식의 관계」, 전집 제6권, 220쪽.
344 프로이트, 1915, 「무의식에 관하여」, 전집 제11권, 180쪽.
345 프로이트, 1918, 「늑대인간—유아기 신경증에 관하여」, 전집 제9권, 292쪽.

의식은 무의식적 동기, 감정, 사고로 구성되어 있다. 이때 동물적 본능은 무의식적 동기에 속할 뿐이지 그 자체가 무의식적 사고일 수는 없다. 그러므로 무의식적 사고가 비논리적이라는 프로이트의 주장은 동기와 사고를 뒤섞은 데서 비롯된 오류라고 할 수 있다. 참고로, 프로이트 스스로도 인정했듯이 의식적 사고와 질적으로 전혀 다르지 않은 무의식적 사고가 존재한다. 즉 간혹 예외는 있지만 의식적이든 무의식적이든, 사고는 기본적으로 논리법칙이나 언어법칙에 의거해 진행된다는 것이다.

프로이트는 무의식이 '상호 갈등과 충돌 가능성에서 벗어나 있'[346]다고 보았다. 만일 의식적 차원에서 '상급자에게 아부를 해서라도 출세를 해야 한다'는 동기와 '출세를 못하면 못했지 그런 비굴한 짓은 할 수 없다'는 동기가 서로 갈등하면 사람은 고통을 받게 되며 따라서 그런 갈등상황을 해결하려고 할 것이다. 페스팅거가 언급했던 '인지 부조화'를 해결하려는 압력이 생기는 것이 바로 이와 같은 상황이라고 할 수 있다. 그러나 무의식적 차원에서는 반대되는 동기가 서로 공존할 수 있으므로, 이런 갈등상황이 전혀 불편하지 않다. 반대되는 동기는 갈등을 일으키지도 충돌을 하지도 않기 때문에 갈등상황을 해결하려는 압력이 생기지 않는다는 것이다.

그런데 프로이트의 이런 주장은 무의식적 사고방식의 특징이라기보다는 단지 갈등이 의식되지 않기 때문에 생기는 현상이라고 할 수 있다. 즉, 갈등이나 충돌을 일으키는 반대되는 동기를 의식하지 못하니까 그것이 충돌하지 않고 공존할 수 있다는 것이다. 하지만 갈등하는 무의식적 동기들의 힘이 강하면 그것은 의삭으로 밀고 올라오려

---

346 프로이트, 1915, 「무의식에 관하여」, 전집 제11권, 191쪽.

하는데—이것을 프로이트 식으로 말하면 갈등하는 동기가 무의식에 억압되어 있다고 할 수 있다—의식이 이것을 어렴풋하게라도 감지하면 이미 갈등은 평화롭게 공존할 수가 없게 되기 때문에 반드시 문제를 일으키게 된다. 무의식적 갈등이 신경증의 병인으로 작용하는 것은 바로 이런 경우이다. 이런 맥락에서 보면 프로이트가 의식화되지 못한 심적 갈등을 신경증의 원인으로 지목하면서도, 무의식이 상호 갈등과 충돌가능성에서 벗어나 있다고 말한 것은 자기 모순적이라고 할 수 있다. 왜냐하면 무의식이 갈등에서 자유롭다면 억압된 무의식적 갈등은 신경증을 유발하면 안 되기 때문이다.

둘째, 무의식적 사고는 비현실적이다. 프로이트에 의하면 무의식적 사고는 무엇보다 시공간의 법칙을 무시하는 경향이 있다.

> 무의식 조직에서 이루어지는 과정들은 〈무시간적〉이다. 바꿔 말하면, 그 과정들은 시간적인 순서에 따라 일어나는 것도 아니며, 시간의 경과에 의해 변화되지도 않는다는 뜻이다. 다시 한 번 언급하지만, 시간의 문제는 의식조직에서 이루어지는 작업과 관련이 있는 것이다.[347]

논리법칙은 객관세계의 법칙성을 반영한 것이다. 다시 말해 사람이 논리적 사고능력을 가지게 되는 것은 객관세계의 법칙성을 인식함으로써 가능해진다는 것이다. 예를 들면 사람은 아침이 되면 해가 뜨고 저녁에는 해가 지며, 씨가 뿌려지면 그곳에서 나무가 자라나는 것과 같은 사물현상들 사이의 관계를 통해 인과법칙을 발견한다. 그

---

347 프로이트, 1915, 「무의식에 관하여」, 전집 제11권, 190쪽.

렇기 때문에 논리성을 상실한다는 것은 곧 현실성을 상실한다는 말과 통한다. 그러니 무의식적 사고를 비논리적이라고 보았던 프로이트로서는 그것을 비현실적인 것으로 볼 수밖에 없었을 것이다.

프로이트가 무의식적 사고를 비현실적인 것으로 본 까닭은 또한 무의식적 사고가 외부현실을 경시하기 때문이다. 그는 '외부현실을 정신적 현실로 대체함'[348]을 무의식의 주요한 특징으로 거론했는데, 이는 무의식이 외부현실보다는 정신적 현실을 더 중요시한다는 의미를 갖는다.

> 무의식 (억압) 과정의 기이한 특징은 그 과정이 현실성 검사를 완전히 거부한다는 사실에서 찾을 수 있다.[349]

프로이트는 무의식적 사고가 비현실적이라는 증거를 주로 꿈이나 정신병 환자들의 망상 같은 것에서 찾고 있다. 그러나 꿈이 비현실적이라고 해서 무의식적 사고가 비현실적이라는 논리는 성립할 수 없다. 왜냐하면 비록 꿈이 황당무계한 비현실적인 내용을 포함하며 무의식적 기억들을 능란하게 활용하기는 하지만, 꿈을 전적으로 무의식적인 정신활동이라고 단정하기는 힘들기 때문이다. 꿈을 꾸는 주체는 물론 '나'인데, 그것을 구체화하면 꿈이라는 사고활동을 진행하는 주체를 작업의식으로 볼 수 있다. 잠을 자게 되면 사람은 작업의식을 이용해 현실과의 관계를 차단하고는 꿈이라는 정신활동을 시

---

348 프로이트, 1915, 「무의식에 관하여」, 전집 제11권, 191쪽.

349 프로이트, 1911, 「정신적 기능의 두 가지 원칙」, 전집 제11권, 21쪽.

작—왜 이런 정신활동을 하는가에 대해서는 아직까지도 의견일치를 보지 못하고 있다—하는데, 사람이 꿈을 인식할 수 있는 것—꿈을 꿀 때 깨우면 누구나 꿈을 기억하는데, 이는 꿈의 주체인 사람이 자기가 꾸는 모든 꿈을 인지하고 있음을 의미한다—은 바로 그 때문이다. 이렇게 꿈이란 평소에는 접근하기 어려운 무의식적 자료를 활용하기도 하며 상당히 비현실적인 줄거리를 가지기도 하지만, 꿈을 꾸고 있는 시점에서는 꿈의 주체가 그것을 인지하고 있으므로 의식적 정신활동이라고 할 수 있다. 이와 마찬가지로 정신병자의 망상도 그 당사자에게 의식되고 있으므로 그것은 의식적인 정신활동에 속한다. 그러므로 꿈이나 망상 등이 비현실이라고 해서 무의식적 사고가 비현실적이라는 섣부른 결론을 내릴 수는 없다. 의식적 사고도 얼마든지 비현실적일 수 있고 무의식적 사고도 얼마든지 현실적일 수 있지 않은가. 그렇기 때문에 나는 비현실성이 무의식적 사고의 특징이 아니라, 자유로운 상상의 경우처럼 비현실적 사고가 허용되는 특별한 상황 혹은 현실성 판단기능에 장애가 생긴 병적인 상황에서 나타난다고 생각한다.

셋째, 무의식적 사고는 전적으로 쾌락원칙에 의거한다. 프로이트는 쾌락원칙에 따르는 무의식의 정신과정을 '1차 과정'으로, 현실원칙에 따르는 의식의 정신과정을 '2차 과정'이라고 명명했다. 그는 처음에는 오직 무의식적 사고방식만 존재하다가 나중에 의식적 사고방식이 등장한다고 주장했다.

> 일차 과정들은 처음부터 정신기관 안에 존재하는 반면, 이차 과정들은 … 나이가 들어서야 비로소 그것들을 완전히 지배하기에 이

른다….[350]

일차 과정과 이차 과정에 관한 이론은 생물학적 본능의 충족이 주요한 어린 시절에는 그 본능의 충족만을 추구하다가 점차 철이 들면서 그런 본능의 충족을 현실에 맞게 조절·통제하는 능력을 갖게 되는 현상을 프로이트 식으로 표현한 것이라고 할 수 있다.

> 성적 충동들은 그 발달과정의 처음부터 마지막에 이르기까지 쾌락의 획득을 위해서 활동한다 … 자아 본능들 역시 처음에는 같은 목적을 지향합니다. 그러나 현실의 역경이라는 교사의 영향으로 자아 본능들은 곧 쾌락원칙을 변형된 원칙으로 대체하는 방법을 익힙니다. … 교육을 받은 자아는 〈사려 깊은〉 사람이 됩니다. 자아는 더 이상 쾌락원칙에 의해서 지배당하지 않고 〈현실원칙〉을 따릅니다. 현실원칙 역시 근본적으로는 쾌락을 얻기 위해 노력하는데, 그때의 쾌락은 비록 지연되거나 감소된 것이지만 현실에 의해서 보장된 쾌락입니다. 쾌락원칙에서 현실원칙으로 이행하는 것은 자아의 발달과정에서 가장 중요한 진보 중의 하나입니다.[351]

프로이트가 분명히 말했듯이, 현실원칙 역시 근본적으로는 쾌락을 얻기 위해 노력한다! 따라서 쾌락의 범위를 넓혀서 그것에 단순한 육체적 쾌락만이 아닌 정신적 쾌락까지 포함시킨다면 현실원칙 역시 수준 높은(?) 쾌락원칙일 뿐이므로 두 가지는 본질적으로 똑같다

---

350 프로이트, 1900, 「꿈의 해석」, 전집 제4권: 꿈의 해석, 694쪽.
351 프로이트, 1917, 「정신분석 강의」, 전집 제1권, 481쪽.

고 볼 수 있다. 어린아이가 어떤 장난감을 보고는, 그것을 사고 싶다며 떼를 쓴다면 그것은 순수하게 쾌락원칙에 의한 행동이라고 할 수 있다. 반면에 자신이 원한다고 해서 모든 장난감을 다 살 수는 없다는 현실을 고려해 그 아이가 좀 더 값이 싼 장난감을 사는 것으로 만족한다면 그것은 변형된 쾌락원칙인 현실원칙에 의한 행동이라고 할 수 있다. 이런 점에서 현실원칙이란 지적인 측면에서 볼 때 현실판단 능력이 그리고 자기통제적 측면에서 볼 때 자신을 조절 · 통제할 수 있는 능력이 생김으로써 한층 업그레이드된 쾌락원칙인 셈이다.

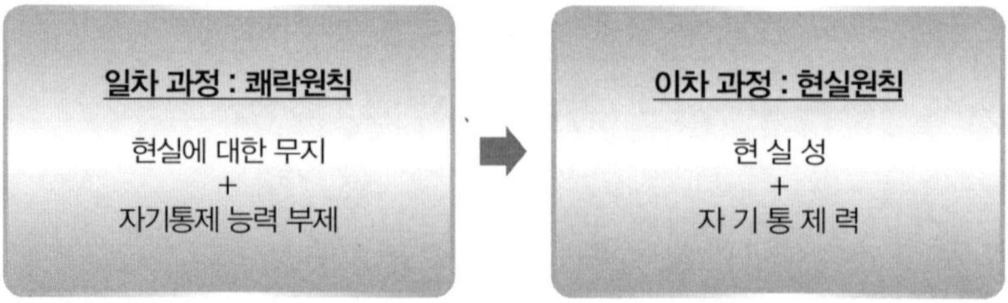

프로이트가 언급했던 순수한 쾌락원칙은 어차피 현실에서는 통용될 수가 없다. 사람은 바보가 아니므로 현실적으로 획득할 수 있는 쾌락을 추구하는 현명함을 갖기 마련인 것이다. 그러므로 무의식적 사고는 쾌락원칙을 따르는 반면 의식적 사고는 현실원칙을 따른다는 주장은 잘못이다. 오히려 의식적 사고와 무의식적 사고가 모두 넓은 의미에서의 쾌락원칙을 따르는데, 현실에 무지한 어린 시절에는 그것이 비현실적이지만 현실을 알게 되면서부터 그 쾌락원칙이 현실성을 갖게 된다고 봐야 한다.

유 아 기	**유아기 이후**
비현실적 쾌락원칙 **쾌락원칙** + 비현실성	현실적 쾌락원칙 **쾌락원칙** + 현실성

쾌락원칙 : 의식적, 무의식적 사고방식 모두에 해당

프로이트는 '무의식이라는 것은 … 자신만의 소원 충동과 자신만의 표현방식, 그리고 보통 때는 활동하지 않는 고유한 정신적 활동체계를 가진 특별한 정신적 영역'[352]이라고 말했다. 이외에도 그는 의식적 사고는 언어적 사고이지만 무의식적 사고는 비언어적 사고라고 주장— 꿈이 비언어적 사고를 선호하기는 하지만 그것이 무의식적 사고가 비언어적이라는 증거는 될 수 없다— 하기도 했다.

> 의식의 표상은 사물의 표상과 그 사물에 속하는 언어표상을 다 포괄하고 있는 반면에 무의식의 표상은 사물표상 하나만을 포함하고 있다….[353]

그러나 앞에서 살펴보았듯이 무의식적 소원충동은 의식적 소원충동과 질적으로 다르지 않으며, 무의식에만 고유한 정신적 활동체계나 사고방식이 따로 존재한다고 볼 이유 또한 없다. 의식과 무의식은 내용적으로 다르지 않을 뿐만 아니라, 사고방식이 다르지도 않다는

—

352 프로이트, 1917, 「정신분석 강의」, 전집 제1권, 288쪽.
353 프로이트, 1915, 「무의식에 관하여」, 전집 제11권, 210쪽.

것이다. 따라서 다음과 같은 결론을 내릴 수 있다. 사람은 질적으로 완전히 다른 두 가지 사고방식이 아니라 기본적으로 하나의 사고방식을 가지고 있다. 다만 그것이 의식되느냐 그렇지 않느냐의 차이 그리고 논리적이고 현실적인 사고를 하느냐 그렇지 않느냐의 차이만이 있을 뿐이다.

전의식은 왜 필요한가?

무의식의 핵심내용을 억압된 동물적 본능으로 간주하게 되자, 억압된 본능이 아닌 무의식적 내용들이 존재한다는 사실이 프로이트를 곤혹스럽게 만들었다. 왜냐하면 프로이트는 무의식에 단지 억압된 본능충동만이 아니라 굳이 억압될 필요가 없는, 의식의 기억저장고에 있는 것과 똑같은 그런 내용들이 존재한다는 사실을 잘 알고 있었기 때문이다. 예컨대 억압이 아닌 자연스럽게 망각되어 현 시점에서 의식화되지 않는 그런 기억들도 무의식에 있다는 것이다.

> 지금은 과거에 속하지만 한때는 의식하고 있었고 정신생활 속에서 나름의 역할을 하고 있었던 어떤 것들에 대한 기억들인 것입니다.[354]

사실 억압되어야만 하는 동물적 본능이 아니라 억압될 필요가 없는 내용들이 무의식에서 훨씬 더 넓은 영토를 차지하고 있으므로,

---

354 프로이트, 1917, 「정신분석 강의」, 전집 제1권, 275쪽.

'억압될 필요가 없는 무의식'을 어떻게 처리할 것인가 하는 문제가 제기되었다. 프로이트가 전의식이라는 개념을 도입한 이유 중의 하나는 이 곤란한 문제를 해결하기 위해서였을 것이다. 즉 그는 무의식을 억압되어야만 하는 동물적 충동과 긴밀히 결합된 기억들로 한정하고, 그 나머지인 의식되지 않는 의식들을 모두 전의식한테 떠넘겨 버린 것이다.

프로이트를 괴롭힌 또 다른 문제는 의식적인 사고(이성적인 사고)와 똑같은 무의식적 사고가 존재한다는 사실이었다. 꿈이라고 해서 모두 이해 불가능할 정도로 상징적이고 허무맹랑한 것은 아니다. 꿈 중에는 지극히 현실적인 것들도 있고 논리적인 사고가 수반되는 것들도 있다. 또한 대부분의 무의식적 사고나 정신활동은 합리적이고 현실적이다. '모든 고도의 복잡한 정신적인 행위들이 무의식적으로 일어날 수 있다'[355]는 말이 보여주듯이, 프로이트는 무의식적 사고가 의식적 사고와 본질적으로 똑같을 수 있다는 사실을 잘 알고 있었다.

> 일시적으로 무의식의 상태에 있으면서도 의식적인 것과 전혀 다르지 않은 활동들이 있을 뿐만 아니라 억압된 정신과정처럼 의식으로 나타나는 경우 나머지 다른 의식의 정신과정과는 확연히 구분이 되는 정신활동들도 있다.[356]

의식적 사고와 똑같은 무의식적 사고가 존재한다는 사실은, 무의식이라는 개념을 단순히 '의식되지 않는 것'이라는 서술적 의미로

---

355 프로이트, 1917, 「정신분석 강의」, 전집 제1권, 305쪽.
356 프로이트, 1915, 「무의식에 관하여」, 전집 제11권, 169쪽.

사용하던 초기에는 전혀 문제가 되지 않았다. 그러나 역동적 의미를 도입함으로써 무의식이 '억압된 것'이며, 따라서 무의식적 사고는 의식적 사고와 다르다는 주장을 하게 되자 심각한 부조리가 발생하게 되었다. 왜냐하면 '당신은 무의식적 사고가 비논리적, 비현실적, 비언어적이라고 말했다. 그렇다면 의식적 사고와 조금도 다르지 않은 무의식적 사고를 어떻게 설명할 것이냐'는 타당한 반론이 가능했기 때문이다. 결국 의식적 사고와 완전히 똑같은 무의식적 사고가 존재한다는 사실이 명백한 이상, 무의식 개념은 어떻게든 수정되어야만 했다. 그래서 프로이트는 의식적 사고와 대비되는 독특한 무의식적 사고만을 '무의식'의 테두리 안에 남겨놓고 그 나머지인 의식적 사고방식과 동일한 무의식적 사고는 '전의식'한테 떠넘겼다. 그럼으로써 이 난점을 다음과 같이 '전의식' 개념을 동원해 해결해버린 것이다.

> 보통 심각한 사색을 요하는 미묘하고 어려운 지적 작용도 역시 의식화되지 않은 상태로 전의식적으로 이루어질 수 있다는 증거를 우리는 갖고 있다.[357]

의식과 무의식이 내용에서 그리고 사고방식에서도 차이가 없다면, 사실 전의식이라는 개념은 아무 짝에도 쓸모가 없다. 하지만 무의식을 '억압된 본능'으로 잘못 이해했기에 프로이트는 나중에 전의식으로 명명하게 되는 의식의 일부를 처음에는 무의식에 포함시켰다가 나중에는 전의식이라고 부르는 등, 오락가락하는 행보를 보였다. 그가 '서술적 의미로는 전의식과 억압된 것 양쪽 모두가 무의식인 반

---

357 프로이트, 1923, 「자아와 이드」, 전집 제11권, 366쪽.

면 역동적 의미로는 억압된 것만 무의식'[358]이라는 식으로 애매모호하게 말할 수밖에 없었던 것은 그래서이다. 하지만 정확한 것을 매우 좋아하는 프로이트였으니, 아마도 그런 애매모호한 무의식 개념이 그다지 내키지 않았을 것이다.

> 우리는 무의식이라는 용어의 이러한 모호성에 어느 정도 습관화되어 있고 또한 그것에 꽤나 잘 적응해왔다. 내가 생각할 수 있는 한, 그러한 모호성을 피하는 것은 불가능하다.[359]

프로이트는 '전의식과 무의식 활동의 구분은 애초부터 이루어지는 것이 아니라 반발감이 생겨난 뒤에야 이루어진다'[360]고 말했는데, 이는 억압이론이 등장한 후에야 비로소 전의식 개념이 필요해진다는 사실과 관련이 있다. 그는 최종적으로 전의식과 무의식을 억압이론에 기초해 다음과 같이 구분했다.

> 그저 잠재되어 있을 뿐, 쉽게 의식될 수 있는 무의식을 〈전의식〉이라 부르고, 〈무의식〉이라는 표현은 그와는 다른 것에만, 의식으로 떠오르기 힘든 무의식에만 한정하기로 하겠습니다.[361]

'정신=의식+무의식(억압된 의식)'이라는 공식으로는 설명할 수 없는 것들이 너무 많다보니 프로이트는 새롭게 '정신=의식+무의식+전의

---

358 프로이트, 1923, 「자아와 이드」, 전집 제11권, 409쪽.
359 프로이트, 1923, 「자아와 이드」, 전집 제11권, 351쪽.
360 프로이트, 1912, 「정신분석에서의 무의식에 관한 노트」, 전집 제11권, 35쪽.
361 프로이트, 1932, 「심리적 인격의 해부」, 전집 제2권: 새로운 정신분석 강의, 98쪽.

식'이라는 엉터리 공식을 만들어냈다. 하지만 그것은 무의식의 핵심이 억압된 동물적 본능이라는 잘못된 견해가 재생산해낸 또 하나의 잘못된 공식일 뿐이다. 즉, 전의식이란 의식과 무의식에 대한 불완전하고 왜곡된 견해가 낳은, 이 세상에 태어날 필요가 없었던 유령인 것이다.

태초에는 무의식만 있었다?

프로이트는 태초에는 무의식밖에 없다가 점차 의식이 발생·발전한다고 주장했다. 이런 주장은 그가 의식을 언어적 사고능력 그리고 무의식을 생물학적 본능과 동일시한 것과 관련이 있다. 프로이트가 보기에 갓 태어난 아기는 먹고 싸는 것과 같은 본능적 활동에만 치중하다가 이후에 고차적인 사고능력을 가지게 되어야 비로소 사람구실을 하게 되는 그런 존재였다. 따라서 그로서는 '무의식(생물학적 본능)→의식(고차적 사고능력)'이라는 순서로 발달이 진행된다고 생각할 수밖에 없었을 것이다. 그러나 '의식=이성적 사고능력'이 아니고, '무의식=생물학적 본능'도 아니기 때문에 무의식→의식이라는 순서는 옳지 않다.

물론 어른에 비하면 유아는 생물학적 본능의 지배를 더 많이 받는다. 하지만 그런 본능이 곧 무의식은 아니므로 태초에는 무의식만 존재했다고 말할 수는 없다. 성인뿐만 아니라 유아의 경우에도 본능은 의식될 수 있고 그럼으로써 활동에 반영되는 것이므로, 굳이 구분하자면 그것은 의식이지 무의식은 아닌 것이다. 유아이든 어른이든 간에 외부세계에 대한 인식으로 이어지는 외부자극에 대한 지각 그리고 자기 자신에 대한 인식으로 이어지는 내면적인 동기와 감정에 대한 지각은 원칙적으로 '의식적'이다.

> 우리가 외부와 (감각-지각) 내부로부터 받아들이는 모든 지각—우리가 감각과 감정이라고 부르는 것들—은 처음부터 〈의식적〉이다.[362]

유아는 태어나면서부터, 비록 완전히 성숙되지는 않았지만, 감각기관과 작업의식을 동원하여 의식적인 인식활동을 전개한다. 그런데 처음에는 의식적으로 받아들이는 외부세계와 자기 자신에 대한 수많은 정보들은 시간이 흘러감에 따라 또 그 중요성에 따라 망각되므로 점차 의식하기 힘들거나 의식할 필요가 없는 무의식의 영역으로 들어간다. 그러니 굳이 순서를 따져본다면 〈무의식→의식〉이 아니라 〈의식→무의식〉이 차라리 옳다고 해야 할 것이다.

프로이트는 증상의 유래에 대해서도 '언젠가는 의식되었으나 잊혀진 연후에는 무의식적으로 변화된 것들'[363]이라고 설명했다. 또한 그는 '현재의 무의식적인 환상은 한때 의식적이었던 것에서 생겨난 파생물'[364]이라고 말하기도 했다. 이를 통해 그 역시 현재의 무의식이 과거의 어느 시점에서는 의식이었으며, 잊혀진 의식이야말로 무의식을 형성하는 기본 요체임을 암묵적으로 인정하고 있었음을 알 수 있다.

무의식에는 의식적 인식활동과 실천활동을 통해 획득했지만 이후에는 잊혀진 지식과 경험들, 한때는 의식했지만 지금은 의식하지 못

---

362 프로이트, 1923, 「자아와 이드」, 전집 제11권, 356쪽.
363 프로이트, 1917, 「정신분석 강의」, 전집 제1권, 387쪽.
364 프로이트, 1908, 「히스테리성 환상과 양성 소질의 관계」, 전집 제10권, 63쪽.

하거나 굳이 의식할 필요가 없는 동기와 감정들이 포함된다. 그리고 그것들 가운데서 중요한 것들은 적절한 단서가 주어지거나 노력 여하에 따라 언제라도 다시 의식할 수 있고 의식으로 전화될 수 있다.

사실 의식과 무의식은 본질적으로 어떤 정신현상을 의식할 수 있느냐 없느냐 하는 기준에 따른 구분일 뿐이므로, '의식이 무의식을 지배하느냐 아니면 무의식이 의식을 지배하느냐' 하는 논쟁은 무의미하다고 할 수 있다. 일단 이 점을 유념하면서 이 문제에 관한 프로이트의 견해를 간단히 살펴보기로 하자. 그는 기본적으로 그리고 이론적으로 무의식(동물적 본능)이 의식(이성적 사고)을 압도하고 지배한다고 믿었다. 하지만 그런 입장을 가지고는 정신분석적 치료를 할 수가 없다. 왜냐하면 정신분석적 치료란 비유적으로 말해, 의식이 무의식을 지배하고 정복할 수 있어야만 성공할 수 있는 것이기 때문이다. 그러다보니 프로이트는 무의식이 원칙적으로는 통제 불가능한 것이지만 그것을 통제하는 게 전혀 불가능하지는 않다는 자기모순적인 주장을 하고 있다.

> 무의식 조직이 다른 조직에서 아무런 영향도 받지 않고 독립성을 유지한다. … 정신분석적 치료는 의식조직이 무의식조직에 미치는 영향을 토대로 이루어지는 것이며, 비록 그것이 매우 힘든 일임에는 틀림없으나 전혀 불가능한 것만은 아니다.[365]

프로이트는 심리학에 무의식 개념을 도입한 의의에 대해 다음과 같이 자랑스럽게 말했다.

---

365 프로이트, 1915, 「무의식에 관하여」, 전집 제11권, 201쪽.

우리는 심리적 현상계의 영역을 현저하게 넓게 확장시켰고 이전에는 심리학에 포함되지 않았던 현상들까지도 심리학에 끌어들인 것입니다.[366]

그의 자랑을 지나친 자화자찬이라고 매도할 생각은 추호도 없다. 무의식이라는 개념은, 프로이트에 의해 대중화된 이래 수많은 심리학적 상상력의 원천이 되어왔으며, 때로는 그것이 중요한 심리현상을 설명하고 이해하는 데 필수불가결하기 때문이다. 하지만 프로이트 식의 잘못된 이해를 극복해야만, 비로소 의식과 무의식에 관한 심리학 이론이 제자리를 찾아갈 수 있다는 말을 꼭 덧붙여야 할 것이다.

기억은 사라지지 않는다

기억이란 과거에 인식하고 체험한 것을 저장해두었다가 다시 재인하거나 재생하는 심리현상을 말한다.[367] 사람은 사고(인식)의 결과나 경험한 내용을 모두 기억에 저장하며, 사고나 행동을 할 때에는 의식적이든 무의식적이든 간에 이 기억을 반드시 참고한다. 그런데 무의식과 결부해서 기억이라는 주제를 논한다면, 쉽게 재생할 수 있는 기억은 의식 그리고 쉽게 재생할 수 없는 기억은 무의식에 속한다고 말할 수 있다. 즉 기억은 의식과 무의식 모두에 걸쳐 있는 것으로서 재인이나 재생이 용이한가 그렇지 않은가에 따라 의식적 기억과 무의

---

366 프로이트, 1917, 「정신분석 강의」, 전집 제1권, 81쪽.

367 김태형, 2009, 《새로 쓴 심리학》, 세창출판사, 207쪽.

식적 기억으로 구분할 수 있다는 것이다.

과거에는 머릿속에 저장되었더라도 그것을 재생할 수가 없을 때, 그런 기억을 완전히 사라진 것으로 보는가 아니면 여전히 보존되어 있지만 단지 재생되지만 않는 것으로 보는가 하는 문제를 두고 심리학자들은 숱하게 논쟁을 해왔다. 여기에서 프로이트는 후자의 견해를 지지한다. 그에 의하면 무의식에 저장되어 있는 대부분의 기억은 영원히 잊혀지지 않는다. 단지 재생할 수 없을 뿐이다. 꿈을 꾸다보면 깨어 있을 때에는 전혀 접근하거나 재생할 수가 없었던 것들을 기억할 수 있다. 프로이트는 이런 현상들에 근거해, 비록 재생할 수 없을지라도 기억은 결코 사라지지 않을 거라는 생각을 갖게 되었다.

> 꿈의 기억방법은 일반적으로 모든 기억 이론에 아주 중요하다. 그것은 〈정신적으로 일단 소유한 것은 결코 사라질 수 없다〉는 것을 알려준다.[368]

프로이트는 신경증 환자들을 치료하는 과정에서 그들이 완전히 망각했다고 믿고 있었던 과거의 기억들을 극적으로 재생해내는 현상을 여러 번 목격했다. 또한 정상인의 경우에도 어떤 적절한 계기나 단서만 주어지면 완전히 잊어버렸다고 생각했던 과거의 기억들이 불현듯 떠오르곤 한다. 이로부터 그는 정서적으로 중요한 기억들, 특히 병인으로 작용할 수 있는 기억들은 영구히 그리고 거의 완전한 상태로 보존될 수 있다고 확신하게 되었다.

---

368 프로이트, 1908, 「꿈의 해석」, 전집 제4권: 꿈의 해석, 44쪽.

〈억압된〉 기억의 경우, 그 기억의 흔적은 아무리 장기간의 시간이 흐른다 하더라도 아무런 변화를 겪지 않는다. … 모든 인상이라는 것이 처음에 지각된 형태 그대로 보존될 뿐만 아니라 나중에 더 발달된 형태 속에서도 그대로 보존된다….[369]

프로이트는 무시간성을 특성으로 갖는 무의식에서는 의식과는 달리 그 어떤 것도 사라지지 않는다고 말했다.

결코 소멸하지 않는 것은 무의식적 과정들이 지닌 뛰어난 특수성이다. 무의식에서는 어떤 것도 끝나는 법이 없고, 사라지거나 잊혀지지 않는다.[370]

이렇게 그는 기억이 사라지지 않는 것이 무의식적 사고의 특성 때문이라고 강조했지만 그것은 사실이 아니다. 기억이 사라지지 않는 것은 그것이 무의식의 영역에 들어가서가 아니라 기억 자체가 뇌손상과 같은 특별한 문제가 없이는 사라지지 않는 그런 것이기 때문이다. 일단 머릿속에 저장된 기억은 적절한 단서나 조건이 주어지면 언제라도 재생될 수 있다. 즉, 어떤 기억을 현재 시점에서 재생할 수 없는 까닭은 그 기억이 삭제되어서가 아니라 단지 작업의식이 현재 시점에서 그것에 접근할 수가 없어서인 것이다. 최근 범죄수사에서 활용되고 있는 최면수사를 보면, 목격자들은 최면상태에서 평소에는 전혀 기억할 수 없었던 차량의 번호판 색깔과 번호를 정확하게 기억

---

369 프로이트, 1901, 「일상생활의 정신병리학」, 전집 제5권, 367쪽.
370 프로이트, 1900, 「꿈의 해석」, 전집 제4권: 꿈의 해석, 667쪽.

해내곤 한다. 이런 현상들 역시 일단 저장된 기억들은 거의 완전한 상태로 보존되고 있음을 강하게 시사해준다.

그런데 비록 머릿속에 저장되어 있는 원래의 기억이 완전하더라도 새롭게 재생되는 기억이 모두 다 정확하다고는 할 수 없다. 바로 여기에서 복잡한 문제가 발생한다. 즉 재생되는 기억들이 부정확한 경우가 꽤 많기 때문에, 일부 심리학자들은 그것을 빌미삼아 기억은 엉터리 같아서 신뢰할 수가 없다는 주장을 하기도 한다. 기억의 부정확성을 강조하는 심리학자들은 재생되는 기억이 부정확한데, 어떻게 원래의 기억이 정확하다고 말할 수 있느냐고 따질 것이다. 하지만 재생되는 기억이 부정확하다고 해서 머릿속에 저장되어 있는 원래의 기억까지 부정확하다는 결론을 내릴 수는 없다.

기억을 재생하는 것 역시 일종의 사고활동인데, 사고활동은 동기와 감정의 지배를 받는다. 다시 말해 동기가 사고활동을 지배하고 규제하는 것은 하나의 심리법칙인 만큼 기억활동도 이 법칙에서 자유로울 수가 없다는 것이다. 프로이트는 기억을 재생할 수 없거나 원래의 내용이 왜곡되는 주요한 원인이 동기—앞에서 강조했듯이 프로이트가 사용하는 '의도'라는 단어는 동기로 보아도 무방하다—에 있음을 정확히 지적하고 있다.

> 기억재생 기능이 실패하거나 방향을 상실할 경우 그런 일은, 우리가 상상하는 것보다 훨씬 빈번하게, 의도적인 요인, 즉 어떤 기억은 촉진하면서 다른 기억은 재생을 억제하려고 하는 목적을 갖는 교란을 통해 일어난다….[371]

---

371 프로이트. 1901. 「일상생활의 정신병리학」. 전집 제5권. 68쪽.

자기를 과시하려는 동기를 가진 사람은 과거를 미화하게 마련이고, 타인의 동정을 구하려는 동기를 가진 사람은 과거를 더 비참하게 묘사하게 마련이다. 게다가 긍정적인 감정 혹은 부정적인 감정과 연결되어 있는 과거의 기억들은 쾌락원리의 지배를 받는다. 따라서 부정적인 감정과 연결되어 있는 기억은 그 부정적인 감정을 피하려 하는 동기를 유발하므로, 기억 재생에 악영향을 미치기가 쉽다.

> 기억은 괴로운 감정을 가진 인상의 재생산을 기꺼이 방해함으로써 기억의 편파성을 보여준다.[372]

기억의 재생은 동기와 감정으로부터 자유롭지 못하기 때문에, 프로이트는 '우리가 나중에 우리의 과거를 돌아볼 때는 그것을 왜곡하고 새로 꾸민다는 사실을 고려해야 한다'[373]고 경고하기도 했다. 물론 기억이 의식되는 걸 방해하거나 기억을 왜곡하려는 동기가 없을 경우에는 원래의 기억을 아무런 가감 없이 정확하게 재생할 수 있을 것이다. 하지만 거의 모든 기억을 아무런 왜곡 없이 객관적으로 재생할 수 있는, 마음이 건강한 사람은 그다지 흔치 않다. 그러므로 설사 그가 역사가일지라도 과거의 기억을 왜곡할 수 있으니, 부디 조심하라는 프로이트의 충고는 그다지 과하지 않은 것 같다.

> 어떤 사람이 과거에 대해서 보고할 때, 그 사람이 역사를 서술하는 사람이라고 하더라도, 자기도 모르는 사이에 현재 혹은 과거와 현재

---

372 프로이트, 1913, 「과학과 정신분석학」, 전집 제14권, 15쪽.
373 프로이트, 1918, 「늑대인간—유아기 신경증에 관하여」, 전집 제9권, 201쪽.

사이에 있었던 일들을 과거에 대한 서술에 반영할 수 있습니다.[374]

초짜 치료자였을 당시, 프로이트는 신경증 환자들이 말해주는 과거의 기억을 액면 그대로 믿기도 했었다. 그러나 그런 순진한 행동을 하다가 된통 덴 뒤로는, 일단 어린 시절의 기억에 대해서는 의심부터 하는 좋은(?) 습관을 가지게 되었다. '돌다리도 두들겨보고 건너야 한다'는 지혜를 터득한 것이다.

> 분석에 의해서 구성되거나 기억된 유아기의 체험들은 한편으로는 분명히 거짓입니다. 그러나 또 한편으로는 틀림없는 사실이기도 합니다. 그리고 대부분의 사례들에서 참과 거짓은 뒤섞여 있습니다. 한편으로 증상들은 결국 실제로 일어난 체험들을 표현한 것이며, 이런 체험들이 리비도 고착에 영향을 주었다고 볼 수 있습니다. 또 다른 한편으로 환자의 상상에 의한 표현들이 섞여 있는데, 이는 병인론에서 고려하기에는 적합하지 않은 것들입니다. … 의식적으로 지니고 다니는 개별적인 유년기의 기억들 역시 허위로 꾸며진 것이거나, 아니면 최소한 진실과 거짓이 풍부하게 뒤섞여 있는 것입니다.[375]

정신적으로 문제가 있는 사람일수록 병적인 동기를 더 많이 가지고 있을 가능성이 높으므로, 그런 이들의 기억은 특히 신뢰하기가 어렵다. 하지만 그렇다고 해서 '거짓말 하지 마세요'라고 윽박지르면서, 그들의 말을 듣지 않으려 한다면 그런 사람은 심리치료자로서의

---

374 프로이트, 1917, 「정신분석 강의」, 전집 제1권, 454쪽.

375 프로이트, 1917, 「정신분석 강의」, 전집 제1권, 496쪽.

자격이 없다고 할 수 있다. 왜냐하면 비록 심하게 왜곡되고 각색된 누더기 같은 기억일지라도 그 안에는 일말의 진실 그리고 환자의 중요한 동기나 감정 등이 숨어 있으므로 그것은 치료에 도움이 되기 때문이다. '신경증의 세계에서는 심리적 실재가 결정적'[376]이라는 프로이트의 명언을 굳이 거론하지 않더라도, 환자를 치료할 때에는 외적인 현실이나 객관적인 진실만이 아니라 그들의 주관적 마음(정신세계) 그 자체부터 매우 중요하게 다뤄야 한다.

> 신경증 환자들이 흥미를 현재로부터 돌려서 자기들의 상상의 산물인 퇴행적인 대용물에 붙이는 나쁜 특징이 있다면, 그러한 심리적 과정을 따라가서 무의식에 있는 산물을 의식세계로 나오게 하는 것 밖에는 절대로 다른 도리가 없다. 그것들이 실제의 일이 아니라는 관점에서 보면 가치가 없다고 치더라도, 우리 견해로 보면 그들은 가장 가치가 있기 때문이다.[377]

어떤 이들은 원래의 기억은 정확하지만, 재생되는 기억은 부정확할 가능성이 크다는 프로이트의 주장을 단순한 말장난에 불과하다고 폄하할지도 모른다. 하지만 다음과 같은 이유들 때문에, 대부분의 심리학자들은 대체로 기억의 정확성을 신뢰한다. 첫째, 정상인의 경우에는 기억을 왜곡하거나 각색하는 데에 한계가 있어서 그들이 재생하는 기억에는 진실이 많이 포함되어 있다. 과도한 기억의 왜곡과 각색은 개인의 삶을 매우 불편하게 만들뿐 아니라 사회생활에도 커다

---

376 프로이트, 1917, 「정신분석 강의」, 전집 제1권, 497쪽.

377 프로이트, 1918, 「늑대인간—유아기 신경증에 관하여」, 전집 제9권, 252쪽.

란 악영향을 미친다. 직장이나 학교에 출근하는 시간을 제대로 기억할 수 없거나 과제 마감날짜를 잘못 기억하는 경우를 상상해보라. 둘째, 진실을 왜곡할 만한 동기와 감정에서 자유로운 기억들도 아주 많기 때문이다. 대구는 경상도에 있고 광주는 전라도에 있다는 기억이나 1+1=2라는 기억 등은 굳이 왜곡할 까닭이 없다. 따라서 사람의 기억에서 매우 큰 부분을 차지하고 있는 지식적 기억들은 동기나 감정에 의해 왜곡되거나 변질될 가능성이 거의 없다. 셋째, 사람은 잘못된 기억을 교정할 수 있는 강력한 수단을 가지고 있다. 변질되기를 바라지 않는 기억들은 기록을 해놓아도 되고, 그것도 미심쩍다면 사진이나 비디오를 찍어놓아도 된다. 나아가 자기의 기억을 타인들로부터 사회적으로 검증받을 수도 있다. 이런 식으로 본인이 원하기만 한다면 잘못된 기억을 교정할 수 있는 방법은 얼마든지 있다. 또한 본인이 원하지 않더라도 잘못된 기억은 사회생활 속에서 끊임없이 교정을 강요받게 된다.

기억은 개인적인 동기와 엮여있을 때 가장 쉽게 변질된다. 개인사와 관련된 기억들이 가장 쉽게 오염되곤 하는 것은 그래서이다. 그런데 기억을 왜곡시키는 개인적인 동기란 결코 건강한 동기가 아니므로 기억왜곡은 마음의 건강과 직접적으로 관련이 있다고 할 수 있다. 따라서 그것은 원칙적으로 치료를 통해서 극복해야 하는 문제라고 할 수 있는 것이다. 하지만 그런 사람들의 경우에도 개인적인 영역이 아닌 사회생활에 필요한 객관적인 사실들 그리고 사소하지 않은 중요한 사실들에 대한 기억은 상당히 정확한 편이다. 그렇기 때문에 프로이트는 전반적으로는 기억의 정확성을 믿어야 한다고 권유했던 것이다.

> 일반적으로 우리의 기억이 맞다는 보장은 없지만, 우리는 객관적으로 인정하는 것보다 훨씬 더 자주 기억이 제시하는 것을 믿지 않을 수 없다.[378]

간혹 '기억은 믿을 수 없다'는, 거의 기억 불신증에 가까운 극단적인 주장을 하는 일부 심리학자도 있는데, 그런 이들에게는 다음과 같은 프로이트의 경고를 전해주고 싶다.

> 강박증 환자가 … 우리의 기억은 믿을 만하지 않다는 약점을 발견하면, 그것을 이용해서 그는 모든 것을 의심할 수 있게 된다.[379]

진리를 탐구하는 학자라면, 흰 털이 조금 섞여 있다고 해서 검은 고양이를 흰 고양이라고 우기는 것이 단순한 과잉일반화의 오류가 아니라 의처증이나 편집증 같은 마음의 병 때문일 수 있다는 그의 경고에 반드시 귀를 기울일 필요가 있을 것이다.

기계론과 정신구조론

야만의 시대에는 동물—혹은 그 극단에 서있는 존재로 치부되던 신—을 통해, 기계문명이 급격히 발달하던 시대에는 기계를 통해, 그리고 첨단과학이 등장했던 20세기 말에는 컴퓨터를 통해서 사람을

---

378 프로이트, 1900, 「꿈의 해석」, 전집 제4권: 꿈의 해석, 601쪽.
379 프로이트, 1909, 「쥐 인간—강박 신경증에 관하여」, 전집 제9권, 96쪽.

보려는 경향이 유행했다. 마치 아들이 아버지를 양육하는 것과 비슷하다고 할 수 있는, 사람이 만든 도구에 불과한 기계나 컴퓨터를 통해서 사람을 이해하려는, 주객이 전도된 잘못된 방법론이 유행했던 것이다. 아무튼 시대를 뒤흔드는 괄목할 만한 신기술은 당대의 지식인들에게 깊은 인상을 주는 것을 넘어서서 때때로 그들의 혼을 쏙 빼놓기도 하는 모양이다.

프로이트도 그 자신이 활동하던 시기에 크게 유행했던 기계론의 영향에서 자유롭지 못했다. 정신이 특정한 내용과 기능을 담당하는 정신적 장치나 기관들의 조립품이라는 가정이야말로 바로 이 기계론적 세계관의 직접적 결과라고 할 수 있다.

> 정신기관을 조립된 기구로 생각하고, 그 구성성분들을 〈심급(Instanz)〉 아니면 알기 쉽게 〈조직(System)〉이라고 부르려 한다.[380]

(무의식적으로) 기계론에 심취해 있었기에, 프로이트는 심급 혹은 조직이라고 할 수 있는 것들이 정말로 존재하는지 또 과연 그런 조직들이 조립된 것을 정신이라고 할 수 있는지에 대해서는 별다른 의심을 하지 않았다. 그는 사람의 정신이 기계와 유사하게 만들어져 있을 거라는 암묵적인 전제를 신봉하고 있었기 때문이다. 아무튼 정신에 관한 프로이트의 기계론적 견해는 초기에는 〈의식-전의식-무의식〉, 후기에는 〈자아-초자아-이드〉의 정신 구조론에 영향을 미쳤다.

프로이트의 기계론적 관점에 가장 잘 들어맞는 정신기관은 이드라기보다는'자아' —프로이트는 초자아도 일종의 정신기관으로 보았

---

380 프로이트, 1900, 「꿈의 해석」, 전집 제4권: 꿈의 해석, 624쪽.

다—라고 할 수 있다. 무의식과 그것의 후계자인 이드(id)는 단지 동물적 본능일 뿐이므로, 그것들은 원칙적으로 어떤 정신기관이나 기계가 될 수 없다. 반면에 자아는 사고(인식)활동의 담당자이고 사람의 내면세계를 하나로 통합하면서 신체활동을 지휘하는 기능을 가지고 있으므로 어떤 정신기관으로 간주되기에 적합했기 때문이다.

> 불안은 정서적인 상태이며, 따라서 물론 자아에 의해서만 느껴질 수 있다. 이드는 자아처럼 불안을 지닐 수 없다. 왜냐하면 이드는 조직이 아니라서 위험상황에 대해 판단을 할 수 없기 때문이다.[381]

여기에서 이드가 조직이 아니라는 것은 그것이 정신기관이 아니라는 말과 같다. 이드는 단순한 동물적 본능에 불과하기 때문에 그것은 내부적인 자극을 인식할 수도 없으며 어떤 생각이나 판단도 할 수 없다. 따라서 동물적 본능인 이드는 자아를 통해서만, 즉 오직 자아에 의해 파악되어야만 실현될 수 있다. 다시 말하면 사람이 자기의 본능이나 동기를 의식해야만 그것을 실현하기 위한 활동을 전개할 수 있다는 것이다. 이렇게 자아는 인식과 사고, 신체활동을 담당하고 지휘하는 정신기관이 될 수 있지만 이드는 그렇지가 않다!

이드를 정신기관으로 볼 수 없음에도, 프로이트는 정신을 세 개의 기계장치—무의식과 이드를 억지로 기계장치로 간주하는 실수를 저지르면서까지—로 큼지막하게 삼등분 했을 뿐만 아니라, 필요하다면 그 각각의 세 가지 정신기관을 더욱 작은 기계장치로 세분화해야 한다고 주장하기도 했다.

---

381 프로이트, 1926, 「억압, 증상 그리고 불안」, 전집 제10권, 270쪽.

무의식을 세분하는 것은 정신적 장치를 다수의 기관이나 체계들로 구성하려는 시도와 연관이 있다. … 그것이 부적절하다고 입증되는 즉시 아무런 손상도 없고 미련도 없이 폐기되거나 다른 것으로 대체될 수 있는 것이다.[382]

비록 의식과 무의식에 대한 잘못된 견해가 초래하는 난점들을 수습하려는 의도에서였겠지만, 새롭게 정립된 〈자아-이드-초자아〉의 정신구조론은 정신분석학을 한층 나쁜 쪽으로 개악하는 역할을 하게 되었다.

허점투성이의 자아 심리학

정신분석학에서 '자아'는 의식이나 무의식 못지않은 포괄적인 개념이다. 원래 독일어로 자아인 'das Ich'는 '나'라는 뜻을 가진다.

독일어 Ich는 〈나〉라는 뜻이고 Es(이드: 편집자 주)는 〈그것〉이라는 뜻이다.[383]

사실 프로이트의 저작들에서 자아는 대부분 '나'라는 개념과 거의 동의어처럼 사용되고 있다. 그래서 많은 경우, 자아를 '나'라는 단어로 대치하면 무슨 말인지 오히려 이해하기가 더 쉬울 정도이다. 예를

---

382 프로이트, 1925, 「나의 이력서」, 전집 제15권, 233쪽.

383 프로이트, 1926, 「비전문가 분석의 문제—공정한 사람과의 대화」, 전집 제15권, 316쪽.

들면 '퇴행들이 자아의 반발을 불러일으키지 않으면, 신경증으로 이어지지는 않습니다'[384]라는 말은 다음과 같이 바꾸면 오히려 그 뜻이 더 정확해지는 것이다.

내가 퇴행에 반발하지 않으면 신경증에 걸리지 않는다.

이렇게 자아는 '나'라는 개념과 별 차이가 없는데도, 왜 프로이트는 그 개념을 굳이 고집했던 것일까? 동물적 본능인 무의식 혹은 이드가 억압당하려면, 억압을 하는 그 무엇인가가 있어야만 한다. 즉 억압의 당사자 혹은 주체가 있어야 한다는 것이다. 그런데 이때 억압의 주체를 '나' 혹은 '사람'이라고 말하면 간단하기는 하지만, 나 안에 있는 동물적 본능을 따로 떼어 무의식이라고 개념화한 만큼 그 동물적 본능을 억압하는 나 안의 그 '무엇'도 개념화해야 구색이 맞는다. 비유적으로 말하자면 대한민국의 하위개념인 경상도를 전라도와 상호 비교하거나 그 관계를 논하는 것은 옳지만 대한민국과 그 하위개념인 경상도를 동일선상에 올려놓고 논하는 것은 논리적으로 옳지 않다는 것이다. 그러다보니 프로이트한테는 '나' 안에 존재하는, 억압을 당하고 있는 무의식 혹은 이드에 상응하는 '나' 안에 존재하는, 억압을 가하고 있는 어떤 것이 필요했을 것이다. 초기에 그는 이 억압의 주체를 의식 혹은 전의식이라고 했으나 나중에는 그것을 자아라고 주장했다.

기계론자였던 프로이트가 보기에, 의식은 정신기관과는 그다지 어울리지 않는 개념이었을 것이다. 왜냐하면 그것은 기본적으로 사람

---

384 프로이트, 1917, 「정신분석 강의」, 전집 제1권, 484쪽.

의 머릿속에 있는 정신적, 관념적 현상의 총체를 표현하는 아주 포괄적인 범주로 사용되기 때문이다. 이렇게 의식은 가장 포괄적인 범주이기 때문에 프로이트는 의식 중에서 의식화되지 않는—인지되지 않는—부분을 무의식이라고 규정하기도 했던 것이다. 아무튼 의식이라는 개념은 억압의 주체 나아가 정신기관 혹은 기계장치를 표현하는 개념으로는 부적절했기 때문에 프로이트는 의식이 있던 자리에 '자아'를 이주시켰는데, 그 작업은 억압의 주체를 자아로 지칭하는 데로부터 시작되었다.

〈의식〉과 〈무의식〉 사이의 대립 대신에 〈자아〉와 〈억압〉의 대립을 놓으면, 일반적으로 꿈-형성의 메커니즘이 훨씬 더 분명해진다.[385]

프로이트가 말하는 자아란, 사람의 활동을 총괄하는 역할을 하는 일종의 정신기관이라고 할 수 있다. 즉 '자아는 우리들을 도와주는 존재입니다'[386]라는 말이 의미하듯, 사람은 자아라는 특화된 정신기관을 통해 자기의 인식(사고)활동과 실천활동을 지휘 · 통제한다는 것이다. 프로이트는 '자아는 통일, 종합을 향한 매우 현저한 경향에 의해 특징지어지는 조직체입니다. 이러한 특징은 이드에게는 결여되어 있습니다'[387]라고 말했다. 정신분석학에서 자아는 '나'이거나 '나의 대변자'이므로 그것은 '통일, 종합을 향한 매우 현저한 경향'을 가질 수밖에 없다. 왜냐하면 사람은 동기, 감정, 생각 등을 비롯한 정신세계에 있는 모든 것들을 하나로 통일하고 종합함으로써

---

385 프로이트, 1900, 「꿈의 해석」, 전집 제4권: 꿈의 해석, 646쪽.

386 프로이트, 1917, 「정신분석 강의」, 전집 제1권, 586쪽.

387 프로이트, 1926, 「비전문가 분석의 문제—공정한 사람과의 대화」, 전집 제15권, 318쪽.

생존하고 발전할 수 있는 단일한 생명체이기 때문이다. 반면에 나 안에 있는 동물적 욕구에 불과한 이드는 당연히 그런 경향을 가질 수가 없다. 그것은 나 혹은 자아에 의해 파악됨으로써, 더 중요한 동기들 아래로 위계화되거나 다른 생각들에 의해 조절 · 통제되어야만 하는 하위욕구일 뿐이기 때문이다.

프로이트는 '정신 안에 있는 나의 대리인'이라고도 할 수 있는 자아의 기능을 다음과 같이 설명하고 있다. 첫째, 자아는 내면적인 동기나 감정을 인식하고 그것을 조절 · 통제하는 역할을 한다. 이때 만일 의식화되기에 부적절한 동기나 감정이 있으면, 자아는 그것을 억압하기도 하고 그것을 무의식에서 끄집어내려는 치료자에게 저항하기도 한다. 이렇게 자아는 억압이나 저항의 주체일 뿐만 아니라 나의 생존과 안전을 추구하는 주체이기도 하다.

> 리비도 반대집중이나 저항은 무의식에 속하는 것이 아니라, 자아에 속합니다.[388]

자아는 또한 사람이 꿈을 꾸는 틈을 이용해, 의식화되려고 획책하는 무의식이나 이드—주로 부적절한 동기들—를 검열해서 그것을 의식화되어도 괜찮은 모습으로 변화시키며 검열로 통제할 수가 없다고 판단되면 잠을 깨우는 역할을 한다. 이렇게 자아는 수면과 꿈의 주체이기도 하다.

> 검열이 어떠한 꿈-소망에 대해서 자신을 무력하다고 느끼게 되고

---

388 프로이트, 1917, 「정신분석 강의」, 전집 제1권, 586쪽.

> 그 소원이 자신을 덮쳐버릴 듯이 강하게 다가오고 있다고 느끼게 되면, 왜곡이라는 작업을 수행하는 대신에 자신에게 남아 있는 마지막 수단인 불안을 발전시켜서 수면상태를 포기하게 만듭니다.[389]

둘째, 자아는 고차적인 사고(인식)활동의 주체이며 기억을 저장해 두는 장소이다. 사람이 정상적으로 살아가기 위해서는 외부세계와 내면세계를 모두 인식해야 한다. 그런데 이 외부세계와 내면세계를 인식하는 고차적인 사고활동을 담당하는 주체가 바로 자아이다. 이와 관련해서 프로이트는 자아의 특성을 설명하며 '바깥세상으로 향해 있고, 그 세계로부터의 지각을 전달하며, 그 안에서 그것이 기능하는 중에 의식이라는 현상이 발생'[390]한다고 말하기도 했다. 이 말에서도 짐작할 수 있듯이, 프로이트는 의식(이라는 현상)을 이성적인 사고와 동일시하곤 했다. 어쨌든 이런 견해를 따르자면, 자아는 곧 의식이며 자아는 이성적 사고활동의 주체라고 말할 수 있다.

> 자아를 근본적으로 특징짓는 것은 받아들인 내용을 종합하고 이드에는 완전히 결여되어 있는 기능인 정신적 과정을 종합하고 단위화하는 방식에 있습니다.[391]

프로이트는 자아가 의식적 사고활동—이성적 사고활동—을 담당하는 정신기관일 뿐만 아니라 의식의 내용이 담겨있는 저장공간이기도 하다고 주장했다.

---

389 프로이트, 1917, 「정신분석 강의」, 전집 제1권, 298쪽.
390 프로이트, 1932, 「심리적 인격의 해부」, 전집 제2권: 새로운 정신분석 강의, 103쪽.
391 프로이트, 1932, 「심리적 인격의 해부」, 전집 제2권: 새로운 정신분석 강의, 104쪽.

각 개인 속에는 정신과정을 일관성 있게 조직화하는 것이 존재한다는 생각을 우리는 갖게 되었다. 그리고 이것을 그 사람의 〈자아〉라고 부른다. 바로 이 자아에 의식이 부착되는 것이다.[392]

여기에서 자아에 의식이 부착된다는 것은 두 가지 의미를 가진다. 그것은 우선 자아가 의식적 사고활동의 주체라는 의미이고, 다음으로는 자아가 의식의 내용을 담고 있다는 의미를 가지고 있다. 무의식이 곧 이드(무의식=이드)라고 보지는 않았지만, 프로이트는 무의식의 내용은 주로 이드에 그리고 의식의 내용은 자아에 담겨 있다고 생각했다. 이 때문에 그는 자아와 의식을 자주 혼용했고, 다음과 같이 두 가지를 거의 동일시하기도 했다.

개인으로 하여금 내부적인 것과 외부적인 것의 구별을 통해 세상에서 방향을 잡아가게 하는 기능은 정신기관에 대한 세밀한 분석의 결과 오로지 의식조직(지각조직)에 속하는 것으로 나타났다. … 우리는 현실성 검사를 우리가 정신조직 사이에 존재하는 것으로 확인한 〈검열〉과 함께 〈자아의 주요 기구〉 가운데 하나로 평가할 것이다.[393]

셋째, 자아는 수의적 신체활동을 조절·통제하는 주체이다. 초기에 프로이트는 이 기능을 의식의 기능으로 간주했으나 '자아의 기능적 중요성은 그것이 일반적으로 운동성의 통제적 임무를 떠맡고 있다는 사실 속에 잘 드러나 있다'[394]는 말이 보여주듯이, 후기에는 그

---

392 프로이트, 1923, 「자아와 이드」, 전집 제11권, 353쪽.
393 프로이트, 1917, 「꿈-이론과 초심리학」, 프로이트 전집 제11권, 234~235쪽.
394 프로이트, 1923, 「자아와 이드」, 전집 제11권, 364쪽.

것을 자아의 기능에 포함시켰다.

> 자아는 비단 의식뿐만이 아니라, 운동신경의 자극을 좌우할 수 있으며, 이를 통해서 심리적으로 추구하는 것을 실현할 수 있습니다.[395]

'심리적으로 추구하는 것'이란 결국 동기를 의미한다. 따라서 자아(나)는 내면적인 동기를 파악하고 그것을 실현하기 위해 사고활동과 수의적 신체활동을 벌임으로써 그 동기를 실현하는 주체라고 할 수 있다.

> 인간 내부의 이드가 성애적 혹은 공격적 성질의 충동을 일으킬 경우, 사고 및 근육기관을 갖추고 있는 자아가 이 요구를 행동으로 만족시킨다는 것이 가장 단순하고 자연스러운 현상이다.[396]

프로이트는 자아의 가장 중요한 역할이 내면적인 동기를 현실에서 실현하기 위해, 동기와 행동 사이에 사고활동을 개입시킴으로써, 신체활동을 조절·통제하는 것이라고 보았다. 동기이론가답게 사고활동이든 신체활동이든 간에 그것들은 거의 다 내면적인 동기를 실현하기 위해 복무한다고 주장했던 것이다.

> 자아의 구성적 기능은 본능의 요구와 충족행위 간에 사고활동을 개입시키는 데 있다.[397]

---

395 프로이트, 1917, 「정신분석 강의」, 전집 제1권, 484쪽.

396 프로이트, 1939, 「인간 모세와 유일신교」, 전집 제13권, 401쪽.

397 프로이트, 1940, 「정신분석학 개요」, 전집 제15권, 482쪽.

지금까지 살펴보았듯이 자아는 거의 모든 정신활동과 수의적 신체활동의 주체라고 할 수 있다. 이것을 간단히 요약하면 이렇게 될 것이다. 나는 자아라는 정신기관을 통해 정신활동—인식, 사고, 기억 등—및 신체활동을 지휘·통제함으로써 유쾌한 자극에는 접근하고 불쾌한 자극은 회피함—쾌락원칙—으로써 유기체의 생존과 안전을 추구하며, 나아가 자신의 동기를 조절통제—현실원칙—하고 그것을 실현하기 위해 외부세계를 개조한다.

> 감각지각과 근육활동 간의 미리 형성된 관계로 인해 자의적인 운동을 할 수 있다. 그리고 자기보존의 과제를 가지고 있으며, 외부를 향해서는 자극을 배우고, 그에 대한 경험을 (기억 속에) 저장하고, 과도한 자극을 (도피를 통해) 피하고, 적당한 자극에 (적응에 의해) 대응하고, 마침내 외부세계를 합목적적으로 자신에게 이익이 되도록 변화시키는 것을 배움으로써 이 과제를 수행한다. 내부를 향해서는 본능의 요구들에 대한 지배력을 획득함으로써 이드에 대립하여 이 요구들의 충족이 허용될 수 있는가의 여부를 결정 … 자아는 쾌락을 추구하고 불쾌를 피하려 한다.[398]

프로이트의 장황한 설명을 통해서도 알 수 있지만, 자아란 결국 사람의 모든 활동을 지휘·통제하는 일종의 정신기관이라고 할 수 있다. 사람의 모든 활동을 지휘·통제하는 것은 넓은 의미에서 보면 의식의 기능이고, 그것을 좀 더 구체화시키면 작업의식의 기능이라고 할 수 있다. 그러므로 이런 정신기관으로서의 자아란 결국 작업의식

---

398 프로이트, 1940, 「정신분석학 개요」, 전집 제15권, 414쪽.

을 의미한다고 할 수 있을 것이다.

그런데 프로이트는 자아가 작업의식의 기능만을 담당하는 것이 아니라 의식의 내용까지 담고 있는 정신기관이라고 주장했는데, 이는 커다란 잘못이다. 일반적으로 기관이라 함은 어떤 기능을 담당하는 것과 관련이 있는 것이지, 어떤 내용을 담고 있는 것을 지칭하는 게 아니기 때문이다. 예를 들면 자동차의 엔진은 차의 동력을 생산하는 기능을, 변속기는 차의 속도와 힘을 조절·통제하는 기능을 담당하지 엔진이나 변속기 그 자체에 어떤 내용이 담겨 있지는 않다. 마찬가지로 사람의 신체에서 심장은 혈액순환을 담당하며 눈은 시각자극을 수용하는 기능을 담당할 뿐이지 심장이나 눈에 어떤 내용이 저장되지는 않는다. 따라서 만일 자아가 사고활동 같은 기능을 담당하는 정신기관이라면 그것은 단지 그런 기능만을 담당하는 것으로 간주되어야지 거기에 어떤 내용까지 담겨 있다고 보기는 어렵다. 이런 점에서 프로이트의 자아 개념은 매우 부정확하다고 할 수 있다.

그렇다면 '자아'란 과연 무엇일까? 자아는 자기에 대한 견해, 자기에 대한 평가, 자기에 대한 감정 등으로 구성되는 '의식에 반영된 나'이다. 일단 자아가 확립되면, 사람은 이 자아(의식)의 도움으로 자기 정체성을 유지하면서 일관성 있게 활동할 수 있게 된다.

> '나'라는 개념이 자신의 육체와 정신을 모두 포함하는 것이라면 '자아'는 '의식에 반영된 나'라고 할 수 있다. 나는 타인의 의식에도 반영되고 내 의식에도 반영되는데, 내 의식에 반영된 '나'가 바로 자아인 것이다. 따라서 자아의 형성에는 자기 자신과 관련된 모든 것들이 영향을 미친다. 자신의 욕구와 요구, 신념과 가치관, 양심, 지식 그리고 자신의 성장역사 등이 모두 영향을 미치는 것이다. 그

리고 내가 변화하고 성장함에 따라 '자아' 도 변화하고 발전한다.[399]

이 설명에서 알 수 있듯이, 자아는 기본적으로 특정한 의식의 내용과 관련되는 개념이지 특정한 기능과 관련되거나 어떤 정신기관을 지칭하는 개념이 아니다. 따라서 프로이트가 자아를 다양한 기능을 담당하는 정신기관인 동시에 의식의 내용까지 담고 있는 저장공간으로 간주한 것은 잘못이다. 그는 자아 개념을 경우에 맞게 '나', '의식(장기기억)', '작업의식' 등으로 각각 다르게 사용했어야 했다. 하지만 그는 이 모든 것들을 '자아'라는 하나의 개념에 뒤섞어놓았기 때문에 이론적 혼란을 피할 수 없었다.

초자아(das über-Ich)

프로이트로서는 의식과 무의식 혹은 자아와 이드만으로 모든 정신현상을 깔끔하게 설명할 수 있었으면 좋았을 텐데, 현실은 그렇지가 않았다. 우선 그는 자아와 이드만으로는 도저히 불안-꿈 혹은 자기처벌적인 꿈을 이해하거나 설명할 수가 없었다.

고통스러운 내용을 가진 꿈이 왜 그렇게 많은지 특히 불안-꿈이 왜 존재하는지를 스스로에게 해명해야 할 필요가 있다고 느낍니다.[400]

---

399 김태형, 2009, 《새로 쓴 심리학》, 세창출판사, 185쪽.

400 프로이트, 1917, 「정신분석 강의」, 전집 제1권, 293쪽.

프로이트는 꿈을 위장된 소원성취로 이해했다. 아주 단순하게 설명하면, 꿈이란 부도덕한 동물적 욕구가 완전히 잠들지 않은 자아의 검열을 피하기 위해 가면을 쓰고 나타나는 것이라고 할 수 있다. 사회적으로 번듯한 지위를 가진 중년의 유부남이 우연히 알게 된 젊은 여성에게 성적 욕망을 느끼게 되었을 때, 그 여성과 성행위를 하는 꿈은 너무나 노골적이라 검열을 피할 수 없으므로, 그녀를 상징하는 다른 여성과 성행위를 하는 꿈을 꾸는 것을 하나의 예로 들 수 있다. 이를 도식화하면 다음과 같다.

성욕	검열	결과
원래의 소원	위장된 소원	왜곡된 꿈 내용
최근에 알게 된 어떤 젊은 여성에 대한 성적 욕망	젊은 여성을 과거에 알고 있던 다른 여성으로 위장시켜 검열을 통과함	과거에 알고 있던 다른 여성과 성행위를 하는 꿈을 꿈

프로이트에 의하면 사람이란 기본적으로 쾌락을 추구하는 존재이고, 따라서 꿈은 비록 위장된 형태로나마 소원을 성취함으로써 쾌락을 추구하는 정신현상이다. 그런데 꿈 중에는 심하게 불안을 느끼거나 스스로를 처벌하는 꿈이 많이 있다. 동료를 배신한 후부터, 그 동료가 나타나서 자신을 칼로 찔러 죽이는 꿈을 반복적으로 꾸는 걸 하나의 예로 들 수 있다. 이런 꿈들을 보면서 프로이트는 혹시 사람에게는 성욕에 버금가는, '벌을 받고 싶어 하는 경향성이 있지는 않을까'라는 생각을 갖기 시작했다.

소원성취를 통해 매우 불쾌한 사태, 즉 징벌을 받는 것과 같은 일이 벌어질 수 있다 … 인간의 정신생활 속에는 그렇게 벌을 받고 싶어 하는 경향성이 많이 있습니다. 이러한 경향성은 매우 강한 것이어서 고통스러운 꿈의 한 부분을 그것이 책임지고 있다고 말할 수 있는 것입니다.[401]

동기이론가 프로이트로서는, 이런 불안-꿈이나 자기처벌적인 꿈 역시 일종의 소원성취에 의해 만들어지는 것이라고 볼 수밖에 없었다. 어떤 정신현상이든 간에 그것은 기본적으로 동기가 있어야 발생할 수 있기 때문이다. 그래서 프로이트는 스스로에게 묻게 되었다. 자기처벌을 통해 만족과 쾌락을 느끼는 '너'는 도대체 누구냐고.

소원성취라는 것은 확실히 쾌락을 가져다주는 것은 틀림없지만, 이때 〈도대체 누구에게〉라는 질문이 제기됩니다.[402]

사실 이 문제는 불안을 느끼고자 하는 욕구, 자기처벌을 하려는 욕구가 무엇인지를 해명하면 간단히 풀릴 수 있다. 즉 사람에게는 성욕을 능가하는 양심의 욕구가 있어서 그것이 그런 꿈들을 만들어낸다고 설명하면 그만인 것이다. 하지만 프로이트는 이 자기처벌 욕구를 '초자아'라는 정신기관으로 둔갑시킴으로써 동물적 성욕을 '이드'라고 규정했던 오류를 그대로 반복했다.

---

401 프로이트, 1917, 「정신분석 강의」, 전집 제1권, 299쪽.
402 프로이트, 1917, 「정신분석 강의」, 전집 제1권, 295쪽.

처벌-꿈도 소원의 성취이지만 본능 충동을 성취하기 위한 것은 아닙니다. 그것은 정신활동 속에서 비판하고 검열하는, 정신생활을 처벌하는 기능의 소원성취라고 볼 수 있습니다. … 정신활동에는 초자아라고 부를 수 있는 비판하고 금지하는 특별한 기능을 가진 심리 심급을 상정할 수밖에 없음을 알게 되었습니다.[403]

성적 욕구를 '이드', 양심의 욕구를 '초자아'라는 정신기관으로 각각 규정하고 나서, 프로이트는 불안-꿈을 다음과 같이 설명했다. 자기처벌을 원하는 초자아가 소원성취를 하자 쾌락을 추구하던 자아는 불안을 느낀다는 식으로….

두 사람의 의견이 완전히 일치하지 않을 경우 한 사람의 소원성취가 다른 사람에게는 불쾌감을 주는 것이 될 수 있다….[404]

이 설명은 사실 두 가지의 욕구—예를 들면 성적 욕구와 양심의 욕구—가 팽팽하게 갈등을 빚고 있는 상황을 흥미롭게 의인화한 것일 뿐이다. 하지만 사람에게 성욕이 있다고 해서 그것을 '이드'라는 정신기관으로까지 격상시킨 것이 잘못이듯이, 사람에게 양심의 욕구가 있다고 해서 그것을 '초자아'라는 정신기관으로 격상시킨 것 역시 잘못이다. 욕구는 단지 욕구일 뿐이지 정신기관이 아니기 때문이다. 그럼에도 불구하고 굳이 프로이트 식으로 이론화를 하고 싶다면, 다른 중요한 욕구들에게도 '언더자아(under-ego)', '초이드(super-id)' 와 같은

---

403 프로이트, 1932, 「새로운 정신분석 강의」, 전집 제2권, 40쪽.
404 프로이트, 1917, 「정신분석 강의」, 전집 제1권, 296쪽.

이름을 붙여서 정신기관으로 만들어주어야 비로소 공평해질 것이다.

프로이트가 초자아라는 정신기관을 상정하게 된 것은 또한 정신병 환자들의 '관찰망상' 때문이었다. 당시의 정신병 환자들 중에는 누군가가 자기를 관찰하고 있다는 망상을 가지고 있는 사람들이 꽤 있었다.

> 실제적 자아를 끊임없이 감시하고 자아 이상의 기준에 맞추어 평가하는 어떤 특수한 정신기관이 있다. … 〈감시당하고 있다는 망상〉 … 이런 증상을 내보이는 환자들은 내면에서 제삼자가 그에게 들려주는 목소리를 통해 감시 기능을 가진 정신 기관이 존재한다는 사실을 알게 된다. 따라서 그는 자신의 생각을 다른 사람이 알고 있을 뿐만 아니라 심지어 감시, 감독하고 있다고 불평하는 것이다.[405]

냉전적 분위기가 지배적이었던 얼마 전까지만 해도 한국에서는 '내 귀에 도청기가 들어있다'거나 '내 머리 속에 감시장치가 있다'고 믿는, 일종의 관찰망상으로 분류할 수 있는 망상이 많았다. 아무튼 프로이트는 동기이론가답게 '관찰행위는 판결을 내리고 처벌하는 것을 위한 하나의 준비단계'[406]라고 말함으로써, 관찰망상의 동기를 도덕적 자기처벌 욕구라고 강조했다. 결국 관찰망상을 자기처벌 욕구가 존재한다는 사실을 증명하는 주요한 증거로 간주했던 것이다. 비록 그것이 유일한 원인은 아니라 하더라도, 자기처벌 욕구가 관찰망상을 만들어낸다는 설명까지는 별다른 문제가 없다. 하지만 그러한

---

405 프로이트, 1914, 「나르시시즘 서론」, 전집 제11권, 76쪽.

406 프로이트, 1932, 「심리적 인격의 해부」, 전집 제2권: 새로운 정신분석 강의, 83쪽.

자기처벌 욕구가 있다고 해서 그것을 관장하는 기관까지 있다고 주장하는 것은 전혀 타당하지 않다.

의식에 반영된 동기(욕구와 요구)는 감정과 사고활동을 추동하기 때문에 그런 동기와 관련된 정신활동이 나타나는 것은 당연하다. 즉 동기는 다음과 같은 도식을 통해 정신활동에 영향을 미친다는 것이다.

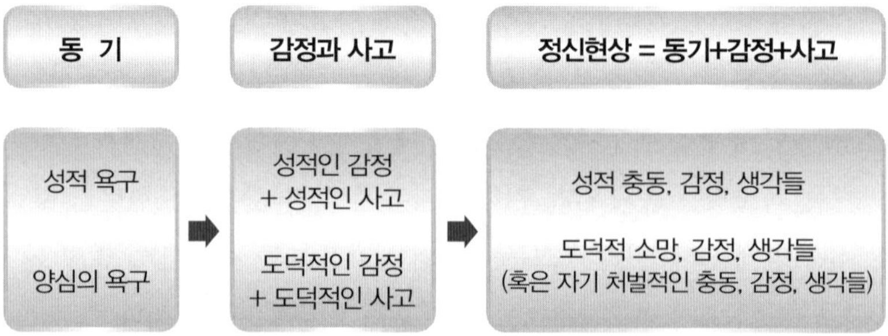

성적 욕구이든 양심의 욕구이든 간에 그것은 단지 욕구일 뿐이므로 그것을 어떤 정신기관으로 볼 하등의 이유가 없다. 나아가 이드가 성욕이라는 욕구를 그리고 초자아가 양심의 욕구를 보유하고 있다는 식으로, 특정한 정신기관이 특정한 내용을 담고 있다고 볼 수 있는 근거도 없다. 따라서 반복적으로 강조하지만, 작업의식 등을 일종의 정신기관으로 볼 수는 있지만 그럴 경우에도 그것은 단지 특정한 기능만을 담당할 뿐이지 어떤 내용을 담고 있지는 않다고 보는 게 상식적이다. 즉 여러 정신기관들은 내용적으로는 중립적인, 그야말로 기관일 뿐이어서 성적 욕구도 처리하고 양심의 욕구도 처리하는 식으로 다양한 내용들(동기와 감정, 생각들)을 이러저러하게 처리한다는 것이다. 이런 점에서 프로이트가 관찰망상을 통해 그것을 관장하는 정

신기관이 있다는 결론을 내린 것은 큰 잘못이다.

> 관찰망상의 분석을 통해서 우리는 자아의 내부에 실제로 이를 관장하는 기관이 존재한다는 결론을 내렸습니다.[407]

어쨌거나 프로이트는 처음에 이 기관을 자아의 한 기능인, 양심으로 명명했다.

> 자신을 관찰하는 기관을 우리는 자아의 검열관, 즉 양심으로 알고 있습니다.[408]

그러다가 정신구조론에 초자아라는 정신기관을 도입한 뒤로는 입장을 바꿔서 양심을 초자아의 기능으로 간주했다.

> 이런 심급(초자아를 뜻함: 편집자 주)의 다른 기능은 우리가 양심이라고 부르는 것일 수밖에 없음을 추측해낼 수 있습니다.[409]

프로이트는 최종적으로 초자아의 속성 혹은 기능을 다음의 세 가지로 정의했다.

> 초자아의 기능 = 자기 관찰 + 양심 + 이상[410]

---

407 프로이트, 1917, 「정신분석 강의」, 전집 제1권, 574쪽.
408 프로이트, 1917, 「정신분석 강의」, 전집 제1권, 575쪽.
409 프로이트, 1932, 「심리적 인격의 해부」, 전집 제2권: 새로운 정신분석 강의, 83쪽.
410 프로이트, 1932, 「심리적 인격의 해부」, 전집 제2권: 새로운 정신분석 강의, 91쪽.

추가로 잠깐 언급하자면 자기 관찰은 인식, 사고를 담당하고 있는 작업의식—프로이트의 정신구조론에서는 자아—의 기능이며, 이상은 초자아 혹은 양심보다는 주로 개인적, 사회적 동기와 관련이 있다. 그러므로 오직 양심만이 초자아와 일정한 관련이 있다고 할 수 있는데, 결론적으로 불안-꿈과 자기처벌적인 꿈 그리고 관찰망상을 통해 프로이트가 발견한 것은 단지 건강하지 못한 양심의 욕구—프로이트 식으로 말하면 자기처벌의 욕구—였을 뿐이지 그 어떤 정신기관이 아니다. 따라서 그런 현상들에 근거해 초자아라는 정신기관을 이론화한 것은 심각한 오류이다.

내면화된 부모와 사회: 초자아 vs 양심

초자아는 어떻게 해서 만들어지는 것일까? 프로이트에 의하면 그것은 주로 부모의 권위와 힘에 대한 두려움에 기초해 형성된다.

> 초자아가 떠맡게 되는 역할은 처음에는 외부적인 힘, 즉 부모의 권위에 의해서 행사됩니다. … 실제의 두려움이 그 후에 발생하는 양심의 두려움의 선행자입니다. … 외부적인 억제가 내면화되어서 부모의 역할 대신 초자아가 등장하고, 그것은 부모들이 그전에 아이에게 그랬던 것처럼 똑같이 자아를 관찰하고, 조절하고, 위협합니다. … 초자아는 … 실질적으로 합법적인 부모의 육친적 후손이라 할 수 있습니다.[411]

—

411 프로이트, 1932, 「심리적 인격의 해부」, 전집 제2권: 새로운 정신분석 강의, 86쪽.

아이가 금지되어 있는 행동을 하면, 부모는 그 아이를 엄한 말로 혼내기도 하고 심할 경우에는 체벌을 하기도 한다. 그래서 처음에 아이는 그런 부모의 처벌이 무서워서 자기 행동을 조심하게 되지만, 나중에는 부모가 없더라도 금지를 내면화함으로써 그런 행동을 하지 않게 된다. 예컨대 상스러운 욕을 해서 인상적인 처벌을 받았던 아이는 나중에 부모가 없더라도 마음속으로 '욕을 하면 안 돼. 그건 나쁜 짓이야'라고 말하면서 욕을 안 하게 된다는 것이다.

그런데 만일 양심이 처벌에 대한 두려움—본질적으로는 부모의 사랑을 잃을지도 모른다는 두려움—때문에 생기는 것이라면, '부모의 처벌이 없으면 양심도 없다는 말이냐'는 반론이 가능하다. 아마 프로이트는 이에 대해 아이는 〈부모와의 동일시〉[412]를 하기 때문에 양심은 어떻게든 생기게 될 거라고 반박할 것이다. 그는 사람이 반드시 오이디푸스 콤플렉스라는 발달단계를 거친다고 주장했다. 남자의 경우에는 모두 다 유년기에 어머니에 대한 성적 경쟁자이자 자신의 성기를 거세하려고 하는 아버지를 증오하고 죽이려는 심리를 갖기 마련이라는 것이다. 하지만 아이는 아버지를 이길 수도 없고 죽일 수도 없기 때문에 결국 아버지한테 백기를 들고 항복한다. 이때 아이는 자신을 아버지와 동일시함으로써 오이디푸스 콤플렉스를 해결하는데, 이 과정에서 내면화되는 아버지가 바로 초자아의 원형이 된다. 초자아는 오이디푸스 콤플렉스에 굴복하지 않으려는 방어 혹은 반항의 소산이므로 오이디푸스 콤플렉스를 심하게 앓았던 사람의 초자아는 아주 엄격한 반면, 그 병을 살짝 앓았던 사람의 초자아는 덜 엄격하다.

---

412 프로이트, 1923, 「자아와 이드」, 전집 제11권, 371쪽.

> 실제로 초자아는 오이디푸스 콤플렉스의 유산이며 이 콤플렉스가 제거된 후 성립한 것이다. 따라서 초자아의 과도한 엄격성은 실재의 모범을 따른 것이 아니라 오이디푸스 콤플렉스의 유혹에 대항하는 방어의 강도에 따른 것이다.[413]

초자아에는 동일시 혹은 방어에 의해 완전했던 부모—주로는 아버지이다—의 모습 혹은 자기가 원했던 부모의 모습이 내면화된 '자아 이상'도 포함된다. 이 자아 이상은 일종의 자기 기준이나 인생 목표라고도 할 수 있다.

> 초자아의 기능 중 또 다른 중요한 기능을 언급해야만 하겠습니다. 그것은 또 자아가 그것에 자신을 재어 보고, 그것을 향해 나아가고, 계속 증가되어 가고 있는 완전화에 대한 그의 요구를 성취하려고 노력하는 자아 이상(Ichideal)의 운반자입니다. 이러한 자아 이상이 옛날의 부모 표상의 침전물이며, 아이가 그 당시에 자기 부모의 모습이라고 생각했던 완전성에 대한 경탄의 표현이라는 데에는 의심의 여지가 없습니다.[414]

초자아는 설사 부모의 처벌이 전혀 없더라도 이드가 존재하는 한 반드시 생겨날 수밖에 없다. 왜냐하면 이드는 그 본성상 필연적으로 사회와 사회를 대변하는 부모와 충돌하기 마련이기 때문이다. 프로이트에 의하면 부모한테 거의 처벌을 받지 않으면서 자라난 아이는

---

413 프로이트, 1940, 「정신분석학 개요」, 전집 제15권, 490쪽.

414 프로이트, 1932, 「심리적 인격의 해부」, 전집 제2권: 새로운 정신분석 강의, 89쪽.

있을 수 있어도, 비록 평화적인 방법을 사용하더라도 아이의 이드를 억제하거나 통제하지 않는 부모란 존재할 수가 없다. 따라서 사람은 누구나 다 이드에 맞서는 초자아를 가지게끔 되어있다는 것이다.

> 사실 초자아는 이드에서 생겨난 것인 만큼, 이드에서 일어나는 본능의 억압 및 해체와 분리될 수 없다.[415]

'양심 기관은 근본적으로 처음에는 부모의 비판, 나중에는 사회적 비판이 구체적으로 실현된 것'[416]이라는 말에서 알 수 있듯이, 초자아는 부모만이 아니라 사회역사도 대변한다. 부모는 해당 사회역사와 떨어져서 살 수 없으므로 그들의 동기, 감정, 생각 등은 그 사회로부터 커다란 영향을 받게 된다. 예전의 부모들은 아이가 밖에 나가서 잘 뛰어놀면 최고라고 생각했지만, 요즘의 상당수 한국 부모들은 어릴 때부터 아이한테 여러 가지 사교육을 시켜야 한다고 믿는다. 그러므로 하루 종일 밖에서 노는 걸 좋아하는 아이는 예전에는 괜찮았겠지만 요즘이라면 처벌을 받게 될 가능성이 높을 것이다. 초자아에는 이런 식으로 부모를 통해 전달되는 당대의 집단심리나 사회역사적 내용들도 자기 자리를 잡게 된다.

> 부모에 의해 이어지는 가족, 인종 및 민족 전통의 영향과 부모가 대변하는 각각의 사회적 환경의 요구도 작용한다.[417]

---

415 프로이트, 1926, 「억압, 증상 그리고 불안」, 전집 제10권, 241쪽.
416 프로이트, 1914, 「나르시시즘 서론」, 전집 제11권, 77쪽.
417 프로이트, 1940, 「정신분석학 개요」, 전집 제15권, 415쪽.

프로이트는 양심을 '초자아 기능 중의 하나'[418]라고 말했다. 그러나 양심은 초자아처럼 처벌에 대한 두려움, 사랑을 잃을지도 모른다는 두려움에 기초해 형성되는 그런 것이 아니다. 그것은 오히려 사랑(관계)의 욕구 같은 사회적 욕구들과 공감능력 같은 긍정적인 감정들에 토대해서 형성된다. 그렇기 때문에 초자아는 공갈과 협박에 의해 외부로부터 강제적으로 심어진 두려운 괴물이 되지만, 양심은 그 어떤 강요 없이 자발적으로 받아들이거나 만들어낸 친근한 길잡이가 되는 것이다. 또한 바로 그것 때문에 초자아는 종종 정신병의 원인이 되기도 하는 반면, 양심은 정신병을 치유하도록 도와주는 주요한 동기로 작용한다.

양심도 초자아와 마찬가지로 내면화되는 부모와 깊은 관련이 있다. 하지만 그것이 부모에 대한 사랑과 존경에 기초한 자발적인 내면화인가 아니면 부모, 특히 아버지에 대한 두려움에 의한 강압적 내면화인가에 따라 그 내면화된 부모는 양심이 될 수도 있고 초자아가 될 수도 있다. 따라서 〈양심=초자아〉가 아니며 〈양심≤초자아〉도 아니다. 비록 양심과 초자아가 모두 양심의 욕구와 관련이 있지만 그 두 가지는 질적으로 완전히 다르다는 것이다. 나는 양심을 다음과 같이 규정한바 있다.

> 양심이란 사람이 도덕적 원칙과 규범에 맞게 행동하도록 조절·통제하는 도덕감정과 도덕의식의 총체이다.[419]

---

418 프로이트, 1932, 「심리적 인격의 해부」, 전집 제2권: 새로운 정신분석 강의, 83쪽.

419 양심에 대한 좀 더 자세한 논의는 〈김태형, 2009, 《새로 쓴 심리학》, 세창출판사, 85~ 90쪽〉을 참조하라.

✚ 프로이트는 양심이 초자아의 기능이라고 주장했다. 그러나 양심은 자발적으로 수용한 것이지만 초자아는 강압과 협박에 의해 외부에서 강제로 주입된 것이므로 양자는 질적으로 다르다

프로이트는 초자아가 자아(나) 위에 군림하면서 자아를 가혹하고 잔인하게 대한다고 말했는데, 초자아는 능히 그럴 수 있다. 왜냐하면 초자아는 양심이 아니라 내면화된 무서운 아버지이기 때문이다.

> 초자아는 모든 것을 자신에게 위임한 무력한 자아에게 가장 엄격한 도덕적 잣대를 들이대고 도덕성의 가장 높은 가치를 대변합니다….[420]

프로이트의 〈정신 삼국지〉

막상 이드, 자아, 초자아라는 기본개념을 정립하자 프로이트 앞에

420 프로이트, 1932, 「심리적 인격의 해부」, 전집 제2권: 새로운 정신분석 강의, 84쪽.

는 새로운 난제가 나타났다. 〈이드-자아-초자아〉와 〈무의식-의식-전의식〉 사이의 관계를 규명해야만 하는 까다로운 과제가 제기되었던 것이다. 이드=무의식, 자아=의식, 초자아=전의식이라는 등식이 성립했으면 아무 문제가 없었을 텐데, 그게 그렇지가 않았다. 왜냐하면 자아와 초자아가 무의식적이라는 증거들이 너무나 명백했기 때문이다.

> 초자아와 자아가 아주 중요한 상황에서 무의식적으로 일을 할 수 있다 … 자아와 초자아의 많은 부분이 무의식적 상태에 놓여 있다….[421]

프로이트는 억압의 주체를 자아로 보았는데, 이 억압은 의식적일 수도 있고 무의식적일 수도 있다. 또한 자아를 핍박하는 초자아의 활동은 의식될 수도 있고 의식되지 않을 수도 있다. 그러니 이런 간단한 사실들만 보더라도 〈자아, 초자아=의식(전의식)〉이라는 등식은 가능하지 않다.

게다가 자아와 초자아가 어떤 기능만이 아니라 의식의 내용들까지 담고 있다고 보았던 프로이트로서는, 자아나 초자아의 핵심 내용들이 무의식의 영역에 있을 거라는 사실을 인정하지 않을 수가 없었다.

> 자아의 많은 부분이 그 자체로 무의식이고 특히 자아의 핵이라고 말할 수 있는 부분이 그렇다.[422]

올바른 자아 개념에 기초하더라도 자아의 핵이라고 할 수 있는

---

421 프로이트, 1932, 「심리적 인격의 해부」, 전집 제2권: 새로운 정신분석 강의, 95쪽.
422 프로이트, 1920, 「쾌락원칙을 넘어서」, 전집 제11권, 286쪽.

'나에 대한 견해나 감정들'은 대부분 무의식의 영역에 있다고 할 수 있으며, 죄의식도 의식되지 않는 경우—프로이트는 이를 '무의식적 죄의식'이라고 명명했다—가 아주 많다.

> 많은 신경증 환자들에게 이러한 종류의 무의식적 죄의식이 결정적인 경제적 역할을 하고 있으며 회복과정에서 가장 강력한 장애물로 작용한다 … 자아 속에 있는 가장 저급한 것뿐만 아니라 가장 고상한 것까지도 무의식적일 수 있다….[423]

자아와 초자아도 무의식적일 수 있다는 사실 때문에 프로이트는 정신구조론을 근본적으로 수정하게 되었는데, 그것은 간단히 말해 〈이드-자아-초자아〉를 크게 부각시키는 반면 〈무의식-의식-전의식〉을 찬밥신세로 만드는 것이었다고 할 수 있다.

> 자아와 초자아의 거의 모든 부분이 무의식적 상태로 머물러 있고 보통 무의식 단계에 있습니다. … 자아와 의식, 억압된 것과 무의식이 서로 부합되지 않는다는 사실은 맞는 것입니다. 여기서 의식과 무의식의 문제에 대한 우리의 견해를 근본적으로 수정해야만 할 필요성을 느낍니다.[424]

마침내 프로이트는 〈무의식-의식-전의식〉이라는 정신구조론을 폐기하는 용단을 내리고는 '초자아, 자아, 그리고 이드는 인간의 정신

---

423 프로이트, 1923, 「자아와 이드」, 전집 제11권, 367쪽.

424 프로이트, 1932, 「심리적 인격의 해부」, 전집 제2권: 새로운 정신분석 강의, 96쪽.

체계가 각각 나뉘는 세 개의 영역, 지역, 지방'[425]이라고 선언했다. 이렇게 해서 프로이트의 '정신 삼국지'가 최종적으로 완성된 것이다. 그의 정신구조론이 무엇을 개념화한 것인지를 표를 통해 정리하면 다음과 같다.

	내용	기능	비고
초자아	의식(무의식)에 반영된 부모와 사회	도덕적 기준 강요	왜곡된 양심의 욕구
자아	의식(무의식)에 반영된 나	이성적 사고활동	나
이드	무의식(의식)에 반영된 동물적 본능	본능적 충동 유발	생물학적 욕구

사람에게는 생물학적 욕구와 사회적 욕구 그리고 사회적 요구라는 다양한 동기들이 있다. 그런데 프로이트는 생물학적 욕구 중에서 성욕을 그리고 사회적 욕구 중에서 양심의 욕구만을 따로 떼어내 그것을 각각 이드와 초자아—정확히 하자면 초자아는 왜곡된, 병적인 양심의 욕구와 관련이 있다고 할 수 있다—로 개념화했다. 이것은 두 가지의 동기를 각각 정신기관으로 잘못 규정한 것이므로 명백한 오류이다.

사실 찬찬히 들여다보면, 프로이트의 정신구조론이란 성적 욕구와 (왜곡된) 양심의 욕구 사이에서 갈등하는 신경증 환자의 전형적인 심리를 묘사한 것임을 알 수 있다.

—

425 프로이트, 1932, 「심리적 인격의 해부」, 전집 제2권: 새로운 정신분석 강의, 99쪽.

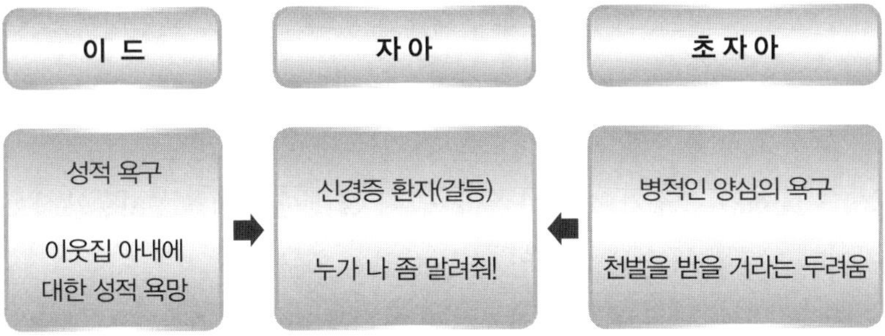

물론 프로이트는 인정하기 싫겠지만 그의 정신구조론은 정상인이나 마음이 건강한 사람이 아니라 신경증 환자, 즉 정신건강 수준이 비교적 낮은 사람에게 적합한 심리모델이다.

> 사람들은 대체로 … 성도착자들의 내부에서 욕망 충동들이 서로 갈등하고 있음을 발견합니다. 이는 우리가 늘상 심리적 〈갈등〉으로 표현하는 것입니다. … 그러한 갈등이 없으면 신경증은 발생하지 않습니다.[426]

설사 이웃집 아내에게 부도덕한 욕망을 느끼더라도 마음이 건강한 사람은 그것을 조절·통제하거나 없앨 수 있지만, 마음이 건강하지 않은 사람은 그것을 통제하지 못해 끙끙대거나 병적 양심인 초자아로 인해 '나는 죽어 마땅한 놈이야. 벌을 받을 거야!'라고 외치며 두려워한다. 즉 마음이 건강하지 못한 사람은 심적 갈등을 정상적으로 해결하지 못해 부도덕한 유혹에 굴복하기도 하고, 자기학대를 일삼으면서 두려움에 떨게 되기도 하므로 신경증에 걸린다는 것이다.

---

426 프로이트, 1917, 「정신분석 강의」, 전집 제1권, 471쪽.

크고 작은 심리적 갈등은 누구에게나 있다. 그러나 프로이트가 말했던 초자아가 아닌, 양심이 정상적으로 발달해 있는 보통 사람은 이런 심적 갈등을 건강한 방식으로 처리할 수 있다. 정상인의 경우에는, 동물적인 욕구가 사회적 욕구 밑에 잘 통합되어 있으며, 양심이 자기를 가혹하게 학대하는 일 따위는 없기 때문이다.

만약 프로이트가 신경증 환자들이 아니라 마음이 건강한 사람들을 더 많이, 더 자주 만났더라면 그의 정신구조론은 지금과는 많이 달라졌을까? 내 생각으로는, 그랬을 것 같다!

이드에게 씌워진 악마라는 누명

초기에 프로이트는 무의식을 주로 〈의식되지 않는 의식〉이라는 의미로 사용했으나 억압이론에 기초해 그것을 점차 〈억압된 의식〉으로 간주했다. 그러자 〈무의식(혹은 무의식의 핵심)=억압된 의식〉이라는 등식이 만들어지게 되었는데, 그는 이것이 초래하는 이론상의 혼란을 피하기 위해 무의식보다는 이드(das Es)라는 개념을 더 선호하게 되었다. 특히 자아와 초자아가 무의식적일 수 있다는 사실이 안겨주는 딜레마 때문에 프로이트는 무의식이라는 개념을 그대로 사용할 수가 없었을 것이다. 〈무의식=억압된 의식+무의식적 자아+무의식적 초자아〉였기 때문이다. 그래서 마침내 그는 억압된 의식만을 따로 분리해 독자적인 단위로 다루기 위해서 〈이드=무의식-무의식적 자아와 초자아〉라는 최종공식을 완성하게 된다.

〈억압된 것〉과 이드는 거의 동일하되 발생과정만 다를 뿐이다.[427]

무의식의 핵심이라고도 할 수 있는 이드는, 사람이 동물이었을 때부터 가지고 있었던 성기와 같은 신체조직을 통해 발생하는, 동물적 본능의 정신적 표현이다. 쉽게 말해 성기가 흥분해서 발생한 동물적인 성욕이 의식에 포착된 것—성기가 흥분해 성욕을 느끼게 되자 갖게 된 야한 생각이나 감정, 충동들—이 바로 이드인 것이다.

그 내용은 무엇보다도 신체조직에 기인하는 본능인데, 이 본능은 그 형태가 우리에게 알려지지 않은 방식으로 이드에서 정신적으로 표현된다.[428]

이드는 단지 의식에 반영된 혹은 의식에 의해 포착된 생물학적 욕구에 불과한데, 욕구 그 자체는 당연히 인지능력이나 판단과 같은 사고능력을 가질 수 없다. 프로이트가 '이드는 어떠한 가치도, 어떠한 선악도, 어떠한 도덕도 알지 못합니다'[429]라고 말했던 것은 그래서이다.

프로이트는 정신분석적 방법을 통해 알게 된 신경증 환자들의 무의식적 소망이 상당히 추잡하고 부도덕하다는 사실에 적지 않게 충격을 받은 듯하다. 오죽 했으면 다음과 같은 말까지 남겼을까.

검열을 받게 되는 소망들은 실로 지옥에서 솟아오르는 것처럼 보입

—

427 프로이트, 1939, 「인간 모세와 유일신교」, 전집 제13권, 377쪽.

428 프로이트, 1940, 「정신분석학 개요」, 전집 제15권, 414쪽.

429 프로이트, 1932, 「심리적 인격의 해부」, 전집 제2권: 새로운 정신분석 강의, 102쪽.

니다.[430]

그러나 신경증 환자들이 생생하게 보여준 무의식적 소망에 악마적인 색채가 아무리 진하게 칠해져 있더라도, 그것만을 가지고 이드를 '악'이라고 단정할 수는 없다. 사실 사람에게 있어서는, 이드는 다른 모든 생물학적 욕구들과 마찬가지로 사회적 욕구와 요구들 아래 통합되어 그것들의 지배와 통제 아래 작용할 뿐이지 그 자체가 독립적으로 작용하지 못한다. 따라서 한낱 성욕에 불과한 이드 그 자체에 대해 이러쿵저러쿵 도덕적인 판단을 할 까닭이 없는 것이다.

성욕 그 자체는 도덕적으로 전혀 문제될 게 없으나, 부도덕한 사회적 동기와 결합된 성욕은 당연히 골칫덩어리가 된다. 예를 들면 연인이나 부부 사이의 건강한 사랑에는 정상적인 성욕이 반드시 결합되어야 하지만, 병적인 사회적 욕구인 무절제하고 부도덕한 소유욕과 결합된 성욕은 성추행이나 성범죄 등을 야기할 수 있으므로 도덕적으로 문제가 될 수 있다는 것이다. 그렇기 때문에 정말로 중요한 것은 아무런 죄가 없는 이드가 아니라 그 이드를 나쁜 쪽으로 악용하는 병적인 사회적 동기들을 단죄하는 데 있다.

사실 프로이트도 한때는 중립적인 생물학적 욕구에다 선악의 옷을 입히는 것이 사회적 동기라는, 나와 유사한 견해를 표명한 적이 있다.

> 심리학적—좀 더 엄밀히 말하면 정신분석학적—연구는, 인간성의 가장 깊은 본질은 원초적 성격을 가진 본능적 충동으로 이루어져 있다는 사실을 보여준다. … 이 충동 자체는 선하지도 악하지도 않

---

430 프로이트, 1917, 「정신분석 강의」, 전집 제1권, 195쪽.

다. 우리는 충동이 인간 공동체의 욕구 및 요구와 어떤 관계를 갖고 있느냐에 따라, 충동과 그 발현을 선과 악으로 분류한다.[431]

부분적으로는 옳은 생각을 하고 옳은 말을 하더라도, 이론의 토대이자 출발점이 되는 기초적인 개념 그리고 전체적인 이론적 골격이나 구조가 잘못되어 있으면 별 소용이 없다. 프로이트가 인간 공동체의 욕구와 요구를 더 깊이 파고들지 못하고, 그 결과 생물학적 욕구와 인간 공동체의 욕구 및 요구와의 관계를—초보적인 수준이라도 좋으니—규명할 수 없었던 것은 아마도 그래서였을 것이다. 그는 생물학적 성욕을 지칭하는 데 국한되어야 하는 성욕(이드)이라는 개념에다 사회적 동기의 지배를 받는 생물학적 성욕만이 아니라 성욕을 지배하고 활용하는, 그래서 성욕과 단단히 결부되어 있는 여러 사회적 동기들까지 포함시키는 우를 자주 범했다. 이렇게 건강하지 못한 사회적 동기들 그리고 그것들의 지배를 받는 성욕을 모두 '이드'에다 뭉뚱그려 집어넣었기 때문에 죄 없는 이드는 프로이트의 이론적 틀 안에서는 악마가 될 수밖에 없었던 것이다.

이드는 우리 성품 속에 있는, 도달할 수 없는 어두운 부분입니다.[432]

집에서 키우는 강아지를 부도덕하다고 혼을 내면, 선악이나 도덕 개념이 없는 그 강아지는 '왜 나를 부도덕하다고 하는 거야?'라고 물으면서 주인에게 이렇게 말할 것이다. '부도덕한 것은 바로 너잖

---

431 프로이트, 1915, 「전쟁과 죽음에 대한 고찰」, 전집 제12권, 45쪽.
432 프로이트, 1932, 「심리적 인격의 해부」, 전집 제2권: 새로운 정신분석 강의, 101쪽.

✚ 만일 프로이트가 주장한 대로 이드가 동물적 본능이라면 그것은 선도 악도 될 수 없다. 선이냐 악이냐 하는 것은 동물적 본능을 지배하고 이용하는 사회적 동기에 의해 결정된다

아!' 이와 마찬가지로 악마로 매도된 이드는 억울한 눈빛으로 프로이트를 바라보며 이렇게 외칠지도 모른다.

"나를 악마로 만든 것은 바로 당신이야!"

무력하기 짝이 없는 자아

프로이트는 자아를 사람의 모든 활동을 총괄하는 기능을 수행하는 정신기관으로 규정했다. 그야말로 사람만이 가지고 있는, 즉 서구의 지성사적 전통에서 사람을 사람답게 만들어주는 가장 중요한 특징으로 인정되어온 이성적 사고능력의 체현자가 바로 자아라고 말했던 것이다. 그러나 놀랍게도, 프로이트는 인간이성을 상징할 수도 있는 이 위대한 자아를 형편없는 겁쟁이라고 말했다.

불쌍한 자아 … 그것은 엄격한 주인 셋을 섬겨야 합니다. … 외부 세계, 초자아 그리고 이드입니다. … 그것들의 지나친 압박을 받게 되면 불안 공포로 반응하게 됩니다.[433]

정신분석학에서 자아는 '나'와 비슷한 의미로 사용되므로, 이것은 결국 사람이 외부세계에 순응을 해야만 하는 수동적인 존재이고, 부모와 사회(초자아)에 맞서지도 못하고 그것을 극복할 수도 없는 무력한 아이이며, 자기의 동물적인 성욕과 공격성(이드)을 통제할 수 없는 한낱 짐승에 불과하다는 말이나 마찬가지다.

그렇다면 프로이트는 왜, 무엇을 근거로 자아를 무기력한 겁쟁이로 매도한 것일까? 그는 '자기 보존 본능들과 이와 관련된 모든 다른 충동들은 훨씬 쉽게 교육시킬 수 있'지만 '성 본능들은 교화시키기가 어렵'[434]다고 누누이 강조했다. 성욕 이외의 생물학적 욕구들은 모두 다 이러저러하게 변형이 되지만 오직 성욕만은 동물적인 옛 모습 그대로 남아있을 수 있다고 강변했던 것은, 프로이트가 '정신생활에서는 일단 형성된 것은 결코 사라질 수 없다'고 믿었기 때문이다.

성인에게 나타나는 이후의 발달에도 불구하고 유아기의 정신적 형성물들 중 어느 것도 사라지지 않는다 … 정신적 과거는 역사학적인 과거와는 달리 자신의 파생물들에 의해 흡수되지 않는다는 것이

---

433 프로이트, 1932, 「심리적 인격의 해부」, 전집 제2권: 새로운 정신분석 강의, 105~106쪽.
434 프로이트, 1917, 「정신분석 강의」, 전집 제1권, 479~480쪽.

정신적인 과거가 지닌 성격의 일부이다. 그것은 선행했던 것과 나란히 (현실적으로든 잠재적으로든 간에) 존속한다.[435]

유기체의 발달과정을 보면, 과거의 것들은 예외 없이 이후에 나타나는 것들에 의해 흡수 · 통합되거나 변형되는 운명을 겪는다는 것을 알 수 있다. 하지만 프로이트는 정신세계에서는 이러한 일반적인 법칙과는 달리 '정신적 과거는 어떠한 변형도 없이 그대로 보존된다'[436]는 법칙이 예외적으로 관철되고 있다고 주장했다.

발달의 초기단계는 어떤 의미에서도 전혀 보존되어 있지 않다. 초기단계는 후기단계에 재료를 공급한 뒤, 후기단계에 완전히 흡수되어 버린다. 어른한테서 태아의 모습을 발견할 수는 없다. 어린 시절의 흉선(胸線)은 사춘기가 지나면 결합조직으로 바뀌지만, 그 자체는 더 이상 존재하지 않는다. … 오직 정신 속에서만 모든 초기단계가 최종형태와 나란히 보존될 수 있으며, 우리가 이 현상을 생생하게 묘사할 수 있는 처지가 아니라는 사정은 여전히 남아 있다. … 정신생활에서 과거의 것은 보존될 수도 있고, 어쨌든 〈반드시〉 파괴되지는 않는다고 주장하는 것으로 만족하자. … 우리는 다만 정신생활에서 과거가 보존되는 것은 예외가 아니라 원칙이라는 사실에 매달릴 수 있을 뿐이다.[437]

후기단계는 초기단계를 자체 내에 흡수 · 통합함으로써 질적으로

---

435 프로이트, 1913, 「과학과 정신분석학」, 전집 제14권, 35쪽.
436 프로이트, 1930, 「문명 속의 불만」, 전집 제12권, 239쪽.
437 프로이트, 1930, 「문명 속의 불만」, 전집 제12권, 242~243쪽.

더 높은 단계로 발전(발달)한다는 보편적인 법칙이 유독 정신발달에서만 통하지 않는 까닭은 무엇일까?

> 원래부터 존재한 것이 나중에 거기서 파생된 것과 나란히 살아남아 있다는 생각이 과연 올바른 것일까? 물론이다. … 공룡은 멸종하여 포유류에 자리를 내주었지만, 공룡의 직계 후손인 악어는 여전히 우리와 함께 살고 있다. … 정신영역에서는 원시적인 것이 거기서 생겨난 변형과 나란히 보존되는 것이 보통이기 때문에 … 어떤 태도나 본능적 충동의 일부(양적인 의미에서)는 변화되지 않은 상태로 남아 있지만, 다른 부분은 계속 발달할 것이다.[438]

'공룡은 멸종했지만 악어는 살아 있다'는 프로이트의 논리는 재미있기는 하지만 옳다고는 할 수 없다. 그 이유는 다음과 같다. 첫째, 공룡과 악어는 결코 똑같지가 않다. 즉 단순하게 말해, 공룡은 쉽게 통제할 수 없지만 악어는 통제가 가능하다는 것이다. 프로이트도 분명히 인정하고 있듯이, 사람의 성욕은 동물들의 성욕과는 크게 다르며 그 힘 또한 현저히 약해졌다. 따라서 그것은 공룡 같은 통제불가능한 존재가 아닌, 말을 안 들으면 총으로 쏴죽일 수도 있는 악어에 불과하다. 둘째, 공룡이 살아있던 시대에는 인류가 없었지만 악어는 인류가 지배하고 있는 세상에서 살아가야 한다. 공룡이 활개치고 다니던 시기에는 사람이 없었기에 공룡은 세상의 지배자로 군림할 수 있었고, 제 마음대로 하면서 살아갈 수 있었다. 하지만 악어는 사람이 존재하는 이상 그렇게 할 수가 없다. 인류는 사회적 욕구를 가지

---

438 프로이트, 1930, 「문명 속의 불만」, 전집 제12권, 239쪽.

게 됨으로써 비로소 동물계에서 분리될 수 있었다. 이는 사람이 사회적 동기를 지배적인 동기로 가지며 그것을 통해 동물적 본능을 지배·통제하는 사회적 존재라는 것을 의미한다. 공룡이 인류와 조우하기 위해서는 악어로 쭈그러드는 축소·변형과정을 거쳐야만 하듯이, 동물적 동기가 사회적 동기와 공존하려면 스스로의 격을 하위동기로 낮춰야만 한다. 결론적으로 말해, 정신적인 발달 역시 다른 모든 발달처럼 앞의 것이 뒤의 것에 흡수·통합되어 변형되는 일반적인 경로를 겪는다. 공룡은 지구 위에서, 사람의 정신 안에서 모두 멸종했고 단지 악어의 형태로만 살아남아 있다. 예외란 없는 것이다.

정신발달에 관한 프로이트의 주장은 틀렸지만, 그의 주장에 기초해 논의를 계속 전개해보겠다. 프로이트에 의하면 성욕은 성기가 붙어있는 한 영원히 존재할 수밖에 없는 것이고, 사람의 기본동기이므로 강한 힘과 에너지를 보유하고 있다. 한마디로 사람은 그놈의 성기 때문에 시도 때도 없이 강한 성욕에 시달리게 된다는 것이다. 초자아 역시 이와 비슷한데, 그것은 비록 병적이긴 하지만 본질적으로 양심의 욕구와 관련이 있는 중요한 동기이므로 성욕에 버금가는 에너지를 보유하고 있다. 그래서 사람은 성욕만이 아니라 죄의식에도 시달리게 된다.

반면에 이드나 초자아와는 달리, 자아는 제아무리 뛰어난 사고능력을 가지고 있더라도 동기가 아니다. 자아는 이런저런 동기를 실현하기 위해 사람의 활동을 지휘하는 기능을 수행하는 정신기관 혹은 정신조직일 뿐이다. 그러니 강한 에너지를 소유하고 있는 이드나 초자아를 에너지와는 전혀 상관이 없는 자아와 대결시키면 자아가 백전백패하기 마련이다. 왜냐하면 자아 그 자체는 그 어떤 힘도, 에너지도 만들어내지 못하며 그것을 보유하지도 못하기 때문이다.

양쪽 모두에 대해 무력한 상태가 된 자아는 살인적인 이드의 부추김과 벌주는 양심의 가책, 양쪽에 다 같이 대항해서 자신을 방어하려고 안간힘을 쓰지만 역부족이다.[439]

어떤 동기를 다른 동기와 싸우게 하지 않고 사람의 활동을 총괄하는 정신기관이라고 할 수 있는 자아와 싸우게 하는 것은 원래 말이 안 된다. 이 주제에 대한 이해를 돕기 위해 간단한 예를 들어보겠다. 이드를 반군, 초자아를 정부군이라고 하면 자아는 지휘통제 시스템에 비유할 수 있다. 그런데 이럴 경우 싸움은 반군(이드)과 정부군(초자아) 사이에서 벌어지는 것이지, 반군(이드)과 지휘통제 시스템(자아) 혹은 정부군(초자아)과 지휘통제 시스템 사이에 벌어지는 게 아니다. 반군이 이기면 반군은 지휘통제 시스템을 자기 의도대로 이용할 것이고, 정부군이 이기면 그들 역시 지휘통제 시스템을 자기들을 위해 활용할 것이다. 그러니 애초부터 반군이나 정부군은 중립적인 도구에 불과한 지휘통제 시스템 그 자체를 공격하거나 괴롭힐 이유가 없으며, 그것을 지배하기 위해 경합하고 있는 적군을 공격해야 한다. 이런 맥락에서 보면, 이드와 초자아 사이의 역학관계, 힘 관계를 따지는 것은 그나마 의미가 있지만 이드와 자아 혹은 초자아와 자아 사이의 힘 관계를 따지는 것은 극히 어리석은 일임을 알 수 있을 것이다.

프로이트는 '자아는 이드에 비해 힘이 약하고 그의 명령을 수행하고, 그의 요구를 성취하려고 노력하는 충실한 종'[440]이라고 말했다. 하지만 굳이 그런 식의 표현을 쓰고 싶다면, 자아는 단지 이드만이 아

---

439 프로이트, 1923, 「자아와 이드」, 전집 제11권, 399쪽.

440 프로이트, 1932, 「불안과 본능적 삶」, 전집 제2권: 새로운 정신분석 강의, 125쪽.

니라 다른 모든 동기들을 실현하기 위해서도 노력하는 충실한 종이라고 해야 한다. 자아는 마치 컴퓨터처럼 사람이 자기의 동기를 효과적으로 실현하기 위해 이용하는 뛰어난 도구라고 할 수 있으니까.

프로이트에 의하면 이드는 동물적 세계를 대변하는 반면, 초자아는 사람의 사회역사를 대변한다. 즉 '이드는 유전된 과거의 영향을, 초자아는 본질적으로 다른 이로부터 넘겨받은 과거의 영향을 대변'[441]한다는 것이다. 그러므로 오늘을 사는 나(자아)는 동물의 세계(이드)와 사람의 세계(초자아) 사이에 끼여서 심한 맘고생을 하는 가련한 존재이다. 프로이트의 이런 비관적인 인간관은, 절대로 똑같은 높이에 앉을 수가 없는 생물학적 동기와 사회적 동기를 동일선상에 올려놓고는 '이것이냐 저것이냐, 그것이 문제로다'라고 외치게 만드는, 〈이드-자아-초자아〉라는 잘못된 정신구조론의 필연적 산물이다. 즉 그의 이론적 형틀에서는 이런 비관적이고 기형적인 인간이 찍혀 나올 수밖에 없다는 것이다.

하지만 현실에서 대부분의 사람들은 이드와 초자아—그런 게 실제로 있다손 치더라도—로부터 그다지 심각한 위협을 당하지 않고서도 잘 살아간다. 즉 그들을 크게 위협하는 것은 통제불가능한 성욕이나 엄한 도덕적 규칙이 아니라 경제적인 문제와 사회적 지위의 문제인 것이다. 그렇다면 프로이트는 실제의 삶에서 이드나 초자아를 그다지 어렵지 않게 조절·통제하는 다수의 사람들을 보면서 무슨 생각을 했을까?

자아가 이드의 과정에 매우 광범위한 영향력을 행사할 수 있다 …

---

441 프로이트, 1940, 「정신분석학 개요」, 전집 제15권, 415쪽.

✚ 프로이트가 이드와 자아를 대결시키고 나서 이드의 손을 들어준 것은 잘못이다. 왜냐하면 이드는 동물적 본능(동기)이지만 자아는 중립적인 정신기관이라고 할 수 있기 때문이다.

> 우리는 자아가 어떻게 해서 그처럼 놀라운 힘을 개발할 수 있었는지 알아내야 할 것이다.[442]

프로이트는 이에 대해 '자아가 지각체계와 밀접한 관계를 지닌 덕분에 그 영향력을 획득한 듯하다'고 말했지만 그런 대답은 설득력이 없다. 언제는 자아가 의식활동의 주체라는 걸 몰라서 여기저기에서 무력한 자아를 운운했단 말인가.

프로이트의 잘못된 정신구조론을 가지고는 사람이 어떻게 해서 이드를 지배하고 통제할 수 있는지를 결코 해명할 수가 없다. 왜냐하면

---

442 프로이트, 1926, 「억압, 증상 그리고 불안」, 전집 제10권, 213쪽.

이드를 이길 수 있는 힘은 자아라는 정신기관 그 자체가 아니라 프로이트 스스로가 여러 번 힘주어 말했듯이 힘(에너지)을 촉발할 수 있는 동기, 그것도 사회적 동기만이 가질 수 있기 때문이다. 즉, 이드를 지배하고 통제하는 힘의 원천은 작업의식 같은 정신기관이 아니라 사람에게 가장 중요한 사회적 동기들에 있다.

사람 안의 난쟁이들

기계론자 프로이트는 평생 동안 사람의 정신이 어떤 기계들로 조립되어 있으며, 그 기계들의 기능이나 내용은 무엇인지를 알고 싶어 했다.

> 제 전 생애의 작업은 오로지 한 가지 목표를 향한 것이었습니다. … 인간의 정신기능에 기여하는 기관이나 장치가 어떻게 구성되고 또 그 속에서 서로 상응하거나 서로 대립되는 세력들이 무엇인지를 추론하고자—아니, 추측하고자—노력해 왔습니다.[443]

치열한 노력의 결실로 프로이트는 그 유명한 〈이드-자아-초자아〉라는 정신구조론을 창조하게 되었다. 그런데 물론 사람들의 이해를 돕기 위해서였겠지만, 이 정신구조론을 설명하는 과정에서 그는 이드와 리비도, 자아, 초자아 등을 의인화, 인격화하는 표현을 자주 사용했다. 실용적인 견지에서 보면, 대중의 이해를 도울 수만 있다면 어떤 식의 표현도 용인되어야 한다고 말할 수 있다. 하지만 그러한

---

443 프로이트, 1930, 「괴테와 정신분석」, 전집 제14권, 553쪽.

표현들이 남발되다 보면 본의 아니게도 자아, 이드, 초자아 같은 것들을 사람 안에 있는 어떤 인격체처럼 오해하게 될 위험이 커진다. 다음은 의인화, 인격화하는 표현방식의 한 예이다.

> 안팎으로 좌절을 당하고, 그 이중적인 압박을 받는 리비도는 반항적이 되었으며, 과거의 좋았던 시절을 회상합니다.[444]

이런 말을 들었다고 해서 리비도가 진짜로 과거를 회상할 수 있다고 믿는 사람은 아마 없겠지만, 어쨌든 프로이트는 '자아는 가르침에 의해서 리비도에 대해 좀 더 유화적이 되고 리비도에게 일정한 만족을 허용할 정도로 융통성을 발휘'[445]한다거나 '징벌(자기처벌: 편집자 주)이란 검열하는 다른 인격의 소원성취'[446]라는 식으로 정신의 일부분을 의인화, 인격화하는 표현을 지속적으로 사용했다.

사람은 기본적으로 자기 자신을 통해 세상을 보기 때문에 사람이 아닌 사물현상들까지도 의인화하는 강한 경향을 가지고 있다. 예를 들면 GPS를 켜놓고 운전을 할 때, 일부러 GPS의 안내를 무시하고 다른 길로 들어서면 사람들은 'GPS가 열 받겠는데' 라고 말하곤 한다. 순간적으로 GPS를 사람처럼 취급하는 것이다. 프로이트가 흄의 《종교 발달사》에서 한 대목을 인용하며 경고하고자 했던 것도 바로 이 의인화 경향이었다.

> 인간에게는, 모든 존재를 자기 자신과 같은 것으로 파악하고, 자기

---

444 프로이트, 1917, 「정신분석 강의」, 전집 제1권, 485쪽.
445 프로이트, 1917, 「정신분석 강의」, 전집 제1권, 611쪽.
446 프로이트, 1917, 「정신분석 강의」, 전집 제1권, 300쪽.

자신이 잘 알고 내심으로 의식하고 있는 모든 성질을 모든 대상에 전위시키는 일반적 경향이 있다.[447]

의인화 경향을 조심해야 한다는 걸 잘 알고 있었던 프로이트였지만, 그 역시 이런 경향에서 그다지 자유롭지 못했던 것 같다. 물론 그는 이드, 자아, 초자아 등이 어떤 인격체라고 말한 적이 단 한 번도 없을 뿐만 아니라 그런 식으로 이해하면 안 된다고 강조하기까지 했다.

여러분들이 이 표현을 지나치게 의인화시켜서 생각한 나머지 검열관이라는 단어에 대해서 우리들의 머릿속의 한 작은 방에 거주하며 자기가 맡은 바를 수행하는 어떤 작은 요괴나 영혼을 상상하는 일은 없도록 해주시기 바랍니다. … 검열관이라는 용어는 잠정적으로 역동적인 관계를 표현하기 위한 편의상의 술어에 지나지 않습니다.[448]

하지만 아무리 편의상 필요하더라도 그저 몇 번 정도 하다 말아야지, 자꾸 하면 안 된다. 나쁜 짓도 자꾸 하다보면 어느새 습관이 될 수 있기 때문이다. 아무튼 프로이트는 의인화, 인격화를 상당히 많이 했기 때문에, 이야기를 마치고 나면 그는 대중들에게 다음과 같은 특별한 사족을 덧붙여야만 했다.

초자아의 설정은 실제로 구조관계를 설명해주는 것일 뿐, 양심으로부터 추상된 것으로서 이를 인격화하는 것은 아니라는 인상을 여러

---

447 프로이트, 1913, 「토템과 터부」, 전집 제13권, 133쪽.
448 프로이트, 1917, 「정신분석 강의」, 전집 제1권, 192쪽.

분이 받았기를 바랍니다.[449]

심리학자들은 의인화, 인격화 경향을 의식적으로 경계할 필요가 있을 것 같다. 예를 들면 '이너 차일드(inner child)' 같은 말은 대체로 어린 시절의 동기와 감정 등이 성인이 되어서까지 그대로 온존되어 있는 현상을 표현하기 위해 사용된다. 하지만 다소 지나친 우려일수도 있으나, 그런 표현을 자꾸 사용하다 보면 자기도 모르게 '이너 차일드'를 나 안에 있는 어떤 꼬마아이 혹은 인격체로 착각하게 될 수도 있다. 그렇기 때문에 나는 꼭 필요한 경우를 제외하고는 그런 표현은 가능한 한 최소화하는 게 옳다고 생각한다.

프로이트는 자신이 정립한 정신구조론이 보편타당성이 있는 이론이기를 원했고, 보편타당성이 있다고 굳게 믿었다.

> 정신조직의 구조는 보편적 타당성을 지녀야 하며, 따라서 정상적인 정신기능에 대해서도 설명할 수 있어야 한다….[450]

하지만 안타깝게도 그의 정신구조론은 일부 신경증 환자의 심리를 묘사하는 데는 써먹을 수 있을지 모르나, 사람의 정신을 설명하는 보편적인 이론은 될 수 없다. 따라서 나는 현대 심리학의 추세대로, 프로이트의 정신구조론 대신 마음을 〈동기-감정-사고(생각)〉라는 세 개의 틀이나 범주로 나누어 연구하기를 권장하고 싶다.

---

449 프로이트, 1932, 「심리적 인격의 해부」, 전집 제2권: 새로운 정신분석 강의, 89쪽.
450 프로이트, 1917, 「정신분석 강의」, 전집 제1권, 403쪽.

요약 및 평가

	정신분석학	평가
의식과 무의식	서술적 기준 : 의식할 수 있느냐 없느냐	보편적이고 통상적인 구분기준이다
	지형적 기준 : 자아로부터 가까운가 먼가	이해를 돕기 위해 의식과 무의식을 지도상에 표시한 것일 뿐이다
	역동적 기준 : 억압하고 있는가 억압당하고 있는가	억압된 것은 무의식의 일부일 뿐이다
	경제적 기준 : 에너지 집중인가 반대집중인가	의식과 무의식은 대립관계가 아니다
통찰(의식화)	억압된 기억을 의식화하는 것이 치료의 중요 내용 중 하나이다	억압된 기억의 의식화는 치료에 도움이 된다
정상과 비정상	정상인은 동기(감정)와 수의적 신체활동을 통제할 수 있다	이는 정상인과 비정상인을 구분하는 유의미한 기준이될 수 있다
작업의식	의식에는 정보를 순차적으로 처리하는 〈지각 의식〉과 정보를 영구히 저장하는 〈기억 조직〉이 있다	〈지각 의식〉은 작업 의식(기억), 〈기억 조직〉은 장기기억에 각각 대응한다
의식과 무의식의 내용	억압된 무의식의 기본내용은 동물적 본능과 결합한 유아기 기억들이다	무의식의 기본내용은 동물적 본능이 아니다. 의식과 무의식은 내용적으로 차이가 없다

의식과 무의식적 사고	의식적 사고방식과 무의식적 사고방식은 질적으로 다르다	의식적 사고방식과 무의식적 사고방식은 질적으로 동일하다
쾌락원칙과 현실원칙	무의식은 쾌락원칙에 따르지만 의식은 현실원칙에 따른다	발달에 따라 쾌락원칙이 현실원칙으로 발전한다
의식과 무의식의 관계	무의식이 의식을 지배한다	사람은 의식을 통해 무의식은 물론이고 자기의 모든 활동을 지휘·통제한다
무의식적 기억	기억이 사라지지 않는 것은 무의식적 사고의 특성 때문이다	기억이 사라지지 않는 것은 그것이 뇌에 영구적인 흔적을 남기기 때문이다
환자의 주관성	'신경증의 세계에서는 심리적 실재가 결정적'이다	치료자는 환자의 주관적인 세계에 주목해야 한다
자아	자아는 이성적인 사고활동 등을 지휘할 뿐만 아니라 기억도 저장한다	자아는 '의식에 반영된 나'이므로, 기억의 저장과는 관련이 없다
초자아	사람에게는 초자아라는 정신기관이 있다	초자아란 (건강하지 못한) 양심의 욕구이다
양심	양심은 초자아의 기능 중 하나이다	양심은 어떤 기능이 아닐뿐더러 초자아와 질적으로 다르다
이드	이드는 동물적 본능이므로 악하다	동물적 본능 그 자체는 선하지도 악하지도 않다

Chapter 5

사회론

사회는 사람에게 적대적이다

—

프로이트에 의하면 자기의 본성을 억압하는 사회를 사람이 스스로 만들어낸 것은 자살골과 마찬가지인 자해행위일 뿐이다. 그러니 이런 입장에서 보면 차라리 동물이 사람보다 훨씬 현명하다고 할 수 있다. 동물은 쓸데없이 사회 같은 걸 만들어서 사서 고생하지 않고 본능대로 행복하게 살아가고 있으니까. 그러나 사람이 굳이 사회라는 것을 만들었을 때는 다 그럴 만한 이유가 있어서 그랬을 거라고 봐야 한다.

—

사람은 타고난 쾌락주의자다

대부분의 세상 사람들이 다 그러하듯이, 프로이트도 인생의 목적이 행복이라고 생각했다.

> 인간이 자신의 행동을 통해 보여주는 인생의 목적과 의도는 무엇인가? 인간은 인생에 무엇을 요구하고, 인생에서 무엇을 성취하기를 바라는가? 이 의문에 대한 대답은 뻔하다. 인간은 행복을 얻으려고 애쓴다.[451]

비록 인생의 목적이 행복이라는 데에는 대다수가 동의하지만, 행복이 과연 무엇이냐 하는 문제에 관해서는 여러 가지 의견들이 첨예하게 맞선다. 돈으로 상징되는 물질적인 부의 소유를 행복으로 여기는 이도 있고, 가족 그리고 가까운 사람들과 오순도순 살아가는 것을 행복이라고 말하는 이도 있으며, 공동체를 위해 헌신하는 이타적인 삶 속에서 행복을 찾는 이도 있다. 이런 의미에서 보면, 행복에 대한

---

451 프로이트, 1930, 「문명 속의 불만」, 전집 제12권, 248쪽.

견해가 어떠냐에 따라 인생관이 결정된다고 할 수 있을 것이다.

그렇다면 프로이트는 사람이 어떻게 해야 행복해질 수 있다고 생각했을까? 프로이트에 의하면 사람에게 가장 중요한 것은 쾌락원칙이다. 즉 사람은 '한편으로는 고통과 불쾌감이 없는 상태에 도달하려 하고, 다른 한편으로는 강렬한 쾌감을 경험하려고 애'[452]쓰는 쾌락주의자라고 굳게 믿었던 것이다.

인생의 목적을 결정하는 것은 쾌락원칙의 프로그램이다.[453]

만일 여기에서 말하는 쾌락이 단순히 육체적이고 감각적인 쾌락만이 아니라 고차원적이고 정신적인 쾌락까지 포함한다면, 사람은 쾌락주의자가 맞다. 그럴 경우, 육체적 쾌락을 추구하는 이는 물론이거니와 공동체 나아가 인류의 복지와 행복을 위해 목숨까지 바쳐가면서 고난의 길을 걷는 이들까지도 정신적 쾌락을 추구한다고 말할 수 있기 때문이다. 물론 나는 '쾌락'이 통상적으로 육체적 쾌락을 의미하며, 따라서 그것이 다소 세속적이고 저급한 느낌을 주기 때문에 정신적인 즐거움에 관련해서는, 쾌락이 아닌 다른 개념을 사용하는 게 좋다고 생각한다. 하지만 그런 것에 그다지 연연하지 않을 수 있다면, 사람을 쾌락원칙에 따라 살아가는 존재라고 말하더라도 이론적으로는 틀리다고 할 수 없다.

그러나 프로이트는 비록 정신적 쾌락의 존재를 인정하지 않은 것은 아니지만, 기본적으로 동물적 쾌락을 가장 중시했다. 사람을 기본

---

452 프로이트, 1930, 「문명 속의 불만」, 전집 제12권, 248쪽.
453 프로이트, 1930, 「문명 속의 불만」, 전집 제12권, 248쪽.

적으로 동물적인 성욕과 공격욕의 충족을 최우선적으로 추구하는 존재로 이해했기 때문이다. 따라서 그의 쾌락주의는 육체적 쾌락과 정신적 쾌락을 모두 포함하는 보편적인 쾌락주의라기보다는 육체적 쾌락주의에 가깝다고 할 수 있다.

동물의 경우에는 자기 본능대로 살더라도 도덕적 문제가 제기될 까닭이 전혀 없지만, 사람의 경우에는 사정이 다르다. 사회공동체를 무시하고 적대시하면서까지 동물적 쾌락을 추구하는 존재란 악마 이외에 달리 될 수가 없기 때문이다. 프로이트가 사람은 천성적으로 악하다는 성악설의 신봉자가 된 것은 바로 이러한 이론전개에 따른 필연적 귀결이라 할 수 있다.

성악설의 신봉자, 프로이트

> 인간은 강력한 공격본능을 타고난 것으로 추정되는 동물이다. 따라서 이웃은 그들에게 잠재적인 협력자나 성적 대상일 뿐만 아니라, 그들의 공격본능을 자극하는 존재이기도 하다. … 〈인간은 인간에게 늑대다.〉 인생경험과 역사에 대한 지식 앞에서 누가 감히 이 주장을 반박할 수 있겠는가?[454]

익히 알려진 대로, 프로이트는 사람이 기본적으로 악하다고 본 성악설주의자이다. 그는 사람이 악하다는 증거로 다음과 같은 것들을 제시했다. **첫째, 어린이는 악하다.**

---

454 프로이트, 1930, 「문명 속의 불만」, 전집 제12권, 289쪽.

> 아이는 처음에는 자기 자신만을 사랑할 뿐이며 다른 사람을 사랑하는 법, 자신의 자아를 남을 위해서 희생하는 법을 나중에 가서야 비로소 배우게 됩니다. … 나중에 가서야 비로소 사랑의 충동은 이기주의에서 독립하게 됩니다.[455]

프로이트는 '어린이는 철저하게 이기적'[456]이라고 하며 혀를 끌끌 찼다. 그러나 어린이를 두고 한 그의 과녁을 빗나간 한탄은 이기주의에 관한 왜곡된 이해에서 비롯된 것이다. 원래 동물의 세계에서는 이기주의라는 개념을 사용하면 안 된다. 사자가 얼룩말을 잡아먹고 상어가 물고기를 잡아먹는다고 해서 사자와 상어한테, '너희들은 너무 잔인하고 이기적이야'라고 욕을 할 수 있겠는가? 사자나 상어는 이기적이라서가 아니라 단지 생존하기 위해서 식사를 했을 뿐인데…. 이기주의나 이타주의는 개인과 사회 혹은 개인과 공동체 사이에서만 제기될 수 있는 문제이다. 즉 사회 속에서 살고 있는 사람이 집단의 이익보다 개인의 이익을 앞세우는 것을 이기주의, 그 반대를 이타주의라고 하는 것이다. 따라서 사회적 존재—동물의 무리는 사회가 아니다[457]—가 아닌 동물 그리고 사회에 대해서 무지한 어린이를 두고 이기주의와 이타주의를 논하는 것은 우물가에 가서 숭늉을 찾는 행위와 다르지 않다.

둘째, 사람의 꿈은 악하다. 프로이트는 '꿈은 전부 철저하게 이기적

---

455 프로이트, 1917, 「정신분석 강의」, 전집 제1권, 277쪽.

456 프로이트, 1900, 「꿈의 해석」, 전집 제4권: 꿈의 해석, 305쪽.

457 이 문제에 대해서는 〈김태형, 2009, 《새로 쓴 심리학》, 세창출판사, 342~344쪽〉을 참고하라.

이다. 은폐되어 있긴 하지만 이기적 자아가 모든 꿈에 등장한다'[458] 고 말했다. 사회의 검열에서 상대적으로 자유로운 것으로 간주되는 꿈을 들여다보면, 사람이 악하다는 걸 능히 알 수 있다는 것이다. 프로이트에 의하면 꿈은 대부분 어린 시절의 소망을 반영하므로, 꿈이 악하다는 것은 곧 어린아이가 악하다 그리고 성인의 무의식이 악하다는 의미로 해석될 수 있다.

> 꿈이 우리를 단순하게 어린아이의 상태로 만들어줌으로써 우리가 우리들의 윤리적 발달단계의 초기로 되돌아가는 것이라면, 이러한 사악한 꿈을 꾼다는 것 때문에 부끄러워해야 할 이유는 당연히 없습니다. … 모든 사람들이 도착과 근친상간, 살인 등을 소재로 한 꿈을 꾸는 한, 정상적인 사람들도 성적 도착과 오이디푸스 콤플렉스의 대상 리비도 집중이라는 발달과정을 거쳐서 현재와 같은 상태에 도착했다는 결론을 내릴 수 있습니다.[459]

'모든 사람들'이 악한 꿈을 꾸고 있는지 또 거의 모든 꿈이 악한지는 딱히 확인할 길이 없다. 다만, 내 꿈이나 다른 사람들의 꿈—그들이 하나같이 거짓말을 하고 있다고 믿지 않는다면—그리고 심리학자들이 연구한 여러 꿈들에 기초해 말하자면, 꿈은 악하지 않다! 물론 극소수를 제외하고는, 누구나 때때로 부도덕한 꿈을 꾼다. 하지만 그들이 항상 부도덕한 꿈을 꾸는 것은 아니며, 그런 꿈을 아주 많이 꾸지도 않는다. 따라서 사람들이 때때로 부도덕한 꿈을 꾼다고 해서 꿈

---

458 프로이트, 1900, 「꿈의 해석」, 전집 제4권: 꿈의 해석, 325쪽.
459 프로이트, 1917, 「정신분석 강의」, 전집 제1권, 287/457쪽.

을 악하다고 단정하면 안 되는 것이다. 게다가 프로이트 자신이 너무나 잘 알고 있겠지만, 그런 부도덕한 꿈의 숨겨진 실제 의미는 완전히 다를 수도 있다. 어쨌든 프로이트가 치료했던 신경증 환자들의 꿈이 악하다고 말해야만 할 정도로 충분히 지저분했더라도, 프로이트의 꿈이 그렇지 않았더라면 꿈이 악하다는 주장은 감히 하지 못했을 텐데. 아무래도 그의 꿈자리 역시 매우 뒤숭숭했던 모양이다.

셋째, 세상 사람들은 악하다. 프로이트는 성악설을 반대하는 사람들을 향해 비분강개한 목소리로 이렇게 외쳤다.

> 이제 개인에게서 눈을 돌려 아직도 전 유럽을 휩쓸고 있는 세계대전을 생각해봅시다. … 이러한 사태를 목도하고서도 여러분은 인간의 정신적 자질 속에는 악이 제외된다고 의연하게 주장하고 나설 용기가 있습니까?[460]

이 문제에 대해서는, 상식적인 차원에서도 충분히 반론이 가능하므로, 더 이상의 자세한 논의는 하지 않겠다.[461] 다만 여기에서는 전쟁이나 잔혹행위의 기본원인—그것은 일반적으로 경제적 탐욕과 심리적 두려움이다—이 인간의 본성에 있다고 볼 하등의 이유가 없으며, 이 세상에 악한 사람들이 많이 존재한다고 해서 사람의 본성까지 악하다고 보는 것은 과잉일반화의 논리적 오류라는 점만 언급하겠다.

지금까지 살펴본 대로, 프로이트는 사람이 천성적으로 악하다고 열심히 주장했지만 그 근거는 빈약하기 짝이 없다. 특히 선하거나 악

---

460 프로이트, 1917, 「정신분석 강의」, 전집 제1권, 200쪽.

461 이 주장에 대한 반박은 〈김태형, 2010, 《불안증폭사회》, 위즈덤하우스, 233~236쪽〉을 참고하라.

하다는 도덕적 판단과 완전히 무관한 동물적 본능을 주춧돌로 삼아 성악설을 떠받친 것은 자신의 주장을 사상누각으로 만든 기본 원인이라 할 수 있다.

프로이트는 사람이 어머니를 차지하기 위해 아버지를 죽이려 하고, 부모의 사랑을 독차지하기 위해 형제들을 죽이려 하며, 자기를 사랑해주지 않는다고 어머니를 증오하는 악마 같은 존재라고 말했다.

> 만약 다른 아이들이 태어나면, 오이디푸스 콤플렉스는 가족 콤플렉스로 발전합니다. 가족 콤플렉스는 이제 다시 형제들 사이의 이기주의적인 이해들이 서로 침해당하는 사태와 맞물려서, 서로를 반목하게 하고 아무 생각 없이 상대방을 제거하고 싶다는 생각마저 들게 합니다. … 형제나 자매의 출생으로 인해서 뒷전으로 밀려난 아이는 처음으로 어머니에게서 거의 분리되는데, 아이는 이처럼 푸대접하는 어머니를 용서하기 어렵습니다.[462]

성악설에 깊이 뿌리를 박고 있다 보니, 사람에 대한 그의 설명을 듣다 보면 마치 지옥을 보는 것처럼 상당히 끔찍한 느낌마저 든다. 하지만 대부분의 사람들은 체험적으로 자신이 악마에게 둘러싸여 살고 있지 않으며, 자신이 있는 곳이 지옥이 아니라는 사실을 너무나 잘 알고 있다.

---

462 프로이트, 1917, 「정신분석 강의」, 전집 제1권, 451쪽.

엘리트주의자, 프로이트

누군가에게 한번 미운털이 박히고 나면 그의 모든 것이 다 밉살스럽게 보이는 법이다. 트림을 하면 몰상식한 것 같아 밉고, 잠을 잘 자면 게을러보여서 밉고, 밥을 잘 먹으면 짐승 같아서 밉고, 인사를 잘 하면 간사해보여서 미운 식이다. 그래서인지 사람한테 큼지막한 미운 털을 박아놓은 성악설주의자가 사람을 신뢰하기란, 하늘에서 별을 따기보다도 더 어려운 것 같다. 프로이트는 사람이 성욕과 공격욕의 지배를 받는 동물일 뿐만 아니라, 거기에 더해 여러 가지 단점들까지 골고루 가지고 있어서 도저히 신뢰할 수가 없다며 툴툴댔다.

> 인간은 원래 경솔하고 불규칙하고 믿을 수 없는 경향을 타고났으며, 자기 행동에서 이런 경향을 그대로 드러낸다.[463]

그는 또한 사람이 놀고먹기만을 좋아하고, 노동은 싫어하므로 사회를 유지하기 위해서는 대중에게 노동을 강제할 수 있는 일종의 채찍이 필요하다고 주장했다. 프로이트는 근로대중의 성실함과 근면함을 굳게 신뢰했던, 가난한 농부의 아들인 전 현대그룹 총수인 고 정주영 회장이 들었더라면 핏발을 세우면서 강력히 항의했을 법한, 대부분의 지배계급이나 자본가계급이 가지고 있는 반민중적인 견해를 공유했던 셈이다.

> 일정 수준의 강제가 있어야만 문명적 제도가 유지될 수 있는 까닭

463 프로이트, 1930, 「문명 속의 불만」, 전집 제12권, 269쪽.

은, 인간의 두 가지 성질—인간은 자발적으로는 일하기를 좋아하지 않으며, 그들의 열정에 반대하는 이유를 논리적으로 설명하는 것은 아무 소용도 없다—때문이다.[464]

하지만 사람이 노동을 싫어한다는 것 그리고 사람에게는 논리적 설명이 전혀 통하지 않는다는 것은 전혀 사실무근인 일종의 편견으로, 그것은 근로대중이 아닌, 프로이트가 주로 상대했던 빈의 유한계급—권력과 부를 장악하고 있어서 노동을 하지 않아도 되고, 남의 말을 듣지 않아도 괜찮은 사회집단—이 가지고 있었던 특성일 가능성이 많다. 왜냐하면 장구한 인류역사와 오늘의 사회현실은, 생존을 위해서이든 혹은 자기발전을 위해서이든 간에, 대부분의 보통 사람들이 적극적으로 노동을 하고 있는 모습을 뚜렷이 보여주고 있기 때문이다. 또한 정신적으로 문제가 있는 일부를 제외한다면, 대부분의 사람은 경제적으로 그다지 궁핍하지 않더라도 자발적으로 노동을 하려고 한다. 물론 한국사회에서 힘겨운 노동에 시달리고 있는 사람들은 그 누구라도, 돈을 많이 벌어놓은 다음에 편하게 쉬면서 여생을 보냈으면 하는 소망을 충분히 품을 수 있다. 그러나 막상 노동을 굳이 하지 않아도 될 만큼의 돈이 생기게 되더라도 그들 중 대부분은 놀고먹는 생활이 아니라 자기에게 뭔가 의미가 있는 노동을 자발적으로 하려고 할 것이다. 왜 그럴까? 사람은 사회적 가치를 추구하는 존재, 즉 자존의 욕구를 가진 존재이므로 사회에 기여할 수 있는 활동을 해야 비로소 행복한 반면 무위도식하는 삶은 몹시 고통스럽기 때문이다.

사람이나 근로대중을 불신에 가득 찬 눈으로 바라보았기 때문에,

464 프로이트, 1927, 「환상의 미래」, 전집 제12권, 171쪽.

프로이트는 소수의 엘리트가 우매한 다수의 대중을 다스리면서 강제해야 사회가 존속할 수 있다고 주장하는 엘리트주의자가 될 수밖에 없었다.

> 강제가 없으면 문명이 유효하게 작용할 수 없는 것과 마찬가지로, 대중에 대한 소수의 지배가 없으면 문명은 존속할 수 없다.[465]

프로이트는 엘리트들이 일반인과는 다른, 즉 동물적 욕구로부터 자유로울 수 있는 초인이라고 생각했던 것일까? 그런 것 같지는 않다. 그렇다면 그는 왜 권력욕이나 소유욕, 자기과시욕 등이 강할 뿐만 아니라 동물적 욕구에서도 자유롭지 못한데도, 엘리트가 민중을 지배하는 게 문명을 존속시키는 필요조건이 된다고 주장했던 것일까? 결론을 간단히 말하면, 프로이트는 이성의 힘으로 마음속의 악마를 그나마 어느 정도까지라도 통제할 수 있는 사람은 고등교육을 받은 엘리트일 거라고 믿었기 때문이다. 어떻게 보면 인류의 미래에 대한 한 가닥 희망을 엘리트의 이성적 사고능력에서 찾았던 셈이다. 하지만 아이러니하게도 프로이트는 그런 엘리트들이 지배하는 당시의 사회를 전혀 공정하지도 건강하지도 않다고 비판했으며, 따라서 그 사회를 극도로 싫어했다. 문명인으로 지칭했던 당시의 지배층에 대해 그가 반복적으로 혐오감과 불쾌감을 표시한 데서 이런 심리를 뚜렷이 읽을 수 있다.

> 살인이나 근친상간 따위는 도저히 저지를 수 없는 문명인들도 탐욕

---

465 프로이트, 1927, 「환상의 미래」, 전집 제12권, 170쪽.

이나 공격본능이나 정욕을 충족시키는 짓을 꺼리지 않으며, 처벌만 피할 수 있다면 조금도 망설이지 않고 거짓말이나 사기나 중상모략으로 남을 해치는 경우가 많다.[466]

사실 프로이트의 쾌락주의적 인간관은 그가 살아있던 당시 유럽을 지배했던, 자본주의사회에서 살아가는 자본주의적 인간에 가장 잘 부합된다고 할 수 있다. 쾌락을 추구하는 반면 불쾌는 피하려고 하는 사람은 경제적 이익을 추구하는 반면 손해는 피하려고 하는, 소위 합리적인 자본주의형 인간과 일맥상통하기 때문이다. 그렇기에 프로이트는 사람이 생물학적으로는 쾌락을 추구하며, 사회적으로는 경제적인 이익을 추구하는 존재라고 말하기도 했다. 즉 '모든 인간행동의 동기는 이익과 쾌감 체득이라는 두 가지 목표를 달성하기 위한 노력'[467]이라고 하면서, 자본주의사회에 특징적인 이윤추구욕에다 동물적 욕구를 슬쩍 양념으로 얹어서 당시의 자본주의형 인간을 전형적으로 묘사했던 것이다.

사람에 대한 프로이트의 견해가 하도 비관적이다 보니, 그는 당대의 사람들로부터 강한 반발을 사게 되었다. 그래서 그는 때때로 사람들한테 다음과 같은 변명을 해야만 했다.

우리에게는 인간 본성 속에 있는 고귀한 것을 향한 노력들을 부정하려고 하는 의도는 없습니다. 더군다나 그 가치를 과소평가하려고 하지도 않았습니다.[468]

---

466 프로이트, 1927, 「환상의 미래」, 전집 제12권, 175쪽.

467 프로이트, 1930, 「문명 속의 불만」, 전집 제12권」, 270쪽.

468 프로이트, 1917, 「정신분석 강의」, 전집 제1권」, 200쪽.

정말로 나쁜 의도란 털끝만큼도 없었는데—무의식적으로도 그런 의도는 없었는데—그저 열심히 연구를 하다 보니 본의 아니게 '사람이 악마'임을 알게 되었다는 그의 말을 그대로 믿기는 어렵다. 동기이론가 프로이트 자신이 누누이 강조했듯이, 무의식적 동기와 감정은 사고활동을 규정하는 강력한 힘을 가지고 있기 때문이다. 따라서 프로이트의 지독한 인간혐오사상은 어쩌면 그 당시의 유럽사회를 지배하고 있었던 주류층과 그들의 천박한 자본주의문화에 대한 혐오감과 증오감에서 비롯된 것일 가능성이 있다. 실제로 프로이트는 '사람들은 스스로 권력과 부를 추구하고, 그것을 손에 넣은 사람을 존경하며, 인생에서 정말로 가치 있는 것은 과소평가한다'[469]는 등의 표현을 통해, 자기 나름대로는 당시의 자본주의적 풍조를 자주 비판했다. 하지만 그런 말을 설사 수천수만 번 하더라도 성악설과 반민중 사상에 튼튼히 기초하고 있는 그의 이론은 사람을 긍정하고 신뢰하는 이론과는 거리가 아주 멀다. 그러다보니 프로이트는 사람이란 현실적인 악마까지는 아니더라도 조건만 되면 언제라도 그런 악마가 될 수 있는, 잠재적인 악마라는 마지노선에서 절대로 물러나지 않았다.

> 정신분석이 하고 있는 일이란, 플라톤이 말한 대로, 〈선인이란 악인들이 현실에서 실제로 하고 있는 것을 꿈속에서 해보는 것으로 만족하는 사람〉이라는 사실을 입증하는 것 외에 다름이 아닙니다.[470]

---

469 전집 제12권」, 233쪽.

470 프로이트, 1917, 「정신분석 강의」, 전집 제1권」, 200쪽.

내 인생은 너무 고단했다

프로이트는 고단한 인생을 살았던 사람이다. 여기에서 그에 대한 심리분석—멀지 않은 장래에 프로이트에 대한 자세한 심리분석을 시도할 예정이다—을 자세히 할 수는 없지만, 프로이트가 매우 고단한 인생을 살았다는 그 사실에 대해서만큼은 누구라도 쉽게 동의할 수 있을 것이다.

> 인생은 우리한테 너무 힘들다. 인생은 너무 많은 고통과 실망과 과제를 우리에게 안겨준다.[471]

우선 그는 유대인이었기 때문에 반유대주의 분위기가 팽배해지던 유럽에서 온갖 차별과 멸시를 받으면서 살아야 했다. 프로이트는 늦게 잡아도 유년기 때부터는 인종차별을 몸소 경험했는데, 그 과정에서 분노를 마음속 깊이 억압하면서 체념하는 법을 배우게 되었다. 특히 유대인에 대한 박해와 차별은 그것에 당당하게 맞서지 못한 비겁하고 굴종적인 아버지로 인해, 그의 인생에 결정적인 악영향을 미치는 개인적 트라우마가 되었다.

> 오늘날까지도 이런 모든 감정과 꿈속에서 힘을 발휘하는 소년시절의 한 체험이 지금 비로소 생각난다. 열한두 살 무렵이었을 것이다. … 한번은 내가 당신(프로이트의 아버지: 편집자 주)보다 얼마나 더 좋은 시대에 태어났는지 알려주기 위해 이런 이야기를 들려주었다.

—

471 프로이트, 1930, 「문명 속의 불만」, 전집 제12권」, 246쪽.

"내가 젊었을 때의 일이다. 어느 토요일인가 나는 옷을 멋지게 차려 입고 새로 산 털모자까지 쓴 다음, 네가 태어난 고장의 시내 중심가에서 산책을 했었지. 그때 한 기독교인이 다가와 갑자기 내 모자를 진흙탕에 내던지면서 소리쳤다. 〈이 유대인아, 인도에서 내려서지 못해!〉"

"그래서 아버지는 어떻게 했어요?"

"나는 차도로 내려가 모자를 주워들었다."

아버지는 태연하게 대답했다. 그것은 어린 내 손을 잡고 걸어가는 건장한 키 큰 남자에게 어울리는 용맹한 행동처럼 보이지 않았다. 나는 못내 불만스러운 이러한 상황을 내 감정에 좀 더 잘 부응하는

✚ 프로이트는 아버지를 존경할 수 없었을 뿐만 아니라 부끄러워했다. 그래서 어린 프로이트는 비겁한 아버지를 대신할 수 있는 한니발 장군을 숭배하면서 아버지에 대한 분노를 무의식속에 쌓아갔다. 비겁한 아버지의 영상은 프로이트에게 가장 큰 심리적 상처로 남아 그를 평생 괴롭혔고, 오이디푸스 동기이론의 무의식적 원천이 되었다

다른 상황으로 대치시켰다. 한니발의 아버지 하밀카르바르카스가 아들에게 집의 제단 앞에서 로마인에 대한 복수를 맹세하게 했던 장면이다. 그 이후 한니발은 내 환상에서 중요한 자리를 차지했다.[472]

프로이트는 또한 자본주의 모순의 대폭발이라고 할 수 있는 파국적인 경제공황, 그리고 일찍이 인류사에서 그 전례를 찾아볼 수 없는 파괴적이고 참혹한 두 번의 세계대전을 겪어야만 했다. 이렇게 프로이트가 살았던 시기는 사람을 긍정하고 찬미하는 계몽주의의 물결이 파도치던 시기도 아니었고 봉건적 압제에 맞서 자유를 쟁취하려는 프랑스대혁명의 이념이 살아 숨 쉬던 투쟁과 낙관의 시대도 아니었다. 그는 수렁 속에 깊이 빠져 들어간 자본주의가 근로대중에 대한 잔인성과 약탈성을 여과 없이 드러내던 게걸스런 탐욕의 시대, 제국주의 단계에 들어선 유럽의 자본주의나라들이 힘을 앞세워 치열한 식민지쟁탈전을 벌이던 야만의 시대에 속해 있었다. 한마디로 프로이트는 전 유럽을 뒤덮고 있던 무겁고 암울한 자본주의사회의 말기적 증세 그리고 그것에 대한 반발이라고 할 수 있는, 19세기 중반 마르크스의 〈공산당 선언〉에서부터 시작된 사회주의운동의 불길이 타오르던 혼돈의 시기를 통과해야만 했던 것이다. 그렇다면 그는 자본주의사회의 모순을 강력하게 비판했던 사회주의 이념을 어떤 눈으로 바라보았을까? 프로이트는 사회주의에 대한 평가를 유보하는 듯한 신중한 태도를 취했다.

나는 유럽에서 아시아에 걸쳐 있는 광대한 나라에서 지금 진행되고

---

472 프로이트, 1900, 「꿈의 해석」, 전집 제4권: 꿈의 해석, 246쪽.

있는 웅대한 문명실험(러시아의 사회주의 혁명과 건설을 의미한다: 편집자 주)을 평가하려는 의도는 추호도 없다는 점을 여기서 분명히 밝히고자 한다. … 거기서 준비되고 있는 실험은 아직 진행 중에 있으며, 따라서 오래전에 확고한 기반을 갖춘 우리 문명이 제공하는 자료로는 그 실험을 충분히 관찰할 수 없다.[473]

사실 기성 학계에서 배척당하던 비주류 심리학자이고 사회적으로도 차별을 받던 소수민족인 유대인 출신임을 고려해보면, 이런 정도의 언급만으로도 프로이트가 사회주의에 일정 부분 동조하고 있었음을 짐작할 수 있다. 실제로 그는 '나는 재산에 대한 인간의 관계(생산수단에 대한 소유관계와 분배관계: 편집자 주)에 진정한 변화가 일어나는 것이야말로 인간을 이 방향으로 이끌어가는 데 도움이 된다고 확신한다'[474]고 말하면서, 사회주의사상이 줄기차게 주장하던, 생산수단에 대한 사적 소유를 폐지하는 문제를 긍정적으로 평가하기도 했다.

마르크스(Karl Marx)의 사회의 경제적 구조에 관한 연구와, 인간 생활의 모든 영역에 미치는 여러 가지 경제 형태의 영향에 관한 연구는 우리 시대에서 반박할 수 없는 권위를 가지고 있습니다. 개별적으로 세세한 부분에서 그것이 어느 정도까지 꼭 들어맞는 것인지 아니면 틀리는 것인지에 대해 나는 물론 잘 알지 못합니다.[475]

그러나 프로이트는 사회주의가 결국에는 실패할 거라고 예상했다.

---

473 프로이트, 1927, 「환상의 미래」, 전집 제12권」, 173쪽.
474 프로이트, 1930, 「문명 속의 불만」, 전집 제12권」, 327쪽.
475 프로이트, 1932, 「세계관에 대하여」, 전집 제2권: 새로운 정신분석 강의, 238쪽.

왜냐하면 사회주의는 성선설에 기반을 둔 사상인데, 그는 성악설을 신봉하는 이론가였기 때문이다.

> 공산주의자들은 인류를 악에서 구하는 길을 발견했다고 믿고 있다. 인간은 전적으로 선하고 이웃에 호의를 갖고 있지만 사유재산 제도가 인간의 본성을 타락시켰다는 것이 그들의 주장이다. … 사유재산을 폐지하면, 인간의 공격본능이 이용하는 도구 가운데 하나를 빼앗을 수 있다. … 그러나 한 가지는 예상할 수 있다. 즉, 인간본성의 결코 파괴할 수 없는 특징인 공격본능은 문명의 새로운 발달방향을 따라가리라는 것이다.[476]

생산수단에 대한 사적 소유의 폐지가 공격본능의 나쁜 도구—공격욕과 결부된 지나친 착취욕이나 탐욕—중 하나를 제거하는 의미가 있다고 인정하면서도, 프로이트는 사회주의자가 될 수는 없었다. 성악설주의자였던 그로서는 사람, 나아가 근로대중을 도저히 신뢰할 수가 없었기 때문이다. 그러다보니 프로이트는 자본주의사회의 병폐를 몹시 미워하면서도 그것을 정면으로 반대하는 사회주의자는 될 수 없었기에, 어중간한 회색인으로 살아갈 수밖에 없었다. 혹시 그의 아버지가 인종차별에 씩씩하게 맞서는 인물이었거나 한니발처럼 용감무쌍한, 그래서 프로이트가 자랑스러워할 수 있는 그런 아버지였더라면 사정이 달라졌을지도 모른다.

아버지에 대한 콤플렉스만 보더라도 어느 정도 알 수 있듯이, 시대적 상황과 사회계급적 처지만이 아니라 프로이트의 유년기, 즉 부모

—

476 프로이트, 1930, 「문명 속의 불만」, 전집 제12권」, 292쪽.

관계도 그다지 좋지는 않았다. 그러니 그가 '내 인생에서 운 좋은 일은 항상 뒤로 미루어지더군요'[477]라고 신세한탄을 하더라도 그다지 지나친 말이라고 할 수 없고, '삶은 죽음을 향한 계속적인 하강으로 구성되어 있다'[478]고 쓸쓸하게 읊조리더라도, 너그러운 마음으로 그를 이해해줄 수 있다. 하지만 아무리 그렇다고 해도 자신의 비관적인 인생관을 이론의 영역으로까지 그대로 가져와 '모든 사람에게는 파괴적인, 따라서 반사회적이고 반문화적인 경향이 있으며, 많은 사람의 경우에는 이런 경향이 인간사회에서 그들의 행동을 결정할 만큼 강하다'[479]고 외친다면, 그런 주장에는 결코 동의할 수가 없다.

성악설 그리고 그것에서 기인한 사람에 대한 불신감 때문에 프로이트는 알게 모르게 평생 동안 피해의식에 시달렸고, 타인들을 자기를 해칠 위험이 있는 이기적이고 공격적인 동물이라고 의심해야만 했다. 좀 가혹하게 말하면, 그는 세상을 두려워해서 좀처럼 기를 펴고 살지 못했던 가여운 인물이었던 것이다.

> 낯선 사람은 내 사랑을 받을 가치가 없을 뿐 아니라 솔직히 고백하면 내 적개심과 증오까지도 받아 마땅하다. … 제 욕망을 만족시킬 수만 있다면, 그 사람은 나를 비웃고 모욕하고 중상하고 자신의 우월한 힘을 과시하는 것을 아무렇지도 않게 생각할 것이다.[480]

---

477 프로이트, 1930, 「괴테와 정신분석」, 전집 제14권」, 552쪽.
478 프로이트, 1923, 「자아와 이드」, 전집 제11권」, 391쪽.
479 프로이트, 1927, 「환상의 미래」, 전집 제12권」, 170쪽.
480 프로이트, 1930, 「문명 속의 불만」, 전집 제12권」, 287쪽.

사람은 친사회적인 존재이다

사람이 본성적으로 쾌락주의자라면, 사람은 사회생활에서도 쾌락을 최우선적으로 추구하려 할 것이다. 그런데 이때 사회가 그러한 쾌락추구에 도움이 된다면 사회는 사람에게 기쁨과 행복을 줄 것이지만, 쾌락추구를 방해한다면 사회는 사람에게 슬픔과 고통을 줄 것이다.

프로이트는 사회가 기본적으로 사람을 불행하게 만든다고 주장했다. 왜냐하면 사회는 사람의 동물적 본성을 탄압하고 억압하기 때문이다. 사람의 기본동기는 성욕과 공격욕이다. 그런데 사람이 이런 동물적인 성욕과 공격욕을 어떤 여과장치나 제한도 없이 그대로 표출하게 되면, 이 세상은 성범죄 그리고 폭력과 살인이 난무하는 그야말로 아수라장이 될 것이다. 따라서 사회는 공동체를 유지하기 위해 어떻게든 이런 동물적인 본능을 제압해야만 하므로, 제아무리 찬란한 문명을 꽃피우더라도 사회는 사람에게 적대적일 수밖에 없다.

> 우리의 문화적 성과들에 대해서 우리가 몹시 자랑스럽게 느낀다 할지라도 이러한 문화가 요구하는 것들을 만족시키고, 그 안에서 편안하게 느끼는 것이 그렇게 쉽지는 않다는 것을 인정해야 합니다. 우리에게 부과된 본능의 억제는 우리에게 아주 힘든 심리적 부담을 의미하는 것이기 때문입니다.[481]

혹자는 이렇게 말할지도 모른다. "사회가 사람의 동물적인 본능을 무지막지하게 탄압하지 말고 부드럽게 타이르면서 교육한다면 별 문

---

481 프로이트, 1932, 「불안과 본능적 삶」, 전집 제2권: 새로운 정신분석 강의, 148쪽.

제가 없지 않겠는가?"라고. 폭력과 힘이 아니라 인덕으로 다스리면 괜찮지 않겠냐는 이러한 주장에 대해, 프로이트는 그런 방식도 별 소용이 없을 거라고 반박했다.

> 아무리 부드럽고 따뜻한 교육이라고 할지라도 강제적인 측면을 피할 수 없고 제한을 가하게 되며, 아이의 자유에 대한 그러한 모든 간섭은 아이에게 반항과 공격성의 성향을 불러일으킬 수밖에 없기 때문이라는 것입니다.[482]

한마디로 총칼을 앞세우는 무단통치이든 감언이설을 앞세우는 문화통치이든 간에 사회는 사람의 동물적 본성을 결코 수용할 수 없으므로 사람에게 적대적이 될 수밖에 없다는 것이다. 프로이트는 문화가 '본능충동을 희생함으로써 창조된 것'이고, '개개인들이 사회 전체의 이익을 위해 본능 충족의 희생을 되풀이함으로써 항상 새롭게 다시 창조'[483]된다고 말했다. 그러나 이런 주장은 명백히 잘못된 것이다. 왜냐하면 사회란 동물적 동기의 충족을 위해 만든 것이 아니라 사회적 동기의 충족을 위해 만든 것이기 때문이다. 프로이트는 "사람은 왜 자기한테 적대적인 사회를 만들었고, 그것을 유지하고 발전시키기 위해 노력하는가?"라는 질문에 제대로 대답을 하지 못해 쩔쩔맸다.

우리는 애당초 문명이 발달하기 시작한 것은 어떤 영향력 때문인

---

482 프로이트, 1932, 「여성성」, 전집 제2권: 새로운 정신분석 강의, 166쪽.
483 프로이트, 1917, 「정신분석 강의」, 전집 제1권」, 28쪽.

지, 문명의 발달은 어떻게 일어났고 그 발달경로를 결정한 것은 무엇인지를 자문해야 한다. …우리의 천적인 동물들은 왜 그런 문화적 투쟁을 보여주지 않을까? 그것은 우리도 모른다.[484]

프로이트에 의하면 자기의 본성을 억압하는 사회를 사람이 스스로 만들어낸 것은 자살골과 마찬가지인 자해행위일 뿐이다. 그러니 이런 입장에서 보면 차라리 동물이 사람보다 훨씬 현명하다고 할 수 있다. 동물은 쓸데없이 사회 같은 걸 만들어서 사서 고생하지 않고 동물적 본능대로 행복하게 살아가고 있으니까. 그러나 사람이 굳이 사회라는 것을 만들었을 때는 다 그럴 만한 이유가 있어서 그랬을 거라고 봐야 한다. 즉 프로이트가 그렇게도 중시하는 동기를 가지고 따져본다면, 사람에게는 동물에게는 없는 어떤 동기들이 있었기에 사회를 만들었다고 보는 게 상식적이라는 것이다.

그렇다면 프로이트는 왜 사회가 필요하다고 보았던 것일까? 그는 사회—정신분석학에서 문명이나 문화는 사회와 동의어로 간주해도 무방하므로 여기에서는 모두 사회라는 개념을 사용하겠다—의 주요한 목적 혹은 기능을 '자연개조'와 '사회관계의 조정'이라고 주장했다.

〈문명〉이라는 낱말은 동물적 상태에 있었던 우리 조상의 삶과 우리의 삶을 구별해주고, 인간을 자연에서 보호해주고 인간의 상호관계를 조정해주는 두 가지 목적에 이바지하는 규제와 성취의 총량을

—

484 프로이트, 1930, 「문명 속의 불만」, 전집 제12권」, 274/302쪽.

가리킨다는 말을 다시 한 번 되풀이하는 것으로 만족하겠다.[485]

사회가 발생하기 전까지, 사람은 자연의 힘 앞에서 전혀 맥을 못 추는 너무나 무력한 존재에 불과했다. 먹을 게 없으면 굶어죽고, 병에 걸리면 앓다 죽고, 날씨가 추우면 얼어 죽어야만 했던 것이 바로 동물적 운명에서 벗어나지 못한 원시인이었던 것이다. 생존과 안전조차 안정적으로 기약할 수 없는 이런 비참한 운명에서 벗어날 수 없었던 원시인에게는 성욕의 만족보다는 생존문제가 훨씬 더 중요했다. 따라서 원시인은 자연의 힘을 통제하고 지배하려는 욕구를 가지게 되었는데, 그러기 위해서는 자연을 자기 의사에 맞게 개조해야만 했다. 예를 들면 산과 들에서 자생적으로 자라나고 있던 식물들을 채집해 먹던 것에서 그것들을 가져다가 직접 농사를 짓는 쪽으로 나아갔던 것이다. 자연은 한 개인의 힘만으로는 개조할 수 없다. 그래서 자연개조 욕구를 가지게 된 인류는 그 욕구를 실현하기 위해 노동조직을 만들었는데, 바로 그것이 사회의 시초이다. 오늘날까지도 사람은 전 사회적 분업시스템을 통해 생존에 필요한 재화를 창조하면서, 자연개조 활동을 계속해나가고 있다. 프로이트는 원시인들이 자연개조를 위해서 동물적인 욕구를 희생했으니 불행해졌을 거라고 말했지만, 아마 그 당시의 원시인들에게 직접 물어보았다면 그들은 "우리는 한낱 동물이었던 어제보다 사회를 가지게 된 오늘이 훨씬 더 행복하다"고 대답했을 것이다.

그리고 앞에서도 반복해 지적했지만 동물적 욕구는 사회적 욕구에 의해 희생된 게 아니라 사회적 욕구 밑으로 통합되었다. 먼 곳에 있

---

485 프로이트, 1930, 「문명 속의 불만」, 전집 제12권」, 264쪽.

는, 사랑하는 연인을 만나러 가는 이는 아침 일찍 일어나느라 아침밥을 먹지 못해도 그다지 불행하지 않다. 오히려 아침밥을 챙겨 먹느라 연인이 있는 곳으로 가는 버스를 놓치는 것이 훨씬 더 불행하다. 이처럼 사람은 자기한테 가장 중요한 사회적 동기의 실현을 위해 동물적 동기를 자발적으로 그리고 힘들이지 않고 제한할 수 있는 고급한 존재로 진화해왔으며, 그 결과 동물적 동기가 아니라 사회적 동기가 실현되어야만 더 행복할 수 있는 사회적 존재가 된 것이다.

프로이트가 정당하게 지적했듯이, 사회는 또한 '인간의 상호관계, 사회관계를 규제하는 방식'을 규정한다.

> 문명의 요소는 … 사회관계를 규제하려는 최초의 시도와 함께 무대에 등장한다….[486]

처음에는 자연의 힘에 맞서기 위해 사회를 만들었지만, 사회가 발전함에 따라 점차 사회구성원들 사이의 관계 문제가 중요해졌다. 왜냐하면 사회관계는 권력과 생산수단의 소유와 그에 따른 지배와 피지배 관계, 부에 대한 분배관계 등을 규정하기 때문이다. 노예제 사회에서는 노예주, 봉건제사회에서는 지주, 자본주의사회에서는 자본가가 대부분의 권력과 부를 독점하는데, 그것 때문에 사회집단 사이에서는 권력과 부를 둘러싼 갈등과 투쟁이 벌어진다. 그래서 인류는 봉건제를 타도하고 자본주의제도의 승리를 확정하는 단초가 되는 프랑스대혁명 같은 사회개조 활동을 통해 사회관계를 더 정의로운 쪽으로 새롭게 조정해왔던 것이다. 이외에도 사회는 크고 작은 사회집

—

486 프로이트, 1930, 「문명 속의 불만」, 전집 제12권」, 270쪽.

단 사이의 사회관계를 규정함으로써 사람들의 삶에 커다란 영향을 미친다.

사회가 어떠하냐에 따라 사회관계가 달라지고 그것이 사람의 인생을 크게 좌우하기 때문에, 근로대중은 사회를 자기들한테 유리한 방향으로 개조하려는 사회적 요구를 갖게 된다. 또한 사회개조 역시 자연개조와 마찬가지로 한 개인의 힘으로는 할 수가 없기 때문에 근로대중은 단결과 협동에 대한 사회적 요구도 갖게 된다. 따라서 현재의 사회가 사람들에게 고통을 주는 경우가 아주 많다고 하더라도, 그것은 사회 그 자체가 사람에게 적대적이어서가 아니라 그 사회가 결함을 갖고 있어서이므로, 사회를 개조—매우 어렵기는 하지만—함으로써 해결해야만 하는 문제이다. 다시 말해 사회는 그것이 어떤 것이냐에 따라 사람에게 행복을 주기도 하고 불행을 주기도 하는 것이지, 그 자체가 항상 사람에게 적대적인 대립물은 아닌 것이다. 이런 맥락에서 보면 비록 사회가 사람에게 고통을 주더라도, 그것은 사회가 동물적 동기를 희생하도록 강요해서가 아니라 사회적 동기를 실현할 수 없도록 방해하기 때문임을 알 수 있다.

프로이트가 주장한 대로 사회가 '자연개조'와 '사회관계의 조정'을 목적으로 만들어진 것이라면, 당연히 사람은 자연과 사회를 개조하기 위해 사회를 만들었다고 해야 마땅하다. 사회는 사람의 동물적 본성을 탄압하기 위해 하늘에서 갑자기 떨어진 그 어떤 괴물이 절대로 아닌 것이다.

프로이트는 사람의 동물적 욕구와 사회를 적대적인 관계로 보는 데 그치지 않고, 개인과 사회(집단) 역시 적대적인 관계로 보고 있다. 그러나 사람이 스스로 사회를 만든 데서 알 수 있듯이, 그의 주장과는 달리 사람은 기본적으로 친사회적이다. 즉 사람은 사회적 관계 속에서만 생존하고 발전할 수 있으며, 프로이트도 분명히 인정했듯이 오직 사회 속에서만 행복할 수 있는 그런 존재인 것이다. 사람이 개개인으로 파편화되어 있을 때가 아니라, 그들이 자신의 사회적 동기를 대변하는 사회집단으로 뭉쳐있을 때에 사회가 진보할 수 있는 것은 그래서이다.

> 개인의 힘이 공동체의 힘으로 대치되면, 문명은 결정적인 걸음을 내딛게 된다. … 따라서 문명의 첫 번째 필수조건은 정의다.[487]

프로이트는 사람의 동물적 본성과 사회를 억지로 대립시켰을 뿐만 아니라 개인과 사회를 적대적인 관계로 보는 오류를 범했다. 이런 점에서 그의 사회론은 이기적이고 개인주의적인 자본주의적 인간관에 기초한 사회론이라고 할 수 있다. 즉 그는 권력과 부를 독점하기 위해 치열하게 경쟁하며, 그 과정에서 서로가 서로를 죽이려고 하는 피도 눈물도 없는 약육강식의 자본주의사회를 사회 일반으로 착각했던 것이다.

사람은 악이고 사회는 선인가

사람이 천성적으로 악하다는 성악설을 주장했다고 해서, 사람에게 적대적인 사회를 프로이트가 마냥 선하다고 생각했던 것은 아니다. 그는 사회가 사람의 동물적 본능을 통제하는 긍정적인 역할을 한다

---

487 프로이트, 1930, 「문명 속의 불만」, 전집 제12권」, 271쪽.

고 인정하면서도, 사회는 그것을 훨씬 상회하는 부정적인 역할을 하고 있다며 열변을 토했다.

프로이트에 의하면 사회는 아주 어릴 때부터 사람에게 고통을 주는데, '세상은 불쾌한 자극으로 가득 차 있다'는 말이 보여주듯, 그 고통은 세상에 태어날 때부터 시작된다.

> 탄생은 인생에서 맞이하는 최초의 위험이면서 동시에 이후 삶에서 우리를 불안케 만드는 모든 위험의 전형이다.[488]

물론 탄생이 그리도 큰 위험이고 고통이었느냐고 갓 태어난 아이들에게 프로이트가 일일이 물어본 것은 아니다. 다만 자기가 보기에 그렇다고 말한 것뿐이다. 그러니 갓난아이들이 탄생을 위험으로 인식할지 아니면 기쁨으로 인식할지는 알 수 없으며, 설사 탄생을 위험으로 인식했다 하더라도 그것이 성인기까지 계속적으로 사람에게 고통을 주는 원인으로 작용하는지도 알 수 없다. 내 생각으로는 세상에 태어나는 출산과정이 사람에게 고통으로 기억되느냐 아니면 기쁨으로 기억되느냐를 결정하는 것은 이후의 양육과정에 달려 있는 것이지, 출산과정 그 자체가 고통을 준다고 단정할 수는 없을 것 같다.

아무튼 탄생의 큰 위험과 고통을 겨우겨우 이겨내더라도, 아이는 사회로부터 계속 고통을 받게 된다.

> 그에 대한 애정량의 감소, 점증하는 교육에의 요구, 가혹한 말, 이따금 씩의 처벌 … 이것들은 어린 시절의 특징적 사랑이 어떻게 끝

---

488 프로이트, 1910, 「남자들의 대상선택 중 특이한 한 유형」, 전집 제7권」, 216쪽.

나는가를 보여주는, 전형적으로 항상 발생하는 사례들이다.[489]

동생이 태어남으로써 부모의 사랑이 줄어들고, 공부하라는 압박에 시달리고, 간혹 부모의 명령을 안 듣거나 반항이라도 할라치면 가혹한 말과 처벌을 받아야 하는 것이 어린이의 운명이라는 것이다. 유년기를 졸업하고 어른이 되어갈수록 사람에게는 더욱 큰 고통들이 차례진다. 그 고통은 우선 잘못된 사회제도에서 온다. 프로이트는 '가족 · 국가 · 사회에서 인간의 상호 관계를 조정하는 제도의 불완전함'을 고통의 세 가지 원천 - 나머지 두 개는 자연의 압도적인 힘과 우리 자신의 신체적 허약함이다 - 중의 하나인 '고통의 사회적 원천'으로 꼽았다.

> 고통의 사회적 원천에 대해서는 우리의 태도가 달라진다. 우리는 그것을 전혀 인정하지 않는다. 우리 자신이 만든 제도가 우리 모두에게 보호와 이익을 제공하지 못하는 이유를 이해할 수 없기 때문이다. 그러나 고통을 막는다는 바로 이 분야에서 우리가 얼마나 성공하지 못했는가를 생각하면, 여기에도 역시 정복하기 어려운 자연의 일부(사람의 동물적 본성을 의미한다: 편집자 주)가 배후에 숨어 있는 게 아닐까 하는 의혹이 떠오른다.[490]

사람에게 보호와 이익을 제공하지 못하는 잘못된 사회제도 외에도, 시대적 이데올로기 중의 하나인 종교 등도 사람에게 큰 고통을 준다.

---

489 프로이트, 1920, 「쾌락원칙을 넘어서」, 전집 제11권」, 288쪽.
490 프로이트, 1930, 「문명 속의 불만」, 전집 제12권」, 260쪽.

> 종교가 채택하는 방법은 삶의 가치를 끌어내리고 현실세계의 그림을 망상으로 왜곡시키는데, 이것은 본질적으로 지성에 대한 위협을 의미한다. 그 대가로 종교는 인간을 강제로 심리적 유아상태에 묶어놓고 그들을 집단망상으로 끌어들임으로써, 많은 사람을 신경증에서 구제하는 데 성공한다. 그러나 그 이상의 성공은 거두지 못한다.[491]

이 외에도 프로이트가 언급했던, 사람을 불행하게 만드는 사회적 요인들을 열거하자면 아마 끝이 없을지도 모른다. 그런데 사람에게 고통을 주는 사회적 요인들에 대한 그의 신랄한 고발을 통해서 분명히 확인할 수 있는 한 가지는, 프로이트가 자신이 살고 있던 그 시대와 그 사회를 지독하게 싫어했다는 사실이다. 그는 마치 당시의 세상에 태어나기조차 싫었다는 투로, '우리의 의사와는 관계없이 어쩔 수 없이 태어나게 된 이 세상과 우리의 관계는, 중간 중간 끊어내지 않고는 도저히 견뎌낼 수 없을 것 같은 그런 관계인지도 모릅니다'[492]라고 한탄했다. 아무튼 그에게 있어서 당시의 세상이란 오직 사람에게 고통만을 줄 뿐인 그런 지옥 같은 곳처럼 느껴졌는지도 모른다.

> 인간을 〈행복〉하게 하려는 의도는 〈천지창조〉의 계획에 포함되어 있지 않다고 말하고 싶을 정도다.[493]

프로이트에 의하면 사람은 악마이고 사회는 지옥이다. 그래서 악

---

491 프로이트, 1930, 「문명 속의 불만」, 전집 제12권」, 259쪽.
492 프로이트, 1917, 「정신분석 강의」, 전집 제1권」, 119쪽.
493 프로이트, 1930, 「문명 속의 불만」, 전집 제12권, 248쪽.

마 같은 사람이 지옥 같은 세상에 태어나 한평생을 고통 속에서 고생만 실컷 하다가 허무하게 죽는 게 바로 인생이라는 것이다. 오, 하늘이여. 불쌍한 프로이트를 굽어 살피소서!

서구 사회를 증오했던 프로이트

프로이트는 자신이 살고 있던 당시의 세상을 심하게 증오했는데, 그 가장 큰 이유는 세상이 조금도 정의롭지 않다는 데 있었다.

> 현존하는 문명들 가운데, 다수 계층을 억압해야만 소수계층에 만족을 줄 수 있는 단계를 벗어난 문명은 하나도 없다. 게다가 문명은 억압당한 계층의 노동을 통해서만 존립할 수 있음에도, 그 문명이 소유하고 있는 부에서 그 계층이 차지하는 몫은 너무나 적다. 상황이 이렇다면, 억압당한 자들이 문명에 대해 강한 적의를 품는 것은 충분히 이해할 만하다. … 그렇게 많은 구성원들의 불만을 방치함으로써 그들을 반란으로 몰아넣는 문명은, 두말 할 필요도 없이, 존속할 가능성도 없고 그럴 가치도 없다.[494]

프로이트의 이 말을 하나씩 쪼개어 요약해보면 다음과 같다. 첫째, 인류사에 등장했던 모든 사회제도는 소수가 다수를 억압하는 부조리한 것이었다. 노예제사회에서는 소수의 노예주가 다수의 노예를, 봉건제사회에서는 소수의 지주가 다수의 농민을, 자본주의사회에서

—

494 프로이트, 1927, 「환상의 미래」, 전집 제12권, 176쪽.

는 소수의 자본가가 다수의 근로대중을 억압하고 착취한다. 이렇게 인류역사는 소수의 만족을 위해 다수를 희생시키는 부조리한 사회제도에서 단 한 번도 벗어나본 적이 없다. 둘째, 억압과 착취를 당하는 다수가 권력과 부를 독점한 소수 그리고 부조리한 사회제도에 적의를 품는 것은 당연하다. 바보가 아닌 이상, 자기들의 힘겨운 노동으로 사회를 지탱하면서도 한평생을 가난에 허덕이며 살아야만 했던 노예들이 노예제도를, 농민들이 봉건제도를, 노동자들이 자본주의제도를 반대하고 적대시하는 것은 당연하다는 것이다. 셋째, 다수의 대중을 반란 혹은 혁명으로 내모는 사회는 망해야 한다. 이렇게 불의한 사회제도를 반대하는 프로이트의 입장은 놀라울 정도로 단호했다. 적어도 이 문제에 관한 한, 프로이트의 견해는 마르크스의 계급투쟁론이나 사회주의혁명론과 거의 유사하다고 할 수 있다. 사실 '공동체의 정의는 그 내부에 성립되어 있는 불평등한 힘의 관계를 표현하게 됩니다. 법률은 지배자들에 의해 지배자들을 위해 만들어지고, 지배 아래 놓인 사람들의 권리는 들어설 자리가 없어지게 됩니다'[495] 혹은 '문명은 권력과 강제의 수단을 손에 넣는 방법을 알고 있는 소수가 그들에게 저항하는 다수에게 강요한 것이라는 인상을 준다'[496]는 말 등은 사회에 대한 마르크스주의의 견해와 조금도 다르지 않다.

원래부터 심하게 비관적이긴 했지만, 그나마 실낱같이라도 남아 있던 사람과 세상에 대한 프로이트의 기대마저 무참히 박살낸 것은 잔인무도한 두 번의 세계대전이었다. 부조리한 사회제도가 고쳐지거

---

495 프로이트, 1933, 「왜 전쟁인가」, 전집 제12권, 341쪽.

496 프로이트, 1927, 「환상의 미래」, 전집 제12권, 169쪽.

나 그것을 반대하는 혁명이 터지기는커녕, 참혹한 전쟁까지 발발했으니, 그 얼마나 실망이 컸겠는가.

> 세계를 지배하는 강대한 백인민족들이 민족 간 불화와 이해관계의 대립을 해결하는 다른 방법을 찾아내리라고 기대했던 것이다. … 그런데 우리가 믿지 않으려 했던 전쟁이 실제로 일어났고, 그것은 환멸을 가져왔다. … 이번 전쟁은 평화 시에 모든 나라가 지키겠다고 약속한 국제법이라는 제약을 모조리 무시하고 있다.[497]

서구의 지식인들 사이에서 가장 문명화된 민족으로 당연시되었던, 백인민족들이 식민지 지배와 전쟁과정에서 보여준 추악한 모습은 언젠가는 이성의 힘으로 동물적 본능을 통제하게 되기를 희망하던 프로이트에게 자못 큰 충격을 안겨주었던 것 같다. 당시의 유럽나라들이 해외팽창과 침략을 본성으로 하는 제국주의—제국주의는 독점자본주의의 정치적 이데올로기이다—단계에 들어섰음을 감안하더라도, 식민지통치와 전쟁과정에서 드러난 그들의 극악무도한 행위는 대부분의 유럽 지성들을 경악케 하기에 충분하고도 남을 정도였기 때문이다.

> 문명세계의 시민들이 그에게 낯설어진 세계 속에서 어찌할 바를 모르고 무력하게 서있는 것도 당연하다. 그의 위대한 조국은 무너지고, 조국의 공유지는 황무지로 변하고, 동포들은 분열하고 타락

---

497 프로이트, 1915, 「전쟁과 죽음에 대한 고찰」, 전집 제12권, 39/42쪽.

했다![498]

자기가 살고 있던 불의한 세상을 인정할 수 없었고 그것과 타협할 수도 없었던 프로이트는, '세계사는 본질적으로 민족들 사이에 벌어진 살인의 연속이다'[499]라고 절규했다. 이렇게 당시의 서구 사회가 프로이트를 너무나 실망시켰기에, 또 그에게 너무나 큰 고통을 안겨주었기에 프로이트는 세상을 증오하고 혐오할 수밖에 없었던 것이다.

프로이트는 인류가 비록 자연개조에서는 커다란 진보를 이룩했으나, 사회개조 분야에서는 정체와 답보상태를 면치 못하고 있다고 판단했다. 그래서인지 그에게는 인류가 오랜 세월 꿈꿔온 풍요롭고 정의로운 이상사회는 너무나도 먼 곳에 있는 것처럼 느껴졌고, 언젠가는 그곳에 도달하게 될 거라는 희망은 헛된 망상인 것만 같았다.

> 인류는 자연을 지배하는 일에서는 끊임없는 진보를 이룩했고, 앞으로도 훨씬 더 많은 진보를 이루리라고 기대할 수 있지만, 인간사를 처리하는 데서도 그와 비슷한 진보가 이루어졌는지는 확실히 입증할 수 없다.[500]

지금까지의 논의를 통해서 감을 잡을 수 있었겠지만, 프로이트가 사회는 사람에게 고통만을 준다고 생각했던 것은 물론 자기 탓도 있기는 하지만 기본적으로 그가 살고 있었던 당시의 사회 탓이라고 할 수 있다. 즉 그는 사람들은 자기를 '행복하게 만들어줄 생활설계도를

---

498 프로이트, 1915, 「전쟁과 죽음에 대한 고찰」, 전집 제12권, 44쪽.
499 프로이트, 1915, 「전쟁과 죽음에 대한 고찰」, 전집 제12권, 59쪽.
500 프로이트, 1927, 「환상의 미래」, 전집 제12권, 169쪽.

요구하지만, 현재의 문명 상태가 그 요구를 제대로 충족시켜 주지 못할 뿐 아니라 피할 수도 있는 수많은 고통을 방치'[501]하기 때문에, 사람들이 불행해진다고 보았던 것이다. 물론 프로이트에 의하면 사람은 동물적 본능을 최우선시하는 존재이므로, 그런 맥락에서도 사회는 사람에게 고통을 줄 수밖에 없다. 그러나 그가 살고 있던 사회가 자본주의의 결함을 수정하기 위해 근로대중의 권익을 보호하고 사회안전망을 강화한 요즘의 북유럽 복지국가들만 같았더라도, 프로이트가 사회와 인생을 그 정도까지 비관적으로 보지는 않았을 것 같다. 이런 점에서 프로이트의 사회에 대한 견해는 자신이 살고 있던 시기의 사회에 대한, 그 자신의 적개심과 혐오감에 의해 크게 오염되었다고 말할 수 있을 것이다.

적응인가 개조인가

프로이트가 머리끝부터 발끝까지 비관주의로 무장한 인물이 되었던 것은 또한 그가 사회집단이 아닌 개인을 기준으로 해서 세상을 바라보았기 때문이다. 그는 거대한 세상 앞에 홀로 서있는 자신의 심경을 이렇게 표현했다.

> 파괴적인 영향력으로 가득 차 있는, 엄청나게 강한 외부세계와 비교할 때, 작은 생명체는 참으로 비참하고 무력한 존재가 아니겠습

---

501 프로이트, 1930, 「문명 속의 불만」, 전집 제12권, 294쪽.

니까?[502]

자연개조와 사회개조의 주체는 개인이 아니다. 그것은 오직 사회집단만이 될 수 있다. 따라서 한 개인과 세계를 대비하면 '개인은 세계를 개조할 수 없는 무력한 존재'라는 우울한 결론 외에 다른 게 나올 수가 없다. 프로이트가 사람을 비참하고 무력한 존재로 보았던 것은 바로 '사람=개인'이라는 등식을 기준으로 세상을 상대했기 때문이다.

> 증상들은 대개 대상들을 도외시하고, 외부 현실과의 관계를 포기합니다, … 외부의 세계를 변화시키는 대신에 자신의 몸을 바꾸는 것입니다. … 달리 표현하면 행위가 아니라 단지 적응을 한다고 볼 수 있습니다.[503]

세상을 바꿀 수가 없기 때문에 어쩔 수 없이 세상에 적응하는 것은 사회집단을 만들 수 없는 동물에게 고유한 생존방식이다. 그런데 프로이트는 사람도 본질적으로 동물이라고 해놓고는, 외부세계를 변화시키지 못해서 선택하게 되는 이러한 '적응'이 신경증의 원인이 된다고 말하고 있다. 이것은 명백히 자기모순적인 주장이다. 왜냐하면 사람이 본질적으로 동물과 같다면, '적응'은 신경증을 유발하는 원인이 되어서는 안 되기 때문이다. 만약 적응이 신경증을 유발한다면, 적응을 생존방식으로 하는 이 세상의 모든 동물들은 다 신경증 환자

---

502 프로이트, 1926, 「비전문가 분석의 문제—공정한 사람과의 대화」, 전집 제15권, 325쪽.
503 프로이트, 1917, 「정신분석 강의」, 전집 제1권, 494쪽.

가 될 것이 아닌가.

프로이트는 통제감이라고 정의할 수 있는, '외부세계에 대한 우리의 지식수준과 함께 외부세계를 제어할 수 있는 우리의 힘에 대한 느낌'[504]이 어떤 경험이 트라우마가 되느냐 그렇지 않느냐를 결정짓는다고 강조했다. 즉 사람이 어떤 충격적인 경험을 하더라도 그것을 통제할 수 있다고 느끼면 그것은 트라우마가 되지 않지만, 통제감을 느낄 수 없는 경우에는 트라우마가 된다는 것이다. 예컨대 유년기의 나쁜 경험들이 트라우마가 되기 쉬운 것 역시 어린이에게 바로 이 통제감이 부족해서라고 할 수 있다.

> 정신분석학은 정신적 기제의 주요한 기능이 자신의 욕구에 의해 자기 자신 속에 생겨난 긴장으로부터 개인을 구제해주는 것이라는 기본적인 생각에서 출발한다. 이러한 과제의 한 부분은 외부세계로부터의 만족을 추출해냄으로써 달성될 수 있으며, 이러한 목적을 위해 현실세계에 대한 통제력을 갖는 것이 필수적이다.[505]

당연한 말이지만, 내적 동기를 실현하기 위해서는 외적 현실에서 어떤 대상을 구해야만 하며, 그 일을 할 수 있을 정도의 통제력을 필히 가져야만 한다. 배고픔을 면하려면 열심히 농사를 짓고 목마름을 면하려면 끈기 있게 우물을 파야 하므로, 그것을 할 수 있는 능력과 힘이 있어야만 하는 것이다.

세상이 고통을 준다고 해서 현실에서 물러나지 않고, 통제력을 행

---

504 프로이트, 1917, 「정신분석 강의」, 전집 제1권, 530쪽.
505 프로이트, 1913, 「과학과 정신분석학」, 전집 제14권, 37쪽.

사하여 고통을 주는 현실 혹은 외부세계를 바꾸는 것을 프로이트는 '정상적인 행동'이라고 말하면서 적극 장려했다.

> 우리는 어떤 행동이 … 신경증에서처럼 현실을 거의 부정하지 않지만 다음에는 정신증에서처럼 그 현실을 변화시키기 위해 노력한다면—그것을 정상적 행동 또는 〈건강한〉 행동이라고 부른다. 물론 이 바람직하고 정상적인 행동은 결국 외부세계에서 이루어지게 되므로 정신증에서처럼 내면적인 변화를 일으키는 것으로 그치지 않는다.[506]

그런데 문제는 먹이를 구하는 것과 같은 동물적이고 초보적인 수준을 넘어서는 자연개조나 사회개조는 개인의 힘으로 할 수 없다는 데 있다. 예를 들면 농사에 크게 도움이 되는 댐을 건설하거나 선거혁명을 통해 정권을 교체함으로써 사회시스템을 바꾸는 등의 활동은 한 개인의 힘만으로는 불가능하다. 그렇기 때문에 프로이트는 외부세계를 바꾸는 것이 '정상적인 행동'임을 알면서도, 사람은 세상을 바꿀 수가 없으니 결국에는 신경증에 걸릴 운명이라며 자포자기했던 것이다.

일부 사람들은 사회로부터 스트레스를 받지 않기 위해 혹은 신경증에 걸리지 않기 위해서 더러운 세상에서 도피를 해 은둔자로서 살아가기도 하지만, 그것이 해결책이 될 수 없다는 것을 프로이트는 너무나 잘 알고 있었다. 그러나 사람을 무력한 존재로 보았던 그로서는, 세상을 바꾸기 위해 투쟁하라고 권할 수도 없었다. 결국 이래도

---

506 프로이트, 1924, 「신경증과 정신증에서 현실감의 상실」, 전집 제10권, 200쪽.

안 되고 저래도 안 되는 진퇴양난의 상황에 처한 프로이트는, 세상을 개조하려고 노력하는 일부 사람들의 노력은 계란으로 바위치기일 뿐이라는 탄식을 늘어놓는 것 외엔 달리 할 말이 없었다.

> 모든 고통의 원천인 현실과는 함께 살 수 없기 때문에, 어떤 식으로든 행복해지려면 현실과의 모든 관계를 끊어야 한다. 은자는 세상에 등을 돌리고 어떤 관계도 갖지 않으려 한다. 그러나 거기서 한 걸음 더 나아가 세상을 개조하려고 노력할 수도 있다. … 세상에 대한 필사적인 반항으로 행복에 이르는 이 길을 걷기 시작하는 사람은 대개 아무것도 얻지 못할 것이다. 현실은 그가 도전하기에는 너무 강하다.[507]

프로이트의 비관적인 '역부족론'은 분명히 잘못된 견해이다. 원칙적으로 개인은 세상을 바꿀 수 없다고 말하는 게 옳지만, 사회집단 혹은 인류와 세계와의 관계를 따져보면 '사람은 세계를 개조할 수 있다'는 낙관적인 결론이 나올 수 있기 때문이다. 사실 동물들은 세대를 이어가면서 계속 동일한 방식으로 세계에 적응하다가 그것에 실패하면 멸종한다. 그러나 사람, 인류는 사회집단으로 조직화될 수 있기 때문에 자연개조와 사회개조를 할 수 있다. 다시 말해 사람은 적응이 아니라 외부세계를 변화시키는 정상적인 행동을 함으로써 신경증에 걸리지 않을 수 있다는 것이다.

사람은 세상을 개조하기보다는 적응을 하는 존재이며, 따라서 신경증을 숙명으로 떠안아야 한다고 프로이트가 말했던 것은 사람이

---

507 프로이트, 1930, 「문명 속의 불만」, 전집 제12권, 254쪽.

본질적으로 동물과 같다는 비과학적 견해 그리고 한 개인과 세계와의 관계를 논한 잘못된 방법론에서 기인한 오류이다. 만일 사람이 개조가 아닌 적응을 기본적인 활동방식으로 가지고 있는 존재였다면, 사람은 동물계에서 분리되지도 못했을 것이고 인류역사의 발전이란 아예 불가능했을 것이다.

프로이트는 사람이 어떤 발전된 상태에 도달하더라도 그것에 결코 만족할 수가 없는 특이한 존재라고 강조했다. 즉, 0의 상태에서는 50에 도달하면 만족을 하지만, 50의 상태에 그대로 머물러 있으면 불행해지므로, 다시 100을 향해 나아가야 하는 그런 존재가 바로 사람이라고 본 것이다.

> 쾌락원칙이 간절히 바라는 상황도 오래 지속되면 강렬한 쾌감이 아니라 가벼운 만족감을 낳을 뿐이다. 인간은 오직 대조(對照) 속에서만 강렬한 즐거움을 얻을 수 있고, 상태에서는 거의 즐거움을 얻지 못하도록 되어 있다. 따라서 우리가 행복해질 가능성은 우리 자신의 그런 심리구조 때문에 이미 제한되어 있는 셈이다. 게다가 불행을 경험하기는 훨씬 쉽다.[508]

프로이트는 새로운 자극 혹은 상태를 향해 계속 나아가는 경향성이 불행의 원인이 된다고 말했지만, 그것은 불행의 원인이 아니라 세상의 진보를 이끄는 원동력이다. 사람은 더 높은 곳—육체적 쾌락은 결핍욕구여서 그것이 충족된다고 해서 더 높은 목표가 제기되지 않는다. 상승적 욕구인 정신적 쾌락만이 더 높은 단계로 계속 나아갈 수

—

508 프로이트, 1930, 「문명 속의 불만」, 전집 제12권, 249쪽.

있다—을 향하여 끊임없이 나아가려고 하는 유일무이한 존재이고, 바로 그렇기 때문에 인류역사는 계속 진보한다. 따라서 사람을 불행하게 만드는 진정한 원인은 정체와 답보를 견디지 못하는 경향성이 아니라, 사람에게 정체와 답보를 강요하는 여러 요인들에 있는 것이다.

그럼에도 불구하고 세상은 진보한다?

> 아직도 우리는 적을 사랑하고 오른쪽 뺨을 맞은 후 왼쪽 뺨을 내밀 수 있는 정도에 도달하지 못했다.[509]

프로이트에 의하면 사람은 사회의 채찍을 맞아야 하는 동물적 수준을 벗어나지 못했고, 세상은 지독하게 부조리해서 사람에게 고통과 불행만을 안겨줄 뿐이다. 한마디로 인류역사는 의연히 유아적이고 초보적인 단계에서 벗어나지 못해 아우성을 치고 있는 그런 단계에 머물러 있다는 것이다.

> 문명이 인간의 성욕만이 아니라 공격본능에도 그렇게 많은 희생을 강요한다면, 인간이 그 문명 속에서 행복해지기 어려운 이유도 더 잘 이해할 수 있다. 사실 원시인은 본능에 어떤 제약도 받지 않았다는 점에서 우리보다 훨씬 행복했다. 다만 원시인이 이 행복을 오랫동안 누릴 가능성은 매우 희박했다는 것이 그 효력을 없애 버린다.[510]

---

509 프로이트, 1905, 「농담과 무의식의 관계」, 전집 제6권, 132쪽.
510 프로이트, 1930, 「문명 속의 불만」, 전집 제12권, 293쪽.

그렇다면 프로이트는 역사의 진보를 전혀 인정하지도 믿지도 않았을까? 그렇지는 않다. 제아무리 비관적이고 염세적인 눈을 가졌더라도, 파란만장한 시련을 이겨내며 도도히 흘러온 인류의 발전사가 그의 눈에 전혀 보이지 않을 수는 없었을 것이다. 그가 인류역사가 진보의 길로 걸어왔다는 사실을 정면에서 반대하지 못했던 것은 그래서였을 것이다.

> 문명은 법률이 더 이상 소수집단의 뜻을 대변하지 않도록 하는 방향으로 발전하는 경향이 있는 것 같다.[511]

비록 인류역사가 진보할 것임은 마지못해 인정했더라도, 프로이트는 개인과 사회를 적대적 관계로 이해했기 때문에, 개인주의적인 자유에 대한 지향을 사회적 진보의 원동력으로 지목하는 한계를 벗어나지는 못했다.

> 인간의 공동체에서 나타나는 자유에 대한 욕망은 사회에 존재하는 불공평에 대한 반항일 수도 있고, 따라서 문명이 더욱 발전하는 데에는 오히려 바람직한 것일지도 모른다. … 어떤 영향력도 인류의 본성을 흰개미의 본성으로 바꿀 수는 없는 것 같다. 인류는 앞으로도 영원의 집단의 의지에 맞서서 개인의 자유를 누릴 권리를 옹호할 게 분명하다.[512]

---

511 프로이트, 1930, 「문명 속의 불만」, 전집 제12권, 271쪽.
512 프로이트, 1930, 「문명 속의 불만」, 전집 제12권, 272쪽.

하지만 인류의 미래를 담보하는 것은 개인주의적 자유주의가 아니다. 개인의 자유와 권리는 당연히 보장되어야 하지만, 개인주의가 사회를 지배하게 되면 그 사회는 붕괴되고 사회구성원들은 불행해진다. 이는 '개인이 가장 많은 자유를 누린 것은 문명이 존재하지 않았을 때였지만, 그때는 개인이 자신의 자유를 지킬 수 있는 처지가 아니었기 때문에 그 자유는 대부분 아무 가치가 없었던 것이 사실이다'[513]라는 프로이트의 언급을 통해서도 알 수 있다. 따라서 진정한 개인주의(?) 원리가 지배하고 있는 동물적인 상태로 돌아가는 게 인류의 목적이 아니라면, 역사의 진보를 이끄는 원동력은 개인주의적 자유주의가 될 수는 없는 것이다.

사람은 개인주의적 자유주의가 아니라 공동체 의식에 의거해 사회집단(공동체)으로 뭉쳐야만 비로소 자기가 원하는, 자기를 행복하게 해줄 수 있는 세상을 만들 수 있다.

> 폭력에서 이 새로운 정의로 이행하기 위해서는 한 가지 심리적 조건이 충족되어야 합니다. 그것은 다수의 단결이 안정되고 지속적이어야 한다는 것입니다. … 공동체가 이런 문제의 중요성을 인식하면, 단결한 집단의 구성원들 사이에 감정적 유대가 강해집니다. 공동체 구성원들이 공유하는 이 감정이야말로 공동체가 갖고 있는 힘의 진정한 원천입니다.[514]

역사는 무력한 개인들이 파편화된 상태에서 벗어나 힘 있고 건강

---

513 프로이트, 1930, 「문명 속의 불만」, 전집 제12권, 271쪽.
514 프로이트, 1933, 「왜 전쟁인가」, 전집 제12권, 340/341쪽.

한 사회집단(공동체)으로 단결해, 사람의 사회적 동기를 전면적으로 실현하기 위해 투쟁함으로써 전진한다. 결국 진보의 원동력은 건강한 사회적 동기 그리고 그것을 실현할 수 있는 힘을 가진 사회집단의 존재 유무에 있는 것이다.

여담이지만, 프로이트의 사회에 관한 이론은 철두철미하게 개인심리를 집단심리로 일반화하고 그것으로 사회현상을 설명하는 방법론(개인심리→집단심리→사회현상)에 기초하고 있다. 물론 그가 집단심리 나아가 개인심리에 미치는 사회의 영향력(사회→집단심리→개인심리)을 부정한 것은 아니다. 이는 '마르크스주의의 강점은 역사에 대한 입장이나 이에 근원을 둔 미래에 대한 예측에 있는 것이 아니라 인간의 경제적인 관계가 그들의 지적이고 윤리적이고 예술적인 견해에 미치는 결정적인 영향에 대한 예리한 통찰에 있다'[515]는 언급만 보더라도 잘 알 수 있다. 그러나 '종교, 도덕, 사회, 예술의 기원이 오이디푸스 콤플렉스에 집중되어 있다'[516]는 말에서 알 수 있듯이, 프로이트는 기본적으로 개인심리를 통해 사회현상을 논하는 견해와 방법론을 고수했다. 전쟁은 개인들의 공격본능의 결과이고, 종교나 도덕은 개인들의 아버지 콤플렉스의 결과라는 식으로. 하지만 '모든 길은 오이디푸스 콤플렉스로 통한다'는, 이러한 개인심리 환원주의에 기초한 사회론이야말로 바로 그의 명확한 한계이다.

때때로 자신은 역사의 진보를 믿는다고 말하기도 했지만, 서로 적대적인 관계에 있는 사람과 사회가 공존하기 힘들듯이 비관주의자 프로이트와 역사의 진보는 전혀 어울리지 않는다. 역사의 진보에 대

---

515 프로이트, 1932, 「세계관에 대하여」, 전집 제2권: 새로운 정신분석 강의, 241쪽.

516 프로이트, 1913, 「토템과 터부」, 전집 제13권, 234쪽.

한 그의 몇몇 발언들이 어두운 비관주의가 짓누르는 천만근의 무게와 그것을 향해 쏟아지는 비판을 조금이라도 덜어보려는 듯한 가련한 발버둥이나 변명처럼 보이는 것은 그래서일 것이다. 그러니 결국 그의 본심은 다음과 같은 그의 말에 집약되어 있다고 보는 게 옳을 것이다.

> 인간이 원초적으로 지니고 있는 이 상호 적개심 때문에 문명사회는 끊임없이 붕괴위기를 맞고 있다. 공동작업의 이익은 문명사회를 단결시키지 못할 것이다. 본능적 열정은 이성적 이익보다 더 강하기 때문이다.[517]

프로이트는 사회활동과는 거의 무관한 그래서 건설적인 사회집단과의 유대가 거의 없었던, 평생 동안 홀로 고립되어 학문에만 전념한 학자였다. 그랬기에 그는 '우리는 우리 자신도 모르게 쇼펜하우어 철학의 항구 속으로 배를 몰아온 것이다'[518]라고 말하며, 쓸쓸하게 생을 마감할 수밖에 없었다. 하지만 프로이트는 최소한 의도적으로 혹은 거짓임을 알면서도 진실을 왜곡하는 짓은 하지 않았을 거라고 믿어도 괜찮은 진실하고 성실한 학자였다.

> 사람들은 아마도 진실하려는 인간의 성향이 흔히 생각하는 것보다 훨씬 강하다는 사실을 알게 되면 놀랄지도 모른다.[519]

하지만 사회인, 생활인으로서의 프로이트는 시대적 한계, 사회계

---

517 프로이트, 1930, 「문명 속의 불만」, 전집 제12권, 290쪽.
518 프로이트, 1920, 「쾌락원칙을 넘어서」, 전집 제11권」, 324.
519 프로이트, 1901, 「일상생활의 정신병리학」, 전집 제5권, 295.

급적 한계, 그리고 개인적 콤플렉스의 한계에 힘없이 굴복하고 말았던 평범한 소시민이기도 했다. 본인은 인정하지 않았을지도 모르지만, 나는 이것이야말로 그의 학문 활동을 무의식적으로 왜곡시킨 주범이었다고 생각한다.

비록 여러 가지 한계들 속에서 잘못된 길을 걸어가고 말았지만, 프로이트는 나름대로 최선을 다했다. 심리학에 대한 그의 기여 그리고 실패가 오늘에 있어서도 결코 무시되어서는 안 될 중요한 의미를 가지는 이유가 바로 여기에 있지 않을까. 또한 그렇기 때문에 "왜 아직도 프로이트인가?"라는 질문은 여전히 유효하다.

요약 및 평가

	프로이트	평가
쾌락주의적 인간관	사람은 쾌락주의자다	쾌락이 포괄적인 정신적 쾌락까지 포함할 경우에만 타당하다
성악설	사람은 천성적으로 악하다	독자성을 상실한 동물적 본능을 근거로 사람을 악하다고 주장하는 것은 오류이다
엘리트주의	문명이 유지되려면 소수의 엘리트가 다수의 우민을 지배해야 한다	민중은 역사의 주체이다. 민중의 이익을 대변하지 않는 엘리트나 영웅은 역사발전에 기여할 수 없다
사람과 사회의 관계	사람은 동물적 본능을 가지고 있으므로 반사회적이다	사람의 기본동기는 사회적 본능이므로 사람은 친사회적이다
	사람과 사회는 적대적인 관계에 있다	사회 자체는 사람에게 적대적이지 않다. 사회의 성격이 어떠하냐에 따라 다르다
개인과 사회의 관계	개인과 사회 역시 적대적인 관계에 있다	사회의 성격이 어떠하냐에 따라 다르다
사람의 생존방식	사람의 기본적인 생존방식은 적응이다	사람의 기본적인 생존방식은 개조와 변혁이다
문화의 기원	종교, 도덕, 사회, 예술의 기원이 오이디푸스 콤플렉스에 집중되어 있다	사회(의식)를 개인심리, 그것도 오이디푸스 콤플렉스로 환원해 설명하는 것은 잘못이다